The Farther Reaches of
Human Nature

人性能达到的
境界

〔美〕亚伯拉罕·马斯洛／著
张成文／译

民主与建设出版社
·北京·

◎ 民主与建设出版社，2023

图书在版编目（CIP）数据

人性能达到的境界 /（美）亚伯拉罕·马斯洛著；张成文译 . -- 北京：民主与建设出版社，2023.8
ISBN 978-7-5139-4179-2

Ⅰ.①人… Ⅱ.①亚… ②张… Ⅲ.①人本心理学—研究 Ⅳ.① B84

中国国家版本馆 CIP 数据核字（2023）第 073049 号

人性能达到的境界
REN XING NENG DA DAO DE JING JIE

著　者	〔美〕亚伯拉罕·马斯洛
译　者	张成文
责任编辑	刘树民
封面设计	宋双成
出版发行	民主与建设出版社有限责任公司
电　话	（010）59417747　59419778
社　址	北京市海淀区西三环中路 10 号望海楼 E 座 7 层
邮　编	100142
印　刷	三河市天润建兴印务有限公司
版　次	2023 年 8 月第 1 版
印　次	2023 年 8 月第 1 次印刷
开　本	710mm × 1000mm　　1/16
印　张	22
字　数	300 千字
书　号	ISBN 978-7-5139-4179-2
定　价	48.00 元

注：如有印、装质量问题，请与出版社联系。

对人的独特探索

献给珍妮

译者序

亚伯拉罕·哈罗德·马斯洛（Abraham H. Maslow，1908—1970）是美国著名哲学家、社会心理学家、人格理论家和比较心理学家，也是美国心理学界举足轻重的核心人物之一。他创立的人本主义心理学从20世纪50年代起风靡欧美，在世界各国产生了广泛的影响。他本人也被誉为"人本主义心理学之父"。

相较于弗洛伊德的精神分析学（第一思潮）和华生的行为主义（第二思潮），马斯洛的人本主义心理学以"第三势力"或"第三思潮"的面貌出现并流行于西方学术界，其理论核心是"以人为本"。人本主义心理学是对上述两大思潮的一种挑战，马斯洛认为人的本性是好的，破坏性是派生的，我们要对人类社会的前景保持乐观，要以人为中心，强调人的价值、人的尊严、人格的完整和自我的充分发展。这与弗洛伊德把破坏本能和爱欲本能相提并论的看法完全不同。人本主义心理学理论的思想方法，都是围绕着"把人作为一个整体、一个系统来研究"。马斯洛力图把前两种思潮中对人类有意义的部分加以批判性地继承，从而提出了一种综合性的行为理论，其中既包括行为的内在的、固有的决定因素，又包括外在的、环境的决定因素。他认为仅仅客观地研究人的行为是不够的，在追求完整认识的过程中，必须将人的主观世界加以研究，充分考虑人的感情、欲望、希求和理想。马斯洛反对传统行为主义的机械决定论和坏境决定论，强调人的主动性和创造性，他指出，一个成功的人类行为研究家，需要更有哲理性、创造性和广泛的兴趣与直观，这样才能"看到现实的全貌"。

在人本主义心理学中，"健康人""自我实现者"和"人类精英"是一回事，

人性能达到的境界

马斯洛把他们看成"人类最好的范例""出类拔萃之辈""人类中不断发展的一小部分",认为只有他们的"选择、爱好、判断才能向人们表明什么是对人们有长远意义的"。马斯洛和他的人本主义心理学派追随者们相信通过对代表人类发展的那一部分人的研究,可以揭示和描述人类共同的价值观念和行为标准。他们一直致力寻找一个具有指导作用的价值观念和行为标准,这也是人类有史以来始终不渝地追求的目标之一。《人性能达到的境界》便是这方面的重要成果之一,书稿由 A.H. 马斯洛亲自遴选各章节组成文章,并对原稿内容进行全面修订和完善。然而令人遗憾的是,正值新书写作启动之际,马斯洛却因心脏病突发于 1970 年 6 月 8 日与世长辞。值得庆幸的是,他的夫人贝尔蒂亚·G. 马斯洛遵照马斯洛的独特风格,以论文集的形式编排了原稿,完成了丈夫的遗愿,使该书得以与读者见面。

在《人性能达到的境界》中,马斯洛提出了对于人性的看法,详细阐述什么是健康人性,并从人性发展的角度重新审视了神经症的意义,论述与健康人性相关的"创造性"和"价值"的概念,探讨其本人提出的存在认知与超越性自我实现的理论以及人本主义的教育观。马斯洛认为,教育的目的即人的目的,从根本上说就是人的"自我实现",是完满人性的形成,并促使个人达到所能达到的最高度的发展。在他看来,当人的低层次需求被满足之后,会转而寻求实现更高层次的需要。其中,自我实现的需要是超越性的,追求真、善、美,将最终导向完美人格的塑造,高峰体验代表了人的这种最佳状态。

从"需要层次理论"出发,马斯洛要求教育工作把重点放在引导人的潜能的实现上;教育者要把对儿童的爱、赞许和关怀,看作与满足儿童的饥、渴、冷等生理需要一样重要的举措,把儿童学习中即刻的愉悦体验看作促使他成长的最佳养分。他强调要从小培养儿童的创造性,认为"创造性"并非少数人的专利,而是"在所有健康儿童中肯定都能发现它的存在"。为贯彻创造性教育,要求教育者从幼儿开始,使之不怕改变,喜爱新事物。马斯洛还高度肯定美育在培养自我实现的人等方面所具有的重要价值。他还强调应把美育内在地渗透到学校的各门学科中,与艺术教育、音乐教育和舞蹈教育并驾齐驱。他提出教育者应把儿童的这种美的体验看作其"高峰体验"的一个源泉。此外,从幼儿园开始,教育者就应通过给孩子以更多的自由、活动或者在帮助他人中获得高峰体验，促进儿童的发展。

《人性能达到的境界》既是马斯洛需求理论的补充，又是需求理论的延伸。马斯洛详尽介绍了自我实现研究是怎样开始的，并讨论了趋向自我实现的八条途径。本书有助于丰富和深化健康人性的研究，有助于促进教育和社会改良，在更好地帮助人们达到健康人性方面具有重要意义。

就马斯洛本人而言，他的一些珍贵特质和实践行为对于今天的研究人员而言也不乏启发和激励意义。他高瞻远瞩的"哲学化"研究目光、开阔的学术视野、扎实严谨的研究态度，以及朴实无华的秉性和幽默风趣的字里行间所表露出来的"真知灼见"，都使人们保持着阅读马斯洛著作的兴趣，使他的书备受欢迎，经久不衰。马斯洛在自己漫长的生命历程中，不仅将毕生精力致力于探索"人性能达到的境界"，更以独特的人格魅力证明了"成为你自己"这一思想，成功地树立了一个具有开创性的形象。《纽约时报》的评论"马斯洛心理学是人类了解自己过程中的一块里程碑"，可谓再恰当不过了。

最后，十分感谢中国人民大学外国语学院郭英剑教授在本书翻译过程中所给予的悉心指导和宝贵意见。译者自身水平有限，如有贻误和不足之处，敬请广大读者不吝指正。

张成文
2022 年 8 月于北京品园

前　言

1969 年，A.H. 马斯洛亲自遴选了组成本书各章节的这些文章。他计划在这本书中增加新的章节，一篇序和后记，并对原稿内容进行全面修订和完善。1970 年上半年，在初稿准备期间，迈尔斯·维奇担任顾问和技术编辑。

正值新书写作启动之际，马斯洛却因心脏病突发于 1970 年 6 月 8 日辞世。

1970 年秋，我面临着这样的选择：要么按照马斯洛的独特风格编排本书，要么以论文集的形式出版原来的文章。我最终选择了后者。应我的请求，迈尔斯·维奇（Miles Vich）重启了相关工作，并在本书的筹备过程中提供了一些编辑服务。编辑工作仅限于必要的技术修订、偶尔赘述之处的删减，以及按照马斯洛的原计划，把两篇论文合并构成第十三章。

尽管在别处已经对原文的出版方进行了致谢，我还是想特别感谢《人本主义心理学杂志》前编辑迈尔斯·维奇先生，他对本书的贡献并不仅限于编辑工作；我还要感谢《超个人心理学期刊》安东尼·苏蒂奇编辑，正是有了他的授权，我们才得以收录许多已发表的文章。

我还要感谢伊萨兰研究所（Esalen Institute）的迈克尔·墨菲（Michal Murphy）和斯图亚特·米勒（Stuart Miller），以及维京出版社（the Viking Press）的理查德·格罗斯曼（Richard Grossman）等人给予的帮助。特别值得一提的是凯·庞蒂乌斯（Kay Pontius），她是马斯洛在劳夫林慈善基金会（W. P. Laughlin Charitable Foundation）担任常驻研究员时的私人秘书，提供了大量帮助。劳夫林慈善基金会理事兼萨加行政集团董事会主席 W. P. 劳夫林（W. P. Laughlin），以

 **人性能达到的境界**

及同样来自萨加集团的威廉·J.克罗克特（William J. Crockett）一起，给了我们鼓励、友谊和实际支持，对此一并表示感谢。

在马斯洛看来，亨利·盖格尔（Henry Geiger）是为数不多的几位深刻理解他的工作的人士之一，我很高兴他能为这本书撰写引言。

贝尔蒂亚·G.马斯洛
加利福尼亚州帕罗奥图市
1971年6月

目　录
Contents

译者序　　　　　　　　　　　　　　　　　　　　　i
前　言　　　　　　　　　　　　　　　　　　　　　v

引言　亚伯拉罕·哈罗德·马斯洛　　　　　　　　　001

第一章　健康与病理学
第一节　走向人本主义生物学　　　　　　　　　　008
第二节　神经症：个人成长的一种失败　　　　　　026
第三节　自我实现及其超越　　　　　　　　　　　039

第二章　创造性
第四节　创造性态度　　　　　　　　　　　　　　052
第五节　创新的总体方法　　　　　　　　　　　　064
第六节　创造力的情感障碍　　　　　　　　　　　072
第七节　创造性人物的需求　　　　　　　　　　　084

第三章　价　值
第八节　事实和价值的融合　　　　　　　　　　　090
第九节　存在心理学札记　　　　　　　　　　　　108
第十节　一次人类价值研讨会的评论　　　　　　　127

人性能达到的境界

第四章 教 育

第十一节 认知者和认知　　　　　　　　　132
第十二节 教育及高峰体验　　　　　　　　143
第十三节 人文教育的目标与内涵　　　　　　153

第五章 社 会

第十四节 社会与个人中的协调作用　　　　　168
第十五节 规范社会心理学家的问题　　　　　179
第十六节 锡南浓和优良心态文化　　　　　　190
第十七节 优良心态管理　　　　　　　　　　199
第十八节 关于低级怨言、高级怨言和超级怨言　201

第六章 存在认知

第十九节 单纯认知简释　　　　　　　　　　210
第二十节 认知再释　　　　　　　　　　　　217

第七章 超越与存在心理学

第二十一节 超越的各种方式　　　　　　　　224
第二十二节 Z 理论　　　　　　　　　　　　234

第八章 超越性动机

第二十三节 超越性动机理论：价值生活的生物学根源　252

附 录

附录一 对《宗教、价值观和高峰体验》的评论　　292
附录二 类人灵长类动物的性行为和支配行为
　　　　与心理治疗中患者幻想的某些相似之处　299
附录三 两种不同文化中的青少年犯罪　　　　315
附录四 类似本能的判断需求的标准　　　　　324

引言　亚伯拉罕·哈罗德·马斯洛

对于马斯洛的著作而言，一个毋庸置疑的事实是，它迸发出火花，他的几乎所有著述均是如此。在理解这一点时，任何将其仅仅视为一名心理学家的尝试显然是不够的；我们首先应该想到他是一个人，继而才是一名勤奋钻研心理学的学者，或者说，他把自己个人的成长和成熟转变成一种全新的心理学阐释方式。这是他的主要成就之一——赋予心理学一种新的概念。

他告诉我们，在他职业生涯早期，曾发现当时的可用心理学语言，即心理学的概念框架对他的研究方向帮助不大，他决心将之改变或完善，于是开始创新。正如他所说的："我提出合理的问题，不得不为了解决这些问题而另辟蹊径。"他提出的关键概念有"自我实现""高峰体验""需要层次理论"，覆盖层次从"缺失需要"一直到"存在需要"。此外，他还提出了其他概念，但上述概念或许是最重要的。

有必要说明的是，马斯洛心理学发现的核心是从他自身发现的。从他的著述可以明显看出，他曾经将自己作为研究对象，如同我们常说的那样，他能够"客观地"审视自我。"我们必须记住"，他在某处曾说，"认识一个人内在本性的同时也就认识了普遍的人性。"

值得一提的是，马斯洛是一个真正朴实无华的人。他知道自己在做什么，也明白这份事业的重要性，并且终生保持着他所钦佩的淳朴谦逊（用"谦卑"一词形容他则不恰当）。在他与其他人，包括他自己的关系当中，他的妙趣幽默增添了情趣和治疗的效果。

人性能达到的境界

本书有一篇文章向我们揭示了马斯洛是如何开始研究自我实现的。他有两位导师，"他无法满足于单纯地崇拜他们，而是发自内心地去理解他们。"为什么这两位导师"如此不同于这世上的一般人等"？很明显，寻求解答这一问题的决心使他确立了自己的心理学研究方向，同时也揭示了他对人生意义的感悟。作为一位科学家，他试图概括出其在两位导师身上发现的过人之处，于是开始搜集其他类似的研究对象，并穷尽其余生对这些人进行不断鉴别和研究。他指出，这种研究能让我们对人类有一个清新而振奋的看法。它向你展示，人能够成为什么样子。他用"健康之人"来描述这些人，后来又说他们体现了"完整的人性"。

自我实现的极点是高峰体验。"高峰体验"是一个极其自然的词语，汲取了宗教和神秘主义词汇中的类似含义，同时又不局限于此。高峰体验是当你真正升华为一个人时所体验到的那种状态。我们不知道高峰体验是如何达到的，它和任何刻意安排的程序之间不存在简单的一一对应关系，我们只知道它是以某种方式努力赢得的。它如同一道彩虹，来去无踪，却令人难忘。一个人应该懂得，不要试图坚持一种不可持续的意识状态，除非一度陷入它所带来的所有回忆当中。高峰体验就是逐渐认识到事物"应该成为"的样子，以一种不苛求也不担心的方式达到这种状态。

它告诉人们关于自身和世界的同一性真理，这成为核心价值和意义层次的排序原则。它是主体和客体的合二为一，并没有给主体性造成任何损失，反而使其无限延展。它是脱离孤立的个性。这样一种体验为超越观念提供了经验基础。高峰体验在自我实现者身上的不断出现，对于马斯洛而言，这成了一个科学证据，它展现了拥有完整人性的人所具备的正常心理或内心活动。马斯洛的思想和理论中的基本元素现在已经得以呈现，剩下的就是检查和完善自我实现者的行为模式。他希望能够这样宣称："这就是自我实现者在各种情境、困难和对抗中如何行动和做出反应的。"并证明这种研究的心理（教育）意义。他的许多论文都阐明了这些发现。在这些工作中，产生了一种心理学，它是根据完整的人类健康、智力和抱负的对称性来排序的。他的许多论文详细阐述了这些发现。从这项工作中诞生了一种专注于完整的人类健康、智慧和抱负的平衡性的心理学。

马斯洛的著作中并没有忽略弱点、不道德，或通常被称为"恶"的东西。他与苏格拉底的观点不谋而合——都认为人类生活中大部分（如果不是全部的话）的邪恶都是出于无知。他的解释原则得益于自我实现和高峰体验，这对于理解软弱、失败和卑劣十分有用，他也无意忽略这些现实。他并非多愁善感之人。

当然，你也可能在阅读马斯洛的著作中遇到一些困难，特别是你对纯分析和描述研究比较生疏的情况下。有些事情对马斯洛而言十分清楚——或对于他来说已经很清楚了——可能在读者看来并不清楚。当读者还在凝视几处熟悉的意义标记的时候，他却在跳跃式地前进，显然确信自己的立足点和前进方向。正在探寻一些有意义的熟悉的阶梯。马斯洛说的确实都存在吗？他可能自己对自己嘟囔着。从这一点上应该看到，许多有关人性及其可能性的事情的内部联系，马斯洛是洞悉的，因为他做过长时间的思考和研究。他的研究已达到一种价值高度，在这个层次上，上述内在联系是成立的。

他谈到的那些统一性，我们可以认为它们是存在的，但是要想达到他那样的洞见高度，就需要你付出对等的努力，追求同样的独立且具有反思性的研究。不过，通读他的著作，人们发现他的相关论点可以进行直观的验证，这对于那些缺乏常识的人来说是非常有益的。确实，正是那些表露出来的观点——我们称之为"真知灼见"——使人们保持着阅读马斯洛著作的兴趣，使他的书备受欢迎，经久不衰。（一些大学出版社经过很长时间才悟出这一点。他们往往只印三千本马斯洛的书并认为完成了任务，但马斯洛的著作精装本竟能售出一万五千册或两万册，而平装本能卖出十万册甚至更多。读过他书的人深谙其中缘由。他提出了一种适用于读者自身的心理学。）

我就先介绍到这里，后面还有作者本人的几百页篇章在等待着读者品读——在这些篇章中，马斯洛的后期思想已经逾越了心理学的传统界限，甚至超越了他自己的心理学。但对他的写作方式还得再多说几句，他想写的东西是不容易表达的。他宁愿站在背后，向读者推去阵阵文字浪潮。他遣词造句就像巴赫写出原创歌曲那样自如。他用文字演奏，让文字弹跳腾挪，直到能确切表达出他的思想。你不要认为他是在玩文字游戏，这绝不是什么把戏，而是非常努力地让别人理解他的本意。这种努力强度并不会使他显得笨拙，所以他大获成功，其在用词和表达方面的功力使得阅读他的著作俨然成为一种乐趣。任何妙趣文章都是值得一读

的，这可以作为马斯洛作品的写照。在心理学家中，还能拥有此殊荣的人除了威廉·詹姆斯和亨利·默里之外，就鲜有他人了。

这里再做一点评论似乎也很有必要。要得出一个难而有价值的结论，有两条道路可走。一条道路是你可以顺着演绎推理的阶梯逐级攀登，通过精准使用语言来提高等级。另一条道路是一步登天，超越使人分心的障碍物，直视逻辑攀登的最后阶段，但也看到了数十条其他的提升通道，都可到达同一个真实的地方，企及同样的高度，并且一直站在那里，能自由地环顾周围，不必不安地抓紧理性的阶梯，希望它不会坍塌。很多时候，你会觉得马斯洛已经站在那里，待在那里好长时间，对那里已经相当熟悉，把逻辑推演当作"练习"，或只是以启发教育为目的。

那么，一名科学家能通过这种个人的或无法解释的手段达到他的目的吗？或许能，或许不能。但假如他研究的主体——人——在其最佳状态时沿着那样的道路前进，你又怎能从事人的科学研究却不亲身体验或至少尝试一下呢？或许马斯洛情不自禁这样做，他发现自己身临其境；也许这是心理学基本的和必要的改革的本质，即宣称和证明这种能力是必要的。无论多么神秘，都会受到追捧。归根结底，文化充其量是少数有成就的人——自我实现者们——共识的旋律和反响，其他人都是很轻松地甚至最快乐地向他们学习。假如这样的人是最优秀的，那么任何不努力揭示这一事实的心理学都将是某种意义上的欺骗。

杰出的乐队是高超技巧者们的组合，是许多能够熟练运用乐器演奏并比大多数人更懂得音乐的乐师们组成的队伍。假如你置身他们中间听他们谈论音乐，他们所说的，你连一半也听不懂，但当他们演奏时，你将会意识到，他们彼此之间说的话都绝非空谈。在任何杰出的人那里，亦是如此。他站在一个高度谈及他的特殊造诣。他话里的意思可能并不总是一目了然，但他的高度、他的造诣是真实的。即便不能深刻理解，但也能有所感受。一个完满人性的人可能也有类似的隐晦之处。而一种专注于研究完满人性的心理学——它长于谈论人类，以某种方式衡量他们，欣赏他们，讲述他们品质的动态变化——必定参与探究其深度，而不是讨论其晦涩之处。有时读者会觉得有点茫然，这是很自然的。或许，对学生不造成类似这种印象的心理学永远不会有所发展。

马斯洛晚期思想的一个方面需值得注意。他年纪越大,就越"哲学化"。他发现,对心理学真理的探寻不可能与哲学问题割裂开来。一个人如何思考和他本身是怎样的人有着密切的联系,而他认为自己是怎样的人,这个问题从来和他实际是怎样的人是分不开的,尽管从理性上来说,这可能是一个无法解决的问题。在研究伊始,马斯洛就提出科学没有权利把任何经验论据关在门外。正如他在《科学心理学》一书中所说的,人类觉知的一切产物都必须在心理学容纳范围之中,"甚至包括矛盾的、不合逻辑的、神秘的、模糊的、模棱两可的、陈旧的、无意识的等其他所有难以言传的事物的各个方面"。尽管如此,陈旧的和性质不明确的知识依然是我们关于自己的"知识"的一部分:"低可信度的知识也是知识的一部分。"人对自己的认知主要是这一类的,而且,在马斯洛看来,其增长的规律是一个"探索者"的规律,他要放眼每一个方向,不拒绝任何可能性。"知识的初始阶段,"他写道,"不应该由来自'最终'知识的标准来判断。"

这是一位科学哲学家的论断。确实,如果科学哲学家的任务确实是在某一特定的研究领域中找出适当的研究方法,那么马斯洛就是这样一位最重要的科学哲学家。他一定会完全同意普莱斯的意见,后者三十年前讨论心理潜能问题时曾评论说:"在任何探究的早期阶段,对事实的科学调查和对事实的哲学思考之间加以明确区分是错误的……在后期阶段,这样的界限划分是正确而适当的。但假如界限划定得太早、太严格,将永远到达不了后期阶段。"马斯洛工作的一大部分是和扫除心理学向"后期阶段"前进途中的哲学障碍物间接相关的。

关于马斯洛的内心生活,关于他的思想主体,关于他的抱负,我们只能从他告诉我们的和推论出的内容来获知。他写的书信不多。然而,显而易见的是,他的生活充满着人文关怀。

在他生命的最后几年,他一直在思考是什么奠定了社会心理学的基础,从而为我们指明通往更美好世界的道路。正如他后来的论文所示,本尼迪克特关于协同社会的概念是这一思想的基石。在写给一个朋友的为数不多的几封信中,他曾透露自己是如何打发私人时间的。他谈及回忆自己的一些思想来源时感到的困难,曾怀疑自己是否乐在其中,以及他对这些思想的反复思考和对它们的相关性的发展,会在一定程度上取代他对思想源头的回忆。写于1966年到1968年的这封信

人性能达到的境界

(未注明日期)中,他写道:

> 我仍常常为糟糕的记忆而苦恼。有一次它使我十分担忧——我有了类似脑瘤的一些症状,但最终我认为自己能适应了……多数时间我沉浸在自己的世界里,在这里我思索柏拉图思想的精华,同柏拉图和苏格拉底高谈阔论,试图在某些问题上说服斯宾诺莎和柏格森,同洛克和霍布斯展开激辩,因此,别人看来,我仅仅是活着而已。我曾有许多烦恼……因为我要装作很有意与人交往,甚至主动与人交谈并且显得很有智慧。但接着就是完全失忆了——于是我陷入自我矛盾之中!

没有人能说这些对话是"不真实的"。它们已结出了丰硕的果实。

亨利·盖格尔

第一章

健康与病理学

第一节 走向人本主义生物学[①]

我在心理学方面的探索经历把我引向了各种方向。其中一些已经超越了传统的心理学范畴——至少在我接受训练的意义上是如此。

20世纪30年代，我对某些心理学的问题逐渐产生了兴趣，并且发现在当时的传统科学体系下（行为主义的、实证主义的、"科学的"、价值中立的、机械形态心理学），这些问题得不到解答或有效处理。于是我提出合理的问题，并不得不探寻其他方法来解决这些心理学问题。这种方法逐渐演变为一种普遍的哲学思想，它涉及心理学、一般科学、宗教、工作、管理，以及如今的生物学。事实上，它已成为一种世界观。

当代心理学已经四分五裂，实际上可以说是被分裂成了三个（或更多）分离的、互相缺乏沟通的科学或科学家群体。一是行为主义的、目的论的、机械主义的和实证主义的分野；二是起源于弗洛伊德精神分析的一整套心理学；三是曾被称为"第三势力"的人本主义心理学，这是由心理学的一些小群体聚合而成的一个体系。我想谈论的正是第三种心理学。我认为这类心理学的解释包含了前面两类心理学，并且创造了"行为主义之上"（epi-behavioristic）和"弗洛伊德学说之上"（epi-Freudian）两个词对其进行描述。这也有助于避免那些一知半解、非此即彼的绝对论和二元论的倾向，例如，支持弗洛伊德主义者或反对弗洛伊德主

[①] 这是从一系列备忘录中摘出的，这些备忘录写于1968年3月至4月，是应沙尔克生物研究所主任的邀请所做，希望有助于有关研究从无价值的技术倾向朝着人性化的生物哲学倾向迈进。在这些备忘录中，我撇开生物学中所有显而易见的前沿问题，而是基于我作为心理学家的特殊立场，将问题仅限于我认为是被忽略或曲解的问题。

义者。我是弗洛伊德主义者，同时我也是行为主义者和人本主义者，而且实际上我正在发展一种可能成为第四类心理学的超越心理学。

我在此表达一下自己的观点。即使在人本主义心理学家中，有些人也会认为自己是反对行为主义和精神分析学派的，而非将这些心理学囊括进一个更大的、更高级别的体系中。我认为，他们中有些人在他们对"体验"的新的狂热中，是濒临反科学甚至反理性的边缘。然而，因为我相信体验仅仅是认知的开始（必要但不充分），因为我同样相信知识的进步——更宽广的科学——是我们唯一的终极希望，所以我最好仅仅发表一点自己的浅见。

我个人所选择的做法是"自由地推测"，加以理论化，发挥直觉，总的来说就是试着推测未来。这是一种需要深思熟虑和全神贯注地开拓、探索和开创的活动，而不仅仅是应用、确认、核对和证明的行为。自然，后者才是科学的支柱。但是，如果科学家仅仅把自己当作验证者，我觉得是极其错误的。

开拓者、创造者和探索者通常是孤单一人，并不属于任何群体，他时常一个人去面对内心的冲突、恐惧，去对抗自大、傲慢和偏执。他必须是一名勇士，不惧风险，不怕犯错，对自我有清醒的认识，正如波兰尼（Polanyi）所强调的那样，他们是一类赌徒，在缺乏事实依据的情况下得出尝试性的结论，然后花上数年的时间试图弄清他的直觉是否正确。如果他还有一点理智的话，一定会被自己的想法、自己的鲁莽所吓倒，并且很清楚地意识到他正在试图证实自己无法证明的东西。

正是从这一意义上，我提出了自己的预感、直觉和断言。我认为，我们不能逃避或回避标准生物学的问题，即使这会引发对全部西方科学史和科学哲学的质疑。我们从物理学、化学和天文学那里承袭的那种价值自由、价值中立和价值规避的科学模式，尽管对于保持数据的纯净和排除教会对科学事务的干扰而言是必要的和可取的，但是我确信这种模式的确不适合于生命科学的研究，甚至这一价值自由的科学哲学对于人类的问题更加不适合。而对于人类的问题而言，个人的价值观、目的和目标、意图和计划对于理解任何一个人，甚至对于科学、预测和控制这些经典的目标，都是至关重要的。

我知道，在进化论领域，有关方向、目标、目的论、活力论和终极诱因等诸如此类东西的争论曾一度非常激烈。就我而言，我必须说，这些辩论搞得一团

人性能达到的境界

糟——但是我得承认,在人类心理层面上讨论同样的问题,将会不可避免地推进对这类议题的清晰阐述。

关于进化过程中的自生学说,或是纯粹的偶发性能否引导进化的方向,这一点我们仍是可以反复讨论的。但当我们讨论人类个体时,这样的奢谈已不复可能。我们万万不可声称一个人可以随机成为一名好医生,是时候停止拿这种论调再当一回事了。就我而言,我已厌倦了这类有关机械决定论的辩论了,甚至懒得再搭理这样的争论。

优良样本和"成长尖端经济学"

我建议讨论并最终研究使用选定的良好样本(优质样本)作为生物分析,以研究人类物种的最佳能力。举几个例子:在一次探索性调查中,我曾发现,自我实现的人,即心理健康、"优异"的人,更擅长认知和感知,甚至在感觉层面上也是如此,如果他们能更敏锐地区分精细的色调差异,我也不会因此而感到惊奇。

我曾组织的一次未完成的实验可以视作这种"生物分析"实验的一个模型。我曾计划利用当时最为可行的技术对布兰迪斯大学的所有新生班级开展测试,包括精神检查、投射测试、行为检测等测试内容。从所有样本中,我选出2%最健康的、2%中等的和2%最不健康的学生作为被试。我们计划使用大约12种感官、感知和认知能力测试量表对三组被试进行测试,来验证以往的一项认为健康的人更容易感知现实的临床和人口学发现。我预测这些发现会得到支持。我的后续计划是继续在大学四年中关注这些人,然后将最初的测试评分与他们在大学各方面的实际表现、成就和成功联系起来,进行相关性研究。我还曾设想开展一项纵向研究,由一个有组织的纵向研究组实施,即便我们离世,实验依旧可以进行下去。我们的想法是通过跟踪研究特定群体的一生,最终验证我们有关健康的观点的有效性。很明显,一些问题确实能说明这一点,比如寿命、对身心疾病的抵抗力、对传染病的抵抗力等。我们估计这项追踪研究还会揭示出未曾预测到的特征。这项研究和特曼(Lewis Terman)的研究很神似,大约40年前,他在加利福尼亚州挑选了一批高智商儿童,从许多方面对他们进行了测试。这项研究一直持续到现在。他总体上的发现是，因智力优越而被选中的儿童在其他各方面表现同样出色。他最终得出一个重要推论，即人类的所有优秀特质都呈正相关。

这一类研究设计的初衷是改变我们的统计观念，尤其是抽样理论。坦率地说，我完全支持我称之为"成长顶端统计学"的统计理论，该名称是基于这样一个事实：最大的遗传作用发生在植物的生长锥部位。正如有的青年人所说："这里就是行动所在地。"

假如我想知道"人能有哪些能力"，我会向筛选出的少部分优越分子，而不是整个受试群体提出这一问题。我认为享乐主义价值理论和伦理理论在人类历史上失败的主要原因，是哲学家们混淆了病态动机的快乐和健康动机的快乐，不加区分地运用了病态与健康的样本、优良与低劣的样本、良性选择与恶性选择的样本、生物学意义上健全和不健全的样本，并计算出了这些样本的平均值。

如果我们要回答人类能长到多高的问题，显然最好的办法就是挑选长得最高的人来进行研究；假如我们要知道人类能跑多快，就没有必要计算人类"优良样本"的平均速度了；更好的方法是看看那些奥运会金牌得主能跑多快；倘若我们想知道人类精神成长、价值成长或道德发展的可能性，那么我坚持认为，研究我们当中最讲道义、最有德行或最为贤达的人才能让我们有更大收获。

大体上，我觉得可以公平地讲：在人类历史记载中，人性一直被轻视了。人性的最高程度可能实际上总是被低估。甚至当古代圣贤和历史上的伟大领袖等"优秀样本"可供研究时，人们也常常禁不住诱惑，认为他们绝非一般人等，而是拥有超自然的天赋。

人本主义生物学和良好社会

人的最高潜能只有在大量"良好条件"下才有可能实现，这一点已经很清楚了。或者说得更直接些，优秀的人通常都成长于良好的社会环境。相反地，我认为应该明确，生物学的规范哲学应该包含良好社会的理论，其中良好社会是指"能够推动人类潜能充分发展、促进人性充分发展的社会"。我认为，乍一看这可能会使传统的描述性生物学家有点惊讶，因为他们曾试着避开"好"和"坏"这样

的字眼。但是，稍加思考他们就会明白，在传统生物学某些领域，类似的看法早已被认为是理所当然。例如，基因可以理所当然地被称为"潜能"，它们的实现受作为直接环境的遗传物质本身、细胞质、一般有机体，以及有机体自身所处地理环境等因素的影响。

以一组实验为例，就可以明白，对于白鼠、猴子和人类而言，个体早期生命中有刺激作用的环境对大脑皮层会产生非常特殊的影响，使其沿着我们一般所期望的方向发展。哈洛的灵长目动物实验室（Harlow's Primate Laboratory）进行的行为研究得出了同样的结论。被隔离的动物会丧失某种能力，超过了一定程度后，这种能力的丧失往往变得不可逆转。位于巴港的杰克逊实验室（Jackson Labs）的研究结果显示，让狗脱离人的接触，在野外流浪或在野狗群中撒野，它将丧失被驯养的可能性，再也不能被驯化成为宠物了。

最后，据报道，由于饮食中缺乏蛋白质，印度儿童正遭受不可逆的脑损伤。假如我们一致认为，印度的政治制度、历史传统、经济和文化共同造成了这种匮乏，那么显而易见的是，人们需要能在其中成长为优良样本的良好社会环境。

一种生物学哲学在与社会隔绝的状态下发展，在政治上完全中立，不必成为乌托邦式的、优心态（Eupsychian）式的、改良主义的或革命性的，这种情况可以想象吗？我的意思并不是说，生物学家需要将自己的研究转变为社会行动。我认为这是个人喜好的问题，虽然我知道的确有某些生物学家因为看到他们的知识被闲置而感到愤怒，转而将他们的发现付诸政治实践，以期使他们的发现得到认可。但我对生物学家的建议完全有别于此。我认为，他们应该认识到，一旦他们接受了对人类或其他物种的规范化研究，也就是说，一旦他们把培育优良样品作为自己的义务，那么，研究有助于优良样品发展的所有条件，以及抑制这种发展的条件，自然同样成为他们的科学义务。显然，这意味着他们要走出实验室，进入社会。

优良样本是整个物种的选择者

经过自20世纪30年代开始的一系列探索性研究，我认识到，最健康的人（或最有创造力、最强壮、最聪明、最圣洁的人）可以成为生物学上的分析对象。

或者说，他们作为先遣侦察员或更敏锐的感知者，能够告诉我们这些感知能力欠敏锐者，我们应该珍视的价值是什么。比如，我们可以很容易地选出那些在审美上对颜色和形式比较敏感的人，然后听从他们对颜色、形式、质地、饰品等的判断。我的经验是，假如我让出位置，不去硬行挤进优秀感知者行列的话，我可以信心满满地预测，我将在一两个月内渐渐喜欢上他们即刻就喜欢上的东西。换句话说，他们和我们一样，只是少了一些怀疑、困惑和不确定。因此，我能利用他们，或者请他们以专家身份指导我们，正如艺术品收藏家聘请艺术家帮助他们收购艺术品一样。（查尔德的著作支持了这一观点，他声称经验丰富的和专业性强的艺术家都有着相似的品位，这甚至是跨文化的。）我同时设想，这种人的敏感性受时尚影响的程度比一般人要小。

同样地，我发现如果我选择心理健康的人来进行研究，那么他们所喜欢的也就是人们将会喜欢的。亚里士多德曾说过相关的话："优秀的人认为好的，那就真是好的。"

例如，相较于普通人群，自我实现者对是非的怀疑要少得多。他们不会因为95%的人不同意他们的看法就感到困惑。我必须提出的是，至少在我研究的被试组中，他们对是非判断往往趋向一致，好像他们是在感知超越人性的真理，而不是在比较个人的品位。简言之，我曾将他们作为价值的试金者。或者，更应该说，我从他们那里学习到什么是可能的终极价值。或者换句话说，我已知道，伟大人物的价值观就是我最终将趋同的价值观，是我将会珍视和推崇的价值观，它们除个人感觉之外也是有价值的，也是终将得到"数据"支持的。

我的超越性动机理论（第二十三节）在根本上是以这样的操作为依据的，即选择那些能够对事物和价值保持异常敏锐性的人，将他们选择的终极价值作为整个种系的价值选择对象。

在这里我几乎是故意引发争论。假如我愿意，我可以简单地通过一个问题来表达我的观点："假定要你选出心理健康的人，他们的爱好是怎样的？他们的动机将是什么？他们为之奋斗或追求的是什么？他们看重什么价值？"但我希望最好表达清楚，不要引来误解。我是有意向生物学家（以及心理学家和社会学家）

人性能达到的境界

提出有关标准和价值的问题的。

或许从另一个角度能更好地说明这些问题。正如我已多次阐明的那样,如果人是一种善于选择、善于决定和善于追求的生物的话,那么,做出选择和决定的问题就不可避免地涉及于对人类这一物种的各种定义。但做出选择和决定是一个程度问题,关乎智慧、效果和效率。那么,问题来了:谁是好的选择者?他来自哪里?他有怎样的生活经历?这种技能可以传授吗?什么会妨碍这种技能?什么又能促进这门技能?

当然,这些只是以新的方式提出古老哲学问题:"谁是哲人?哲人是什么?"此外,也是以新的方式提出古老价值论问题:"什么是善?什么是令人向往的?什么是值得期望的?"

我必须重申,我们在生物学的历史中到达了一个转折点,我们是时候要为自己的进化负责了。我们已经是自我进化者了。进化意味着筛选,进而需要我们做出选择和决定,而这意味着要进行价值判断。

心身的关系

在我看来,我们正处在将主观世界与客观现象相互关联起来的新飞跃的边缘,我期望这些新迹象能促使我们对于神经系统的研究取得重大突破。

有两个例子足以证实这为对未来的研究做好了准备。奥尔兹的一项研究现在已经广为人知。他通过在嗅脑中隔区植入电极,发现那里实际上是一个"快乐中枢"。当白鼠通过弓身接通电源,使这些植入自己脑部的电极刺激其大脑时,它会一次又一次地重复进行这种自我刺激。更不用说,研究还发现了与不愉快或痛苦相关的脑部区域,白鼠拒绝刺激这一区域。

显然,快乐中枢的刺激对于动物非常"有意义"而令人向往,具有强化或奖励作用,令人愉悦,或我们可以用任何其他说法来描述这种情境,因此小白鼠宁愿放弃任何已知的其他的外部快乐,例如食物、性等。我们现在已有足够的平行数据来推测出人类的情况,即人的一些主观意义上的快乐体验是可以通过这种方式产生的。尽管这类研究还处于起步阶段,但是已经对此类中枢加以区分,如睡眠中枢、饱足中枢、性刺激中枢、性满足中枢等。

如果我们将这类实验和另一类实验（如卡米亚的实验）结合起来，就会出现新的可能性。卡米亚运用脑电图和操作条件反射进行研究，当受试者脑电图中的 a 波的频率达到某一特定水平时，研究人员就会给被试一个可见的反馈。用这种方法能让受试者将外部的事件或信号与主观感受联系起来，从而得以随意控制自己的脑电图。也就是说，卡米亚的实验证明了一个人有可能使他自己的 a 波频率达到某一理想水平。

这项研究意义重大，令人振奋的是卡米亚十分幸运地发现，将 a 波稳定在一定水平能让被试处于平静、沉思甚或幸福的状态。对一些学会了东方坐禅和冥想技术的人跟踪研究表明，他们能够自发地形成这种"平静"的脑电波，就像卡米亚引导其受试者之前做到的那样。这就是说，教人们感到快乐和平静已成为可能。这些具有革命性的研究成果，对人类的进步，以及生物学和心理学的理论来说都是非常有价值的。这方面的研究计划多到足以使下个世纪科学家们为之奔忙了。此前一直被认为不可调和的身心问题，终于可以得到有效解决了。

这些数据对于常规生物学而言至关重要。显然，现在已有了这样的可能性：健康的有机体自身能发出明确、清晰的信号，来说明这个有机体的偏爱、选择，或它认为的理想状态。

我们把这一切称为"价值"是否合适呢？可否把它们称为生物内在价值或本能价值？如果我们做出这样的描述性陈述"当实验室里的小白鼠在按压两种能带给自己不同刺激按钮之间进行选择时，它们几乎 100% 会按下那个会刺激快乐中枢的按钮，而不是任何会产生其他刺激的按钮"，那么这与"白鼠偏爱自我刺激快乐中枢"的表述有任何明显的不同吗？

我必须说明的是，是否用"价值"一词对于我来说并没有多大的区别。不用这个词也可以叙述我所讲的内容。或许作为一种科学策略，或至少作为科学家和公众之间的沟通策略，不通过谈论"价值"会使问题复杂化，会使科学家的叙述显得没那么冠冕堂皇。但是我认为这没多大关系。重要的是我们需要十分认真地对待偏爱、强化、奖励等心理学和生物学方面的新发现。

我同时应该指出，我们将不得不面对这种研究和理论化所固有的循环论证困

人性能达到的境界

境,这一特征在人类的研究中最为明显,但我猜测在动物研究中也存在类似问题。这种循环论证隐含在这样的说法中:"优良样品或健康物种选择或偏爱某事物。"我们该如何解释施虐狂、变态者、受虐狂、同性恋、神经症患者、精神病患者、自杀者做出的选择和"健康人"有所不同这一事实呢?把这种困境,与实验室中被切除肾上腺的动物和所谓的"正常"动物做出不同选择的现实情况进行类比,这是否合理呢?我要清楚地表明,我并不认为这个问题无从解决,我们应该正视而非逃避这一问题。对于人类受试者来说,很容易用精神病和心理测试技术来筛选出"健康之人",然后指出,获得某个高分(如在罗夏墨迹测验中,或在智力测验中)的人,与那些在自助餐厅实验中成为善择者的人其实并无二致,但这里的选择标准完全不同于行为标准。

在我看来,也有可能的是,我们通过对神经系统的自我刺激行为证明,性变态、杀人犯、施虐狂或恋物癖等人所谓"快乐",和在奥尔兹或卡米亚的实验中展示的那种"快乐"很可能并不属于同一范畴。当然,这是我们借助精神病学技术主观得知的。任何有经验的心理医师迟早都会明白,神经症的"快乐"或者变态的背后实际上是莫大的苦恼、痛苦和恐惧。在主观领域内,我们从那些既体验过不健康的快乐,又体验过健康的快乐的人那里明白了这个道理。他们实际上经常偏爱后者而惧怕前者。科林·威尔逊(Colin Wilson)清楚地证明,性犯罪者的性反应非常微弱,一点儿也不强烈。柯肯达尔(Kirkendall)也证明,相爱的人之间的性活动比不相爱的人的性活动更具有主观优越性。

我目前正在研究前文所提及的人本主义心理学的一系列推论。它可以阐明人本主义哲学给生物学带来的激进后果和影响。我们可以肯定地说,这些论据证明了有机体能够进行自我调节、自我管理和自我选择。它们更倾向于选择健康、成熟和生物学上的成功,这已经不是我们一个世纪前所设想的那样了。总体而言,它是反专制、反控制的。这使我回过头来全面、认真地审视道家的观点。不仅如当代生态学和行为学研究中所表明的那样,我们已经学会不去干扰和控制,而且对于人类来说,开始更多地相信孩子自主成长和自我实现的冲动。这意味着更强调自发性和自主性,而不是预测和外部控制。这里我将引述《科学心理学》中的相关内容进行解释:

第一章　健康与病理学

　　鉴于这些事实，我们还能严肃地继续把科学的目标定义为预测和控制吗？无论如何，对于人类而言，答案都是完全相反的。我们自己想让人类被预测而且可以预测吗？被控制且可控制吗？我不愿走得太远，将我的观点过度延伸到"自由意志问题必然以古老而传统的哲学形式出现"，但我会说，问题出现在我们面前并倒逼我们加以解决，这些问题的解决方式确实与我们主观上的自由感而不是被决定感有关，和我们的自主选择而不是被外界控制的主观感受有关。无论如何，我可以肯定，健康的人并不喜欢被控制。他们更喜欢自由自在。

　　这种思维方式的另一个极为常见的后果是，它不可避免地会改变科学家的形象，不仅改变科学家在他们自己眼中的形象，还会改变他们在普通民众眼中的形象。已经有数据表明，高中女生把科学家想象成怪人和恶魔，害怕他们，她们不会把科学家列入终身伴侣的最佳人选。我必须表明我自己的看法，这不只是好莱坞"疯狂的科学家"电影故事造成的影响；尽管十分夸张，这类电影中还是有一些真实而合理的东西。事实上，传统理念中的科学家被看成操纵者、控制者，是对众人、动物发号施令的人，而且掌控一切事物。他们是自己所研究对象的主人。在对"医师的形象"的调查中，这种观念更加凸显。医师通常会在半意识或无意识层面上被视为主人、操刀者、能消除痛苦的人等。他们绝对是领袖、权威、专家，是把控一切且对我们发号施令的人。我认为这样的"形象"对于心理学家而言是最糟糕不过了。大学生现在普遍认为心理学家是操纵者、说谎者、真相隐藏者和控制者。

　　假如有机体被认为具有"生物智慧"又如何呢？如果我们学会给予它更大的信赖，认为有机体能够自主、自治和自我选择，那么很明显，我们作为科学家，且不说作为医师、教师甚至父母，就必须把我们的形象转变为"道家形象"。这是我能想到的，能够简洁地表述人本主义科学家形象的诸多要素的一个词语。道家思想意味着询问而不是说教，这意味着不干扰、不控制。它强调非干预的观察而不是控制或操纵。它是承受的和被动的，而不是主动的和强制的。这就类似于，

人性能达到的境界

假如你想了解鸭子,你最好是向鸭子提问,而不是对它开展说教。对于人类儿童而言亦是如此。找到"最适合他们的东西"的最好办法,似乎就是找到一些方法,让他们自己告诉我们对他们而言什么才是最合适的。

事实上,优秀的心理医师中已经有了这样的榜样。这里我是就他们的工作方法来这样说的。他们会有意识地不把他的意愿强加于患者,而是帮助表达不正确的、无意识的、半意识的患者弄清自身的内在情况。

心理医师帮助患者发现他自己想要的或所期望的东西,发现对患者而不是对医师有益的东西。这与旧的理念中的控制、宣教、塑造及训导相反。绝对基于我前文提及的推论和假设,尽管我必须说,这些想法很少能真正得以实现,如大多数人追求健康(期待健康而非病态)倾向的信念,相信主观幸福感状态是达到"人之最佳状态"的最好向导等。这意味着有机体更加偏好自发性而非控制,倾向于信赖而不是怀疑。它设想人总是要成为完满的人,而不是想要生病、痛苦或死亡。作为心理医师,我们确实发现,当一个人出现死亡、受虐狂愿望和自我挫败行为,自寻痛苦时,我们认为对其而言,这是"病态"的。也就是说,如果此人曾体验过另一种更为健康的状态,他肯定更愿意选择健康而不是痛苦的状态。事实上,我们中的一些人已进一步认识到,受虐狂、自杀冲动、自我惩罚等是对健康的愚蠢、无效而又笨拙的摸索。

道家风格的老师、父母、朋友、情侣以及科学家行为模式也与此十分相似。

道家的客观性和传统的客观性

传统的"客观性"概念来自早期科学对事物、对无生命研究对象的认知过程。在进行观察的过程中,只要能够将我们自己的愿望、畏惧和期望排除在外,并将超自然的神灵的意愿和安排也排除出去,我们就是客观的。这自然是一个巨大的进步,使得现代科学成为可能。当然,我们不应忽视,在对非人的对象或事物开展研究时,这样做也是正确的。在这种情况下,这一类的客观性和超脱性起到了良好作用,甚至在研究低等生物时也能发挥有利作用。我们足够超脱、足够置身事外,使我们尽可能成为相对客观的旁观者。

对我们而言，一只变形虫向哪个方向移动或者一条水螅喜欢摄取什么东西并不重要。但种系越高级，这种超脱变得越困难。我们都很清楚，假如在研究狗或猫时，我们很容易将其拟人化，向动物投射观察者自身的愿望、畏惧、期望、偏见；而如果研究对象是猴子或类人猿时，就更会如此了。那么当我们进而研究人类时，可以理所当然地认为，我们几乎不可能成为冷漠的、平静的、超脱的、置身事外的、不干预的旁观者。堆积如山的心理数据显示，还没有人能做到这一点。

任何富有经验的社会科学家都知道，在研究任何团体或亚文化群体之前必须审查自己的偏见和先入为主的观念。这是规避预先判断的一种方法，也就是提前意识到它们。

但我认为另一条通向客观性的途径也可以考虑，即通过我们自己身外、观察者身外的现实，更清楚、更准确地去感知和实现客观性。这种方法源自对爱的观察和领悟：无论是在恋人之间，还是父母与子女之间的爱意感知，都能产生的某种类型的知识，那是不相爱的人所无法获取的。在我看来，相似的观点也曾出现在行为学文献当中。我确信，我对猴子的研究，在一定意义上更"符合事实"、更"客观"，假如我不喜欢猴子就不会出现这种状况。事实是我对它们着了迷。我变得非常喜欢我所研究的猴子，但对于小白鼠我就不大可能有这样的喜爱。我相信，劳伦兹、廷贝亨、古道尔和萨勒的研究工作"非常具有教育性、启发性和真实性"的观点，因为这些研究者"热爱"他们所研究的动物。最起码这种爱能引起他们的兴趣，甚至引发他们对研究对象的迷恋，因而能够使得他们有极大的耐心进行长时间的观察。一位迷恋着宝宝，一次又一次专注地审视婴儿每一寸肌肤的母亲，肯定会比那些对这个婴儿没多大兴趣的人更了解她的宝贝。我发现，恋人之间也是如此。他们彼此之间是如此迷恋，以至于可以在审视、观察、倾听和探索对方的活动上投入无尽的时间。而与彼此不相爱的人在一起，情况就不会是这样，因为双方很快就会产生腻烦之情。

"爱的知识"，如果可以这样叫的话，还有其他优势。爱一个人能使他舒展，打开心扉，不再设防，让他自己不仅在身体上，而且在心理和精神上都能毫无保留地向对方开放。一言以蔽之，他不再有所隐藏，而是让自己在爱人面前一览无余。在普通人际关系中，我们在一定程度上会让彼此捉摸不透。而在爱的关系中，

人性能达到的境界

我们变得"可以捉摸"了。

但最后,或许也是最重要的,假如我们对某人或某物喜爱或迷恋或深感兴趣时,我们往往不太愿意去干涉、控制、改变。我发现,对于你所爱的,你愿意听其自然。在浪漫的爱情以及祖父母之亲情的极端例子中,被爱者甚至被视为完美无缺的,因而,任何改变都会被认为是毫无必要的,甚至是对上帝不恭的,更不要说改善了。

换句话说,我们满足于顺其自然。我们对被爱不提任何要求。我们希望其保持原本的样子。在他们面前,我们可以被动地接受。所有这些都意味着,只有在他们呈现原本的样子,而不是作为我们想要他们成为、害怕他们成为或者希望他们成为的样子的时候,我们才能看到他们更加真实的样子。认可他们的存在,欣赏他们的本来面目,就会让我们成为不干扰、不操纵、不以偏概全、不干预的观察者。我们能在多大程度上做到不干涉、不苛求、不满怀期待、不追求改进,我们就会实现怎样程度上的客观。

我坚持认为,这种方法是通向某些类型的真理的特定路径。通过这条路径,我们可以更好地接近和获得真相。但我并不认为这是唯一的道路,也不认为所有的真理都能用这种方式获得。我们从同样的情境中也能够非常清醒地认识到,喜爱、兴趣、迷恋、痴迷也有可能扭曲关于研究对象的某些其他真相。我坚持认为,在拥有了科学方法这一武器之后,爱的知识或"道家式的客观性"在特定情境中对于特定目的来说具有其特殊优势。如果我们能意识到,对于研究对象的爱既能够使我们更加清楚地看到某些东西,而且会使我们产生某种盲目性,那么我们便有了足够的警惕。

更进一步讲,关于"对问题的爱"也应该这样看。一方面,很明显,你必须对精神分裂症着迷,或至少对它感兴趣才能坚持下去,才能了解它并对它进行研究。

另一方面,我们也知道,沉迷于精神分裂的人在涉及其他问题时往往会出现一定程度的失衡。

第一章　健康与病理学

大问题的问题

我在这里借用了阿尔文·韦恩伯格经典著作《大科学沉思录》中的一个章节标题，这本书包含许多我想进一步阐明的论点。利用他的术语，我能以更醒目的形式说明我备忘录中的内容的主旨。我想提请注意的是，曼哈顿计划之类的方法可以用来解决我所认为的我们所处的时代真正的大问题，不仅是心理学问题，而且是所有具有历史紧迫感的人所关注的问题（这一项研究的"重要性"的标准，现在我愿把它添加到传统的标准中）。

第一个也是最重要的大问题是造就优良的人。我们必须造就出好的人，否则我们这个物种很可能会被全部消灭，即使不被消灭，肯定也只能生活在紧张和焦虑中。这里的先决条件自然是给"优良的人"下定义，关于这一点我在本书中已做出种种陈述。我们已经有了一些初步的论据和指标了，或许已经和参与曼哈顿计划的人员一样多了。本人相信这一伟大的、轰动一时的计划是可行的，而且我确信可以列出一百个、二百个或者两千个局部问题或附属问题，这足够使大量的人忙个不停。优良的人也可以被称作自我演化的人，对自己和自己的演化负责的人，是被完全启蒙或唤醒的通达之人，是充满人性、自我实现的人，等等。无论如何，目前已经很清楚的是，除非人足够健康、进步、强大、优秀到足以支持其对生活的理解，并且想要以正确的方式将它们付诸实践，否则任何社会改革、完善的宪法与法律和伟大的计划都不会产生任何影响。

与上文刚刚提到的大问题同样迫切需要加以解决的是建立良好社会。良好社会和优秀的人之间能够相互影响、彼此需要，它们互为双方不可或缺的必要条件。这里先不论两者孰先孰后，很明显，它们协同发展的，缺少其中一个，就无法实现另一个。我所说的良好社会是一个物种、一个世界。我们还有关于自治社会（非心理安排）的可能性的初步资料（参看第十四节）。说得更明白些，现在已经清楚，人的善良程度保持不变的情况下，做出迫使这些人趋向恶性或者趋向善性的社会安排是有可能的。重点在于，社会制度必须作为不同于内心健康的问题来看待，而且一个人的好或坏在一定程度上取决于他所处的社会制度的影响。

 **人性能达到的境界**

社会协同作用的关键概念是，在某些原始文化中，在某些大的、工业主导的文化中，存在着某些社会潮流，它超越了自私和无私之间的二元对立。也就是说，某些社会制度安排必然让人们相互对立；另一些社会制度却使一个人在寻求个人私利时帮到他人，不论他是否有此初衷。反过来说，寻求利他和帮助他人的人又必然会获得私利。举个简单的例子，我们的所得税之类的经济措施，会从任何个人的财富中拿走一部分分配给广大民众。这和营业税形成鲜明对比，营业税从穷人那里收取的比例高于富人，它产生的不是虹吸效应，而是本尼迪克特所说的漏斗效应。

我必须严肃认真地强调，这些是终极的大问题，比任何其他问题都重要。韦恩伯格在他的书中所谈到的，以及其他人谈到的，大多数工业技术产品和进步在实质上都可以被认为是达到以上目的的手段，而不是目的本身。这表明，除非我们把我们的工业技术和生物学的改良交给优良的人来做，否则这些进步要么毫无用处，要么十分危险。我在这里讲的进步甚至包括征服疾病，延长寿命，减轻普遍意义上的痛苦、悲伤以及苦难。问题的关键在于，谁想使恶人活得更长，或者更强大呢？一个明显的例子是原子能的利用，我们赶在纳粹分子之前实现了它的军事用途。

若原子能被掌握在某个"希特勒"手中（至今仍有许多"希特勒"掌握国家大权），这当然不是好事，而是巨大的危险。同样的道理也适用于任何其他技术进步。人们总是可以提出一个标准问题：这对于某个"希特勒"来说是好事还是坏事？

技术进步的一个副产品便是：今天恶人有可能，甚至很有可能比人类历史上的任何时候都更加危险，更具威胁性，这是因为先进技术赋予他们更大的力量。在某一残酷社会支持下的某一极端残酷的人很有可能是打不倒的。我想，假如希特勒当年赢得了战争，那么反叛将不太可能发生，他的帝国也许会延续一千年或更久。

因此，我奉劝所有的生物学家以及一切有善良意愿的人，运用他们的才华来为这两个大问题服务。

以上考虑曾强有力地支持了我的感受，即传统的科学哲学作为道德上力求中立、脱离价值和价值中立的哲学不仅是错误的,也是极端危险的。它不仅不区分是非,而且可能是反道德的。它很可能把我们置于极其危险的境地。因此,我要再一次强调,科学本身来自人和人的激情与利益,正如波兰尼英明指出的那样。布洛诺夫斯基(Bronowski)也曾令人信服地指出,科学本身应该是一种道德规范,因为如果一个人承认真理的内在价值,那么,投身到为一内在价值服务的行动之中,会引发各种后果。在此基础上我还想补充一点:科学可以寻求价值,并能从人性本身中揭示这些价值。实际上,即使没有充分的最终证明,我认为科学已经这样做了,至少已达到了使这个陈述合理的水平。我们现在已经可以利用技术找出什么是对人类有益的,即什么是人的内在价值。几种不同的操作曾被用来指明人类本性中固有的价值。我再次重申,这既指生存价值的价值,又指成长意义上的价值——能使人更健康、更聪明、更善良、更幸福、更满足的那些价值。

我或许可以称之为生物学家未来研究的战略方案。其中之一是指追求心理健康和躯体健康的协同反馈。大多数精神病学家和许多心理学家、生物学家现在已经开始设想,几乎所有疾病,无一例外,都可以被称作心理疾病或机体疾病。也就是说,如果人们对任何"身体"疾病的研究足够深入的话,那么将不可避免地发现内在的心理、个人和社会因素是其决定因素。这绝不是要把肺结核或骨折弄得神乎其神。在研究肺结核的过程中,人们发现贫困也是其中一个诱因。至于骨折,邓巴(Dunbar)曾用骨折病例作为对照组进行研究,她假设骨折不涉及心理因素,但使她感到吃惊的是,骨折实际上确实也有其心理因素。这项研究的一个结果是,我们现在已经积累了关于事故倾向性人格以及"事故培养型环境"(如果可以这样称呼的话)的丰富经验。换句话说,就连骨折也是心理的和"社会躯体"(socioso-matic,我自创之词)的。所有这些表明,传统生物学家、医生或医学研究人员在力求减轻人类痛苦、苦难、疾病时,最好也能对他所研究的疾患采取更加整体性的看法,比以前更关注心理和社会等方面的决定因素。例如,今天已有足够的数据表明,对癌症富有成效的广泛性治疗应该包括所谓的"心身因素"。

换一种方式说,有迹象(人多是推断,而不是充分的数据)表明,让优良的人通过心理治疗改善心理状况,有助于延长其寿命,并降低疾病感染可能性。

人性能达到的境界

对于低级需要的剥夺可能会引起传统意义上的"匮乏病",这对于我在第二十三节中所称的"超越性精神疾病"(metapathologies)——精神疾病、哲学疾病或存在疾病——也同样适用,所以这些也可被称为匮乏病。

简言之,如果安全和保护、从属、爱、尊重、自尊、认同和自我实现等基本需要得不到满足,就会引起匮乏病。整体来看,可以称为神经症和精神病。然而,那些基本需要获得满足,并且已经自我实现的人,具有真、善、美、公正、秩序、法律、完整等超越性动机的人,也可能在超越性动机层面受到剥夺。

缺乏超越性动机的满足感,或缺乏这些价值,就会导致我所描述的一般的和特定的超越性精神病态。我认为这些是与坏血症、糙皮病、爱情饥渴症等处在同一个连续系统中的匮乏病。我要在此补充,证明身体需要的传统方式,如对维生素、矿物质、基本氨基酸等的需要的证明,首先是正视这种不明起因的疾病,然后再寻找病因。也就是说,假如因缺乏某种物质而患有某种疾病,那么该物质就会被认为是一种需要。正是在这个意义上,我坚持认为,从严格意义上说,我所说的基本需要和超越性需要也是生理需要,即缺少它们也会引起疾病或不适。正是出于这个原因,我才使用了一个新造的术语"类本能"(instinctoid)来表明我的坚定信念:数据已经充分表明,这些需要是和人类机体本身的基本结构有关,蕴含某些遗传基础,虽然这一联系比较微弱。它也使我坚信不疑,终有一天生物化学、神经病学、内分泌学的基质或身体机制的发现能从生理层面解释这些需要和疾病(参看附录四)。

预测未来

近几年来,曾有大量的会议、图书、专题研讨会,更不用说报纸文章和星期天杂志专栏了,它们都在讨论我们的世界在 2000 年或在 21 世纪将成为什么样子的问题。我浏览了这些"文献"(姑且这样称呼吧),更多的是深感担忧而不是受到启发。其中 95% 以上的文章在讨论技术变革,完全撇开了善与恶、正确与错误的问题。有的企业似乎完全没有是非道义可言。还有很多关于新机器、假体器官、新型汽车、火车或飞机,以及更大、更好的冰箱和洗衣机之类的讨论。当然，这些文献也偶尔谈到大规模杀伤武器的不断升级，甚至会达到毁灭整个人类的水平时，这着实令我惶恐不安。

这本身就是忽视真正问题所在的盲目性表现，实际上几乎所有参与这些讨论的人都不是研究人的科学家。

他们中有很大一部分是物理学家、化学家和地质学家，在生物学家中很大比例是分子生物学家，也就是说他们是还原型的而不是描述型的生物学工作者。偶尔应邀就这一问题发表看法的心理学家和社会学家也是典型的技术专家，此类"专家们"致力于无价值的科学观。

无论如何都很明显，所谓的"持续改进"问题在很大程度上只是一个与目的无关的改进手段的问题，且不涉及这样一个明确的事实：更强大的武器在愚蠢或邪恶的人手中只会造成更大的愚蠢或更大的邪恶。也就是说，这些技术的"改进"事实上可能是有害无益的。

另一令我感到不安的事情是，很多有关2000年的讨论大都停留在物质层面，例如，工业化、现代化、提高富裕程度、拥有更多的物质财富、通过发展海洋产业提高粮食产量、提高城市管理效率来应对人口爆炸，等等。

有种观点认为许多预测者实际上对现实情况一知半解：大部分仅仅是基于当下的情况而做出的无用推断，是根据我们的现状机械地预测了未来的曲线。据说，按目前的人口增长速度计算，到2000年，人口会多得多；按现在的城市增长速度计算，到了2000年，城市发展会如何如何，等等。这就好像我们无力掌握或计划我们自己的未来，仿佛我们无法扭转目前我们并不想要的趋向。例如，我认为对未来的计划是必须包含减少世界人口。假如人类希望这样做，那么在这个世界上没有理由，或至少没有生物学的因素导致我们无法做到。城市结构、汽车构造，以及航空旅行等也是一样的道理。我怀疑，这一类基于目前情况进行的预测本身就是没有价值观念的、纯描述性的科学概念的副产品。

第二节 神经症：个人成长的一种失败

我不可能面面俱到，所以仅仅选择讨论这个题目的几个特定方面，部分原因是我一直在做这些方面的研究工作，再有就是我认为这些方面特别重要，但最主要的原因是他们都被忽视了。

今天被认为是理所当然的一类观点认为，从某方面看，神经症是当前医学认知模式下的一种可描述的病理状态，它是一种病。但是我们已经学会用辩证的方式看待它，认为它同时也是一种前进，是在恐惧而不是勇气的掩护下，以一种胆怯而软弱的方式，笨拙地朝着健康和完满人性前进。而这种前进既涉及现在，也关乎未来。

我们得到的所有证据（大多是临床证据，也有某些其他类型的研究证据出现）都表明，我们可以合理地假设，几乎每一个人中，当然也包括几乎在每一个新生儿中，都有一种趋向健康的积极意愿，一种趋向成长或趋向实现人类潜能的冲动。

但我们同时又面临着这样一个令人感到非常难过的现实，那便是很少有人能做到这一点。即便在我们这样的一个在地球上相对来说最幸运的社会中，也只有很少一部分人能达到自我认同、完满人性、自我实现等境界。

这是我们最大的一个悖论：既然我们有推动人性全面发展的冲动，那么，为什么它不能轻易实现呢？是什么阻碍了它？

这是我们研究人性问题的新思路，即认识到人性全面发展的高度可能性的同时，又对这些可能性如此难以实现深感失望。这种态度与"现实主义"接受无论发生什么,然后将其视为规范的态度形成鲜明对比,后者认为现状是常规,例如金西(Kinsey)就是这样认为,电视上的民意测验结果也是如此。后者倾向于从描述性角度,从无价值观念的科学角度理解常态,并认为这些常态或一般状态是我们能够期望的最佳状态,因此,我们应该对此感到满足。在我看来,常态就是我们所有人都有的疾病、残废或发育障碍,只不过那时我们没有注意到这一点。我想起我在大学时代用过的一本旧时的变态心理学教科书,这本书的内容很糟糕,但是它的卷首插画非常棒。插图的下半部分做成一排婴儿的照片,他们皮肤粉嫩,笑容甜蜜,兴高采烈,天真无邪,乖巧可爱。图片上方是地铁车厢中的许多乘客的样子,闷闷不乐,灰头土脸,满面愁容,辛酸烦躁。下面的解说词非常简单:"发生了什么?"这正是我要谈论的问题。

我还应提及,我一直在进行的工作中有一部分和我想在这里谈论的事情都属于研究战略和研究策略,以及研究的准备工作。我试图以一种清晰明了的方式描述自己所有的临床经验和个人主观体验,以更科学地了解它们,即对它们进行核验和测试,使之更精确,并观察是否确实如此,验证直觉是否正确等。为了实现这一目的,也为了那些对哲学问题感兴趣的人,我想简短地介绍几个和下文有关的理论观点。这是一个老生常谈的问题,事关事实和价值、是和应该、描述性和规范性之间的关系问题,也是哲学家一直以来在研究当中深感棘手的问题。我愿提供一些思路,这些思路在解答这一古老的哲学时有所帮助,我将其称为突破这种两难困境的第三种角度。

融合词

在此,我想到的是一个一般性的结论,部分来自格式塔心理学家,部分来自临床和心理治疗经验,事实往往以某种苏格拉底式的方式具有一定的指向性,是有欠量性的。事实并不像一块烙饼似的一动不动地躺在那里,什么也不做;它们在一定程度上就像是一个路标,告诉你应该怎么做,为你提供建议,引导你朝着某一方向而不是另一方向前进。它们"召唤",它们的特点是需求,甚至具有如苛勒(Kohler)所说的"要求"。我常常有这样的感受,只要有了充分的认识,

人性能达到的境界

我们便知道该做什么，或者更清楚地知道应该怎么做；足够的知识常常能够解决问题，当我们必须决定到底要做这件事还是那件事的时候，它常常能帮助我们做出符合道德和伦理的选择。例如，我们在治疗中有着这样的经验，当人们的"认识"越来越多地深入意识层面时，他们的决策和选择也会变得越来越容易，越来越具有自主性。

我的建议是，有些事实和词语本身既是规范性的又是描述性的。我姑且称它们为"融合词"，表示事实与价值的一种融合和连接。除此之外，我所说的事情应该被理解为我力求解决"是"和"应该"这一问题而付出的努力的一部分。

我想我们在这类工作中都有了进步，已不再像一开始那样以坦率的规范方式说话，例如问些"什么是正常的？""什么是健康的？"等诸如此类的问题。我先前的哲学教授，至今他仍然爱我如子，我也始终敬他如父。有一次他写信给我，流露出一些担忧，温和地责备我不该在对待这些古老的哲学问题上过于草率。他在信中写道："你意识到你在做些什么吗？这一问题经历了两千年的思索，而你却在这层'薄冰'上如此随意地滑过。"我记得我曾回信解释说，这样的做法正是一个科学家的处理方式和研究策略，即尽可能快地滑过哲学难题。

我记得有一次在给他的回信中写道，我从策略层面考虑，在推进知识中不得不采取这样一种态度，即只要涉及哲学问题，就应该采取"坚定地天真"这一态度。这就是我们现在所持的态度。我曾觉得，谈论正常与健康、什么是好的什么是坏的等探索性的问题是可行的，而现在这类讨论却有些专断。我曾做过一项研究，其中涉及一些好的画作和一些不好的画作，我在注脚中直接写道："好的画作在这里定义为我所喜欢的画。"问题在于，如果我能直接跳到我的结论，或许可以证明这是一个不错的策略。在研究健康的人和自我实现者等人的特点时，我发现了一种稳定的倾向性，即这些研究已经从使用公开的规范性和坦率的个体性词汇，逐步转向描述性的、客观性的词汇，以致今天有了一个标准化的自我实现测验。现在我们可以在操作层面定义自我实现，正如曾经定义智慧那样，即自我实现也就是测试内容。它和各种外部变量密切相关，并会不断积累其他相关的含义。由此我受到启发，觉得我从"坚定地天真"出发是正确的。我能够用直觉的、直接的、个人的方式所看到的大部分内容，现在都通过数字、表格和曲线得以证实。

完满人性

现在,我提议对"完满人性"(fully human)这一融合词做进一步探讨,相比"自我实现",这一概念更具描述性和客观性,同时又保留着我们所需要的一切规范性含义。这个概念的目的是从直觉启发开始,逐步向越来越高的确定性、越来越大的可靠性、越来越客观的外部证据迈进,这又意味着这一概念越来越具有科学和理论效用。这种说法和这种思维方式是我在大约15年前受到罗伯特·哈特曼(Robert Hartman)的价值论著的启发而形成的,他把"优良"定义为物体实现其定义或概念的程度。这使我想到,或许可以为了研究而把人性理解为一种定量。

例如,完满人性可以用分类的方式加以说明,即完满人性是抽象的能力、运用合乎文法的语言的能力、爱的能力,持有特定价值观,能实现自我超越,等等。如果需要,我们甚至还可以把这种全面分类列成清单。这种想法可能会让我们有点吃惊,但它非常有用,只要能在理论上向从事研究的科学家提出这样的理论就可以,即告诉他们"完满人性"这个概念可以是描述性的和定量的,也可以是规范的,比如说这个人比那个人更加人性化。这也是融合词的意义,如上文所说,它确实是客观描述性的,因为它和我的愿望与志趣、我的个性、我的神经症无关;与被排除心理健康的概念之外相比,我潜意识里的愿望、恐惧、焦虑或希望将更容易被排除在完满人性这一概念之外。

假如你曾研究过心理健康,或任何其他健康或常态的概念,你会发现投射自己的价值观,并把它转化对自我、对你想成为的样子或者你认为人们应该成为的样了等的描述,是一种多么大的诱惑。你必须不间断地与这种诱惑抗争。你将发现,即使在这样的工作中能保持客观,那也一定非常困难。即使做到了,你也不能确信无疑。你是否曾陷入过选择错误?毕竟,如果你选择研究对象是以个人的判断和诊断为基础的,那么出现此类选择错误的概率会高于你依据非个人的标准进行的样本选择。

显然,融合词在科学上超越了纯粹的规范词,同时也避开了这样的陷阱——认为科学只能是无价值观念和非规范性的(非人性的)。融合概念和融合词使我

人性能达到的境界

们能够参与科学和知识的正常发展,从它的现象学和经验的开端,向更可靠、更有效、更确定、更准确、更能与他人分享并达成共识的目标前进。

其他比较容易识别的融合词有成熟、演化、发展、发育障碍、残缺、心理健全、有风度、笨拙、愚蠢等。还有许多融合词并不能明显地体现出规范性或描述性。我们终有一天会不得不承认融合词是范式的、正常的、常见的和核心的词汇。

那时,纯描述词和纯规范词将会被认为是边缘词和例外词。我相信,这将构成新的人本主义世界观,而且这种世界观正在迅速演化为一种结构化的形态。①

正如我曾指出的,这些概念的含义超越心理太远,无法充分说明意识的性质、内部心理或主观能力,如欣赏音乐、沉思和冥想、辨识韵味、努力捕捉内在的声音,等等。个体保持与自己内心世界的融洽相处可能与他的社交能力或者现实生活能力同等重要。

但从理论的精确性和研究策略的角度来看,更为重要的是,与构成人性概念的能力清单相比,这些概念的客观性和可量化性就没那么好了。

我想补充一点,我认为这些模式没有一个是和医学模式对立的,因而没有必要将它们二歧化。医学意义上的疾病使人减损,因此是一个由高到低的人性统一体。当然,医学的疾病概念尽管是必需的(对肿瘤、细菌感染、溃疡等而言),但它肯定是远不充分的(对神经官能症、性格障碍,或精神失调而言)。

人性萎缩

选择"完满人性"而非心理健康的说法的另一结果是,我们可以相应地并行使用说"人性萎缩"而不用"神经症",后者完全就是一个遭弃用的词。这里的关键概念是人的能力的丧失或尚未实现的可能,显然这也是一个程度和定量的问题。进一步而言,它更易于从外部观察,比如观察行为,这要比焦虑、强迫或压抑等更容易进行研究。它还把所有标准下的精神病类别都纳入同一个连续系统中,包括源于贫困、剥削、不适当的教育、奴役等原因的所有发育受阻、残缺和抑制,也包括经济上有特权的人中间所出现的新型的价值病态、存在障碍和性格紊乱。

---

① 我认为"人性程度"的概念比"社会胜任""人类效能"等类似的概念更为有用。

它很好地说明了因为吸毒、精神病、专制主义、犯罪等诱因而出现的种种萎缩，以及其他在医学上不能被称为"疾病"（如脑瘤）的种种萎缩。

这是一种脱离医学模式的激进运动，一个长期以来被延误了的运动。严格地说，我们如今已经不再需要"神经症就是神经疾病"这种旧的说法。此外，使用"心理疾病"这种说法会把神经症置于和溃疡、病变、细菌感染、骨折或肿瘤相同的论题范围内。但到目前为止，我们已经很清楚，最好将神经症视为与精神紊乱、意义丧失、对人生目标产生怀疑、失恋的痛苦和愤怒、看待生活的不同方式、对未来的绝望、自我厌恶、对自己的生命正在荒废的认识、没有欢乐或爱的可能等有一定的相关性。

这些都是远离完满人性、脱离人性绽放的堕落。它们意味着人的可能性的丧失，是本来可能成为什么或者还可以成为什么的那些机会的丧失。物理和化学的保健预防法在心理病源学领域内肯定会有一些地位，但和社会、经济、政治、宗教、教育、哲学、价值论和家庭等决定因素所起的更加重要的作用相比，则显得不值一提了。

主观生物学

这种心理—哲学—教育—精神的转换过程还有其他重要益处。在我看来，最重要的一点是，这类转换促成人们对生物基础和体质基础的正确理解。生物和体质因素是身份认同或真实自我、成长、揭示性疗法、完满人性或人性萎缩、自我超越或任何这类讨论的基础。

简言之，我相信，要帮助一个人实现完满人性，他首先要有对自身身份认同的认识。其中一个非常重要的部分是，要意识到自己作为人类的一员，在生物学、性情、体质等方面是怎样的，了解自己的能力、欲望、需要，还要意识到自己的使命，自己适合做什么，自己的命运是什么。

毫不含糊地说，一个人自我认识的必要条件是对个体内在生物学现象的认识，对有关我称之为"类本能"（参看附录四）的人的动物性和物种性的认识。这当然是精神分析研究的范畴，即帮助一个人意识到自己的本能冲动、需要、紧张、抑郁、志趣、焦虑。这与霍妮（Horney）区分真实自我和虚假自我的目的相同。这不正是个人对于真实自我的一种主观分辨吗？对于一个人而言，如果首先和最重要的不是自己的身体、自己的体质、自己的机能、自己的种性，他又能真正是什么呢？（作为理论家，我非常乐于对弗洛伊德、戈尔德斯坦、谢尔登、霍妮、卡特尔、弗兰克尔、梅、罗杰斯、默里等心理学家的观点做出适当的整合。甚至斯金纳的观点也可以纳入这一多样化的行列中，因为我觉得他为人类受试者列出的所有"内部强化因素"清单看起来跟我曾提出的"似本能的基本需要和超越性需要"非常相似。）

我相信，我们有可能把这一范式贯彻到个人发展的最高水平，甚至超越自己的人格。我相信，我已经给出了接受一个人的最高价值的类本能特性，即所谓的精神生活或哲学生活的充分理由。甚至可以将个人发现的价值论归入"个人类本能本性的现象学""主观生物学""经验生物学"等相应范畴。

想一想把人性程度放入一个单一连续系统的重大理论科学意义吧，这一连续系统不仅包括精神病学家和医生谈论的各种疾病，而且包含存在主义者、哲学家、宗教思想家和社会改革家所担心的其他一切问题。不仅如此，我们还能把所知的不同程度的健康问题、自我超越的、有神秘色彩的"健康以外的健康问题"，以及人类未来可能揭示的更高的可能性等也纳入这个单一的连续系统之中。

内部信号

这样的思索对于我来说至少有一个特殊的好处，那就是能使我的注意力敏锐地转向我称之为"冲动的心声"上，不过我们最好更为宽泛地将其称为"内部信号"（或内在暗示、刺激）。我那时未能充分认识到，大多数神经症以及其他身心障碍患者的内在信号会变得微弱，甚至完全消失（如患严重强迫症的那样），或者患者"听不到"以及"不能被听到"。极端情况下，我们会遇到一些体验空虚麻木迟钝、内在空乏的人。恢复自我的一个必要条件便是，必须恢复拥有和认知这些内部信号的能力，知道自己喜欢什么，不喜欢什么，喜欢谁，不喜欢谁；知道什么是愉快的和什么不是愉快的，什么时候应该吃、睡、如厕、休息，等等。

体验空虚的人，由于缺乏内部的指示或真实自我的呼声而不得不转向外部线索求得指引，例如，吃饭要看时钟显示的时间而不是顺从他的食欲（他没有食欲）。他靠时钟指引自己，靠常规、日历、日程表、议程表以及他人的暗示和提示生活。

无论如何，我认为自己到目前为止已经将神经症是个人成长的一种失败这一观点解释得很清楚了。神经症患者未能达到生物学上一个人本来应该成为的样子，即他在未受阻挠的情况下能够成为的样子。他作为人类的可能性已经丧失，其人格的可能性也已丧失。他的世界变得很狭窄，意识变得很受限，能力也受到抑制。比如那些不能在众多听众前演奏的优秀的钢琴家，或不得不避开高处或人群恐惧症患者。不能学习、不能睡觉、不能吃多种食物的人肯定如同双目失明的人一样受到削弱。认知受损，失去快乐、欢欣和狂喜[①]，不能胜任，无法放松，意志消沉，害怕担当，所有这些都是人性的萎缩。

我曾提到用更切合实际的、外显的和量化的完满人性或萎缩的概念取代心理疾病和健康的概念的一些好处。我认为，完满人性或者萎缩人性概念在生物学上和哲学上也是比较全面的。但在我进一步讨论以前，我要先解释一下，萎缩自然有可能是可逆的或不可逆的，例如，我们对偏执狂要比对一个友好的、可爱的歇斯底里的人抱有的希望要低得多。当然，萎缩也会呈现出弗洛伊德式的动态变化。弗洛伊德独创的图式谈到了一种存在于冲动和对冲动的防御之间的内在辩证关系。同理，萎缩也能导致一些后果和特定过程的出现。它很少以简单的描述性方式完成或终结。对于大多数人而言，这些丧失不仅导致了弗洛伊德和其他精神分析流派已经阐明的各种防御过程，例如，压抑、否认、冲突等。同时，它们也引发了我很久以前就曾强调过的应对反应。

当然，冲突本身也是一种相对健康的标志。假如你曾遇到过真正冷漠的人，你就会知道真正绝望的人，已经放弃希望、奋斗和积极应对。相比而言，神经症也有其积极的方面。这意味着患有恐惧症，不信任自己、轻视自己的人，仍然在追求人类的本能和基本满足，因为这是每个人作为人的权利。你也许会说，这种趋向自我实现、趋向完满人性的努力是胆怯、无效的。

[①] 科林·威尔逊（Colin Wilson）的著作《存在主义概论》已经很好地阐述了一个人的生活失去高峰体验意味着什么。

萎缩当然也可能是可逆的。常见的情况是，仅仅通过满足需要也可以解决问题，对于儿童来说尤其如此。对于一个不曾得到足够爱的儿童，显然最好的方法是竭尽全力地去爱他、用爱浇灌他。临床的和一般的经验都表明，这种方法是有效的（尽管我没有统计数字，但我推测基本如此）。同样，尊重也是消除无价值感的灵丹妙药。这使我们得出一个明显的结论：假如医学模式中的"健康与疾病"被认为是过时的，那么医学的"治疗"和"治愈"概念以及权威医生的概念也必须被摒弃和取代。

约拿情结

安贾尔（Angyal）对逃避成长的原因做了很多解释，接下来我想谈谈其中一种。我们所有人都有一种改善自身、挖掘更多自身潜能、达成自我实现、拥有完满人性和获取人类满足感（或你喜欢用的任何术语）的冲动。假定如此，那么，是什么牵制着，又是什么阻碍了我们呢？

有一类对成长构成阻碍的防御机制值得在此一谈，我称之为约拿情结（Jonah complex）[①]，它还没有引起太多关注。

在我自己的笔记中，我最初称这种防御为"对自身成功的畏惧"或"逃避自己的命运"或"躲开自己的最佳才干"。我曾想尽可能坦率和旗帜鲜明地强调这种不同于弗洛伊德的观点，即我们害怕最糟糕的自己，也害怕最优秀的自己，尽管这两种害怕有着不同的表现方式。对于我们中的大部分人来说，我们有可能比我们实际表现出来的更优秀。我们都有尚未发掘出来或尚未充分发挥的潜能。毫无疑问的是，我们许多人都在逃避我们本质上应该承担的天职（内在召唤、命运、人生任务、使命）。我们常常逃避天性、命运甚至有时是意外所赋予的责任，就像约拿试图逃避他的命运，但却徒劳无功。

我们害怕我们最高的可能性（也害怕最低的可能性）。我们通常害怕成为我们在最完善的条件下、以最大的勇气所能瞥见的，自己在最完美的时刻所表现出来的样子。我们面对自己在这种巅峰时刻所表现出来的如有神助的潜能，感到兴

[①] 我的朋友弗兰克·曼纽尔教授提出了这一名称，我也同他讨论过这个难解之谜。

奋和愉悦。但同时我们内心的怯弱、敬畏和恐惧又让我们在这些潜能面前瑟瑟发抖。

我发现向我的学生来证明这一点非常容易。你只要问他们："你们班上有谁希望写出最伟大的美国小说，或成为一位参议员、州长、总统，乃至联合国秘书长？或者当一位伟大的作曲家？谁渴望成为像施韦特（Schweitter）那样的圣人？你们中间谁将成为一位伟大的领袖？"

通常，大家一开始都会咯咯地笑起来，感到羞愧而不安，直到我再问："如果不是你，那么谁来当？"这自然是真理。当我用同样的方式鼓励这些毕业生追求更高大上的抱负时，我又说："你正在暗地里计划着写什么优秀著作呢？"这时他们常常显得很难为情，并支支吾吾，设法回避我。但为什么我不应该问这样的问题呢？除心理学家外，还有谁会写心理学著作？所以我追问："你不打算成为心理学家吗？""当然想啊。""你受的训练是要当一名缄默的或无所作为的心理学家吗？那样有什么好处吗？那不是一条通向自我实现的正确途径。不，你一定想当一流的心理学家，竭尽所能做最好的自己。假如你甘于从事低于你的能力的事业，那么我警告你，你的余生将过得非常不快乐。你会逃避你自己的潜能，也就是你自己的可能性。"

我们不仅对自己最高的可能性持有矛盾心理，而且我们对其他人的人性中同样的最高可能性也抱有一种持久的，我认为相当普遍的，甚至必然的冲突感和矛盾心理。当然，我们热爱并敬佩优秀人物、圣人贤达，诚实的、品德高尚的、心地纯洁的人。但是，一个深入了解人性的人，能意识到我们对圣人（或者对非常美的女人和男人，对伟大的创始者、智力超群的天才）所怀有的情感往往是复杂的，甚至是充满敌意的吗？我们把这种不需要成为心理治疗专家就能看出来的现象称为"逆反性评价"。只要读点历史就能发现大量这样的事例。我甚至可以说，这样的事例在任何人类历史中比比皆是。我们肯定爱慕那些体现出真、善、美、公正、完美，或者最终取得成功的人。但他们也使我们不安、焦虑、困惑，也许还有点妒忌和羡慕，且有点自卑。他们往往使我们失去自信、自控和自重。（尼采在这个问题上仍然是我们最好的老师。）

这是我们得到的第一个暗示。我的印象是：无论他们是不是有意为之，大人物仅仅凭他们的气场和身份，就足以使我们意识到自己的无足轻重。然而我们并

人性能达到的境界

不清楚为什么每当这样的大人物出现时，我们就会自惭形秽或感到自卑，我们就会倾向于以投射的方式来做出回应，也就是说，我们会认为他们试图贬低我们，把我们当作靶子，于是做出这样的反应。如此说来，我们的敌意便是可以理解的了。因此，在我看来，有意识的觉察似乎能驱散这种敌意。也就是说，假如你愿意对你自己的逆反性评价（如对真善美的下意识的畏惧和敌意）进行自我觉察和自我分析，你将很可能减少对他们的恶意。我愿意继续这样推断，如果你能学会更纯粹地热爱他人的最高价值，这也许会使你也喜爱上自己身上的这些特质，而不再那么畏惧。

与之相关的是对崇高事物的敬畏，鲁道尔夫·奥托（Rudolf Otto）对此有一番精辟的说明。把他的观点与伊利亚德（Eliade）对神圣化和去神圣化的洞察结合起来，我们会更加清楚地认识到直接面对神圣事物时的畏惧是普遍存在的。在某些宗教中，死亡被视为不可避免的结果。在大多数史前社会，也有一些地点或物体被视为禁忌，因为它们太过神圣，因而也就太危险了。在我的《科学心理学》的最后一章，我也曾从科学和医学的角度提供了一些去神圣化和再神圣化的例子，并力图解释这些过程的心理动力。归根结底，它们大都来自对最高价值和最优秀人物的敬畏（我要强调的是，这种敬畏是内在的、合理的、正确的、合适的，而不是某种疾病或不能被"治愈"的）。但我又觉得，这种敬畏不单单是消极的、让我们逃遁或畏缩的感受，它们也是令人向往的和愉悦的情感，甚至能把我们引到最高的愉悦点。借用弗洛伊德的说法，有意识的觉察、洞察和"贯通"，这些便是这个问题的答案。这是我所知的接受自己最高潜能的最佳途径，也是通向我们可能已经掩藏起来或避开了的任何伟大、仁慈、智慧或才干的最佳路径。

在我试图理解为什么高峰体验通常都很短暂时，我偶然获得了一个非常有价值的启示，答案变得越来越清晰了：我们之所以没有更多的高峰体验，不过是没有足够的力量去承受这样的体验罢了！它太震撼、太耗损人了。因此，处在这种极乐时刻的人往往会说："太猛烈了""我受不了啦""我简直要死了"。当我听到这样的描述时，我有时会觉得，是的，他们可能会死。人们无法过久承受极度亢奋的快乐。我们的机体太弱，承受不了任何大剂量的伟大，正如身体太弱承受不了长时间的性高潮一样。

"高峰体验"一词比我起初认识到的含义更为贴切。剧烈的情绪必然是极致的和短暂的，它必须让位给非狂喜的宁静、较平和的幸福，以及对最高价值清晰而深沉的认知所带来的内在喜悦。极端的情绪无法持久，但存在认知（Being cognition）能长久持续。

这能够帮助我们理解约拿情结，不是吗？它在某种程度上是一种对被撕裂、失去控制、被击碎和被瓦解、被那种体验杀死的合理畏惧。巅峰情绪最终能击垮我们。对死于这种体验的畏惧，令人想起对性冷淡的畏惧。我认为通过查阅心理动力学、深度心理学以及关于情绪的心理生理学和身心医学等方面的文献，我们可以对其有更好的理解。

在探索自我实现何以失败的时候，我曾对另一方面的心理过程有所了解。对成长的逃避也会因对妄想的畏惧而启动。自然，这一点已经被广泛讨论过了：普罗米修斯和浮士德式的传奇文学几乎出现在任何文化中。① 希腊人称它是对自大（hubris）的畏惧。它被称为"罪恶的傲慢"，是人类一个永恒的问题。对自己说"是的，我要成为一个伟大的哲学家，我要重写柏拉图的作品并超越他本人"的人迟早有一天要为自己的自以为是和狂妄自大吃尽苦头。尤其是在他比较脆弱的时刻，他会对自己说："谁？我吗？"并认为那是一种疯狂的幻想，甚至惧怕这种幻想。他把对自身内在自我及其一切弱点、犹豫和缺陷的认识，与其对柏拉图的光辉、闪亮、完美无缺的想象进行对比。然后，自然会觉得自己太放肆、过于自大了。（他没有认识到，柏拉图在内省时必然对他自己也会有同样的感觉，但柏拉图最终还是继续前进了，战胜了对自己的怀疑。）

就某些人而言，对自身成长的逃避，对抱负的低水平设定，怕做自己所能做的事，自愿地自我削弱，装傻，假装谦卑，实际上是对自大、优越感、令人厌恶的傲慢和自负的防御。有些人不能掌握谦逊和自豪之间的完美结合，而这种结合对于创造性的工作来说却是绝对必要的。许多研究者曾指出，要发明或创造，你必须具备"创造的傲慢"。但是，自然，假如你只有傲慢而无谦逊，那么你实际会陷入偏执。你不仅要意识到自己如神一般的可能性，还要意识到人类存在的局

---

① 谢尔登（Sheldon）讨论这一主题的精彩著作目前的被引用率还不够高，这可能是因为它出现时（1936年）我们尚未充分准备好。

人性能达到的境界

限性。你必须同时能够嘲笑你自己和其他所有人的自命不凡。假如你能被毛毛虫想当神仙给逗乐，你可以继续尝试豪情万丈、目空一切，而再也不必担心自己是否在妄想或者会招致冷嘲热讽。这是一个好办法。

请允许我再提一种办法。我在奥尔德斯·赫胥黎身上看到了此方法的最佳利用。他无疑是我所说的那种伟大人物，一位能够接受自己的天分并加以充分利用的人。他能做到这一点是因为他永远对每一件事情的有趣和迷人之处深感惊奇，能像青年人一样对美妙的事物充满好奇，他经常说"妙极了！妙极了"，他能用开阔的视野观察外界，目光中带着毫不掩饰的纯真、敬畏和着迷（这是一种对自己渺小的承认，一种谦卑的表现），然后镇定自若地、无所畏惧地前进并完成他为自己设定的伟大任务。

最后，请参考我的一篇论文（这也是可能出版的系列论述中的第一篇），它的标题是"认知的需要与认知的畏惧"。这篇文章能充分说明我对每一种我称之为"存在价值"（Values of Being）的内在价值或终极价值所持的观点。我想说的是，这些终极价值（我认为它们也是最高需要或超越性需要，正如我在第二十三节对它们的称谓），和所有的基本需要一样，都能符合弗洛伊德关于冲动和防御冲动的基本图式。因此，可以证明的是，我们需要真理，热爱真理，追求真理。不过，同样也很容易证明，我们还惧怕认识真理。例如，某些真理伴随着一定的责任，可能会引起焦虑。逃避责任和焦虑的一种方法就是直接回避对真理的认识。

我推测，我们将会为每一种内在的存在价值找到类似的辩证关系。我曾想写出一系列论文去讨论诸如此类的问题："我们对美的热爱与不安""我们对优秀人物的敬爱和恼怒""我们对卓越的追求和破坏倾向"等。当然，这些逆反性评价在神经质患者身上表现得更为强烈。但据我看来，所有人似乎都应该冷静接纳我们自身中的这些恶意的冲动。迄今为止我仍觉得，要做到这一点，最好的方法是通过有意识的洞察和贯通（参看附录四），把眼红、妒忌、提防和龌龊的想法转化为谦恭的钦佩、感恩、欣赏、爱慕甚至崇拜。这一方法是自感渺小、软弱、无价值，并接受这些感受，而且不必通过抨击来保护虚假的高自尊。

我一再认为，理解这一基本存在性问题不仅能帮助我们接纳其他人的存在价值，也能促使我们接纳自身的存在价值，这将有助于解开约拿情结。

第三节 自我实现及其超越

我计划在这一节要讨论的思想还处于酝酿阶段，尚未形成定论。我发现，对我的学生，以及其他听我讲过相关看法的人来说，自我实现的观念几乎已变成类似罗夏墨迹实验（Rorschach inkblot）一样，它常常能使我对使用它的人，而不是对现实有更多的了解。现在我想做的是探索自我实现者的某些性质，不是将其作为宏大的抽象概念来研究，而是从自我实现过程的操作意义的角度来探讨。自我实现在各个不同时刻意味着什么？例如，它在星期二下午四时意味着什么？

自我实现研究的开端。 我对自我实现的调查不是参照研究工作的标准来设计的，也不是以研究开始的。这些调查起初只是缘于我这样一个青年知识分子的努力，我一开始只是试图去理解我所敬爱和崇拜的两位非常优秀的老师。这种情感类似于对高智商（high-IQ）的顶礼膜拜，但我并不满足于单纯的崇拜，而是力求理解这两位人物为什么和普通大众如此不同。两位老师分别是鲁斯·本尼迪克特（Ruth Benedict）和马克斯·韦特海默（Max Wertheimer）。在我取得哲学博士学位来到纽约以后，他们是我的老师，是最卓越的人。我的心理学训练完全不足以理解他们。似乎他们并不是普通人，而是某种神一般的存在。我把自己的调查研究视为一种前科学或非科学的活动。

我做了有关韦特海默和本尼迪克特的相关笔记。当我试着理解他们，思考他们，并在日记和记事中记录他们的时候，在某个奇妙的瞬间我忽然认识到，他们两个人的模式是可以被总结的。我所谈论的"他们"指的是他们这类人，而不是这两个令人望其项背却无法企及的人。这使我极为兴奋，于是我试着在其他地方寻找这种模式，后来我确实又在其他地方、在其他人身上发现了这种模式。

按照必须严格实施并可控的实验室研究常规标准来看，我所做的简直算不上是什么研究。我的结论来自我所选择的某一类人。很明显，我还需要其他衡量标准。到目前为止，我只是挑选了二十几位我自己非常喜爱或崇拜，并认为十分优秀的人物，试着去理解他们，并且发现了一种典型模式，一种在所选中的所有人身上体现出来的模式。他们都拥有西方文化背景，都带有各种固有的倾向性。虽然这样的总结并不是十分可靠，但它仍然是自我实现者的唯一决定性特征，正如我最初探讨这一主题的文章里所描述的那样。

我发表了自己的研究结果以后，又出现了六、八或十条支持我的发现的印证线索，这些并不是重复印证，而是从不同角度做出的验证。卡尔·罗杰斯（Carl Rogers）和他的学生的研究成果证实了这种典型模式。布根塔尔（J.Bugental）提供了心理治疗方面的印证。某些使用LSD（一种麻醉药）的研究，某些对治疗效果（有效治疗）的研究，和某些测试结果——我所了解的这些事实都构成了对我这项研究的佐证。我个人对这项研究的主要结论非常自信。我想象不出什么研究能令人们对该模式做出重大更改，虽然我明白会有一些细微的调整（我自己也做过一些小的改变）。然而我的自信并不是科学依据。假如你质疑我的论据来自对猴子和狗的研究，你就是在怀疑我的能力，或者认为我就是个骗子，我也就有权提出反对。如果你怀疑我关于自我实现者的研究成果，那么你可能是有理由的，因为你对于研究这个问题的人并没有很深的了解，但恰恰是他选择了那些人，从而得出了全部结论。这些结论属于前科学的范畴，但是以一种能够经受检验的形式提出的。从这样的意义上来说，这些结论是科学的。

我选择的研究对象都是些比较年长的人，他们已经度过了生命的一大段旅程，而且看上去是很成功的。我们还不知道这些发现是否也适用于青年人，也不知道自我实现在其他文化中有着怎样的意义，虽然在中国和印度也在进行有关自我实现的研究。我们不知道这些新的研究将有什么发现，但有一件事情我确信无疑：如果你选择非常优秀的、健康的、强壮的、有创造力的、高尚的或者明智的人（实际我挑选的研究对象也是这种类型的人）来进行研究，那么你就会获得看待人类的一种不同的视角。你会问，人能长到多高？人能变成什么样子？

第一章　健康与病理学

还有一些别的事情我也很确信，比如"我的嗅觉就能告诉我答案"。然而，我所掌握的这方面的数据，比上述内容涉及的数据要更少。自我实现很难界定。但是回答这样的问题更困难：什么是超越自我实现？或者，假如你愿意，你也可以说：超越真实性（authenticity）是什么？毕竟，在所有这类问题面前，仅仅靠诚实是不够的。关于自我实现者我们还能有别的什么说法吗？

存在价值。自我实现者无一例外都是献身于某项事业，某种他们自身以外的东西。他们埋头致力于某项工作，对此十分珍视。按照传统说法或宗教的说法，他们视自己的工作为天命或召唤。他们听从命运的召唤去做事，并对此热爱无比。因此，工作与欢乐的分歧在他们身上已消失了。一个人献身法律，另一个人献身正义，还有一个人献身美或真理。所有这些人都以这样或那样的方式，毕生致力于寻找我称之为"存在价值"（简称"B价值"）的东西，即一种固有的终极的价值，它不能再还原到任何更为终极的价值。这些B价值大约有十四种，包括人们过去常说的真、善、美，以及完善、单纯、全面等。这些B价值在本书第九节和我的另一部著作《宗教、价值观和高峰体验》的附录中有说明，它们是存在本身的价值。

超越性需要和超越性病状（Metaneeds and Metapathologies）。B价值的存在给自我实现的结构增添了一系列的复杂性。这些B价值像需要一样发挥作用，我称之为超越性需要。这一类需要的剥夺会导致某些尚未被认知的病状。我姑且称之为超越性病状。比如，总是生活在说谎者中间而形成的不信赖任何人的病态，他们属于某种精神疾病的范畴，正如我们需要心理咨询专家来帮助我们处理未满足的需要一样，我们也需要超越性咨询师（metacounselor）帮助应对因为某些超越性需要未能满足而产生的心理疾病。人们需要生活在美丽中而不是生活在丑陋中，正如一个人肚子饿了需要吃饭或身体累了需要休息一样。事实上，进一步来讲，对于大多数人而言，这些B价值就是生活的意义。但许多人甚至不能认识到他们有这些超越性需要。咨询师的任务之一就在于使他们意识到自身的这些需要，正如传统的心理分析师使患者意识到他们那些类似本能的基本需要一样。最终，某些专家或许会有必要把自己当作哲学的或宗教的导师。

我们中的有些人试着帮助来访者寻求自我实现。这些来访者往往都有许多价值问题。许多年轻人，尽管他们的外在表现往往比较孩子气，但大体上却都是非常好的人。无论怎样，从传统意义上来说，我认为（根据所有的行为证据显示）他们是非常理想主义的。我想他们是在寻求价值，他们很想拥有可以为之献身的目标，可以去崇拜、仰慕和热爱的对象。这些年轻人时刻都在做出选择：要么前进要么后退；是选择背离还是走向自我实现？咨询师或超越性咨询师能告诉他们如何才能更充分地成为他们自己吗？

引向自我实现的行为

一个人需要怎么做才能自我实现？咬紧牙关吗？就实际行为和实际过程来看，自我实现意味着什么呢？下面我们谈一谈一个人自我实现的八条途径。

第一，自我实现意味着充分、生动、忘我、全神贯注地去体验一切。它意味着一种不带青春期自我意识的体验。在这个体验时刻，个体是一个完整的人。这就是自我实现的时刻。作为个体，我们都会偶尔经历这样的体验时刻。作为咨询师，我们可以帮助求助者经常体验这样的时刻。我们能鼓励他们全身心地专注于某一件事，而忘记他们的故作姿态、拘谨和羞涩，做到全力以赴。从他们的表现中，我们可以看出，这是一种非常美妙的时刻。这一刻，在那些努力变得非常强硬、愤世嫉俗或老练的青年人身上，我们能看到他们天真烂漫的童年时代的影子。当他们完全献身于某一时刻并充分体验着这一时刻时，他们的脸上会重现天真和可爱的样子。这种体验的关键词是"忘我"，而我们青年人的毛病正是太少忘我，而太多自我意识和自我觉知。

第二，让我们把生活设想为一个接一个的选择过程。每次选择都有可能正确或者错误，有可能趋向防御、安全或恐惧；但同时也可能推动个体成长。每天做出十几次成长的选择，而不是畏缩的选择，这就意味着每天要向自我实现移动十几次。自我实现是一个持续的过程。它意味着每一次都要面临说谎还是诚实、在偷窃或是不偷窃之间的选择，它意味着要确保每一次选择都成为成长的选择。这就是趋向自我实现的运动。

第三，谈论自我实现意味着有自我需要实现。人不是一块白板，也不是一堆泥或黏土。人是某种已经存在的东西，至少是具有某种"软性"结构，比如他的气质，他的生物化学平衡，等等。这显示出了一个自我，我过去曾说过"要倾听内在冲动的呼唤"，就是为了鼓励人们让自我显现出来。我们大多数人在大多数时候（尤其是儿童和青年）不会倾听我们自己内在的声音，而是听从妈妈或者爸爸的教诲，以及教会、长辈、权威或传统的声音。

为了向自我实现迈出简单的一步，我有时这样建议我的学生，告诉他们当有人递给他们一杯酒并问他们味道如何时，他们应该试着以一种不同的方式来回应。首先，我建议他们不要看酒瓶上的商标，不要想从商标上得到任何提示再考虑是否给出喜欢的回答。接下来，我希望他们闭上眼睛并且"定定神"。这时，他们就可以面向自身内部，避开外界的嘈杂干扰，用自己的舌头细品酒味，并将其诉诸自己内心的"最高法庭"来做出裁定。直到这一刻，他们才可以开始说"我喜欢它"，或"我不喜欢它"。这和我们惯常沉溺于其中所得出的结论是不同的。最近在一次宴会上，我发觉自己盯着一瓶酒上的商标，并向女主人说她选的苏格兰酒确实不错。接着我赶紧闭上了嘴。我都说了些什么啊？我对苏格兰酒一无所知，只是从广告上略有耳闻。我根本不知道这瓶酒究竟如何，可往往我们都会做出这种愚蠢的事。而拒绝这样做是一个人自我实现过程的一部分。

第四，当有怀疑时，要坦诚地说出来而不要隐瞒。"有怀疑"这一短语在各种场合都能碰到，因此我们在此没有必要过多讨论有关辞令的问题。往往，当我们有所怀疑时，我们是不诚实的。来咨询的人往往是不诚实的。他们会做戏，会装模作样。他们并不轻易接受"要诚实"的劝告。在自己的内心深处寻找答案意味着要承担责任。而这种反躬自问本身就是迈向自我实现的一大步。针对这种责任的研究很少有人关注过，教科书中也没有出现过——有谁会研究白鼠的责任呢？可是，在心理治疗中，这种责任几乎是可以触摸到的。在心理治疗中，一个人能看到它，感觉到它，可以意识到它是何时出现的。于是，他就能清楚地知道责任是怎么一回事。这是一个重要的步骤。每一次承担责任就是一次自我实现。

第五，我们迄今所说的都是不带自我意识的体验，是做出成长的选择而不是畏缩的选择，是倾听冲动的声音，诚实和承担责任。所有这些都是迈向自我实现的步骤，都能确保我们做出更美好的生活选择。每次面临选择点的时候都能做到这些小事的人将会发现，这些经验积累起来，他就自然而然地选择了与他的天赋相匹配的更好选项。他开始懂得他的命运是什么，谁将是他的妻子或她的丈夫，他一生的使命是什么。一个人只有敢于在生命的每一刻倾听自己内心的声音，倾听真实的自我，并淡定自若地说"不，我不喜欢这样"，他才能为自己的一生做出明智的抉择。

在我看来，艺术世界已被一小群舆论操纵者和风尚制造者把持，对于这些人，我是心存疑虑的。这只是我个人的判断，但对于那些自命不凡地说"你们要喜欢我所喜欢的东西，不然你们就是傻瓜"的人来说，这似乎是十分合理的。我们必须教会人们倾听自己的看法。大多数人做不到这一点。当站在画廊里看一幅费解的画作时，你很少会听见有人说"这幅画很令人费解"。我们不久前在布兰迪斯大学举行过一次舞会，舞会加入了很多怪异的元素：放电子音乐、录音带，还有人做一些"超现实的主义"和"颓废的达达主义"的事情。当灯亮起的时候，在场的人个个目瞪口呆，都不知说什么好。在这种场合，大多数人会高谈阔论几句，而不是说"我要想想这件事"。说老实话意味着敢于与众不同，敢于不受欢迎，敢于成为不合群的人。假如不能告诉咨询者（无论年龄长幼）做好不受欢迎的准备，这样的咨询师最好马上关张大吉，放弃自己的职业生涯。勇敢与害怕是一体两面的。

第六，自我实现不只是一种最终状态，而且是在任何时刻在任何程度上实现个人潜能的过程。比如，如果你是一个聪明的人，自我实现就是通过学习变得更聪明，自我实现就是运用你的聪明才智。这并不是说非做一些遥远而不可企及的事，而是说一个人要实现自己的可能性，往往要经历一番磨炼，付出大量精力。自我实现可以是在钢琴键盘上进行手指练习，也可以是努力做好一个人想要做的事情。只想成为一个二流的医生，不是通向自我实现的正确途径。人应该力争跻身一流或竭尽所能做到最好。

第七，高峰体验是自我实现的短暂时刻。这是一些心醉神迷的时刻，它们无从购买、无法保证甚至无处寻觅。正如刘易斯（C.S.Lewis）所说的那样，在这一刻你一定是"喜出望外"的。不过，当你设置了一定的条件，使高峰体验更有可能出现；或者设置相反的条件，使它不太可能出现。打破一个幻想，摆脱一个错误的观念，知道自己不擅长做什么，知道自己的潜能里面没有什么——这些也是发现真实自我的过程的一部分。

几乎每一个人都有过高峰体验,但并不是人人都能够认识到这一点。有些人把这些微小的神秘体验抛至一边。咨询师或超越性咨询师的任务之一就是帮助人们认识到这些微小而美妙的时刻。然而,一个人的心灵怎么可能在没有任何外部指引的情况下——那里并没有黑板——窥探另一个人的隐秘心灵,然后还要试图与之交流呢?我们必须找到一种新的交流方式。我曾经实验过一种交流方式。在《宗教、价值观和高峰体验》这本书的附录中以"狂喜的交流"为题做过相关说明。我认为这种类型的交流更适合教育、咨询、帮助成年人竭尽所能地发展,这比我们看着老师在黑板上写字的模式更为有效。假如我喜爱贝多芬,倾听他的四重奏能给我一些你不曾体会到的感动,那么我如何能让你也能获得跟我同样的体验呢?很明显,音乐就在那里响起,但我听得到美妙的旋律,而你一脸茫然。你听到的仅仅是一些声音而已。我怎么能让你听出美来呢?这才是我们在教学中要面对的问题,而不是只让学生去学 ABC、在黑板上做数学题或者解剖青蛙。后面提到的这三者对双方来说都是外部的。在这种情况下,一个人握着教鞭,双方可以同时看向一个目标物。这种类型的教学比较容易,而另一种教育则要难得多,那正是咨询师的工作内容,也就是超越性咨询。

第八,认清何许人也,何等面目,喜欢什么,不喜欢什么,什么对自己有益,什么对自己不利,要去向何处,肩负什么使命,并向自己敞开心扉——这意味着心理病理的揭露,也意味着对防御心理的识别,以及在识别后找到勇气放弃这种防御。这样做是痛苦的,因为防御是针对某些令人不愉快的事物建立起来的。但放弃防御是值得的。如果说心理分析文献并没有教给我们忤何别的东西的话,至少已使我们懂得压抑并非解决问题的好办法。

去圣化(desacralizing)。让我谈谈心理学教科书中没有提到过的一种防御机制,它对于今天的某些青年人来说非常重要,这就是"去圣化"。这些青年人对价值观念和美德有所怀疑,他们觉得自己在生活中总是受骗或者受挫。事实上,他们人多数人的父母就很糊涂,这导致他们也并不怎么尊敬父母。这些父母自己的价值观念就很混乱,他们看到自己孩子的行为只是感到吃惊,却从来不惩罚他们或阻止他们做错误的事情。于是,你便看到一种情况,这些年轻人简直是轻视他们的长辈,但他们这样做往往有着充分的理由。

这样的年轻人已经将此泛化了:他们不愿意听从任何长辈的劝告,如果这位长辈说的话与他们从伪善者的口中听到的话相似,他们就更不愿听从了。他们曾听到父亲口中大谈诚实、勇敢及坦率,但却看到自己的父亲言行不一。

这些年轻人已经学会把一个人还原为具体的对象,拒绝看他可能成为什么,拒绝从这个人象征的价值观中看到自己,或者永远拒绝看到他本身。比如,我们的青少年已经使性"去圣化"。对他们而言,性啥也不是,它是一件自然而然的事情。他们已把它弄得如此自然,以至于性在很多场合失去了它的诗意,这意味着它几乎失去了一切。自我实现意味着放弃这一防御机制,并学会再圣化。①

再圣化(resacralize)。再圣化的意思是,愿意再次像斯宾诺莎(Spinoza)所说的那样从"永恒角度"看一个人,或从中世纪基督教的统一性角度看一个人,也就是说,能看到神圣的、永恒的、象征的意义。例如,用尊敬的态度及其包含的一切意义看待女性,即使面对的只是某个妇女。另有一个例子:一个人去医学院学习解剖大脑,如果这位学生没有怀着敬畏之心,并且缺乏统一性知觉,把大脑仅仅看成一个具体的实物,那么肯定会造成某些伤害。一个人对再圣化持开放态度,就会把大脑视为神圣的事物,看到它的象征意义,从更深的层面来观察它。

再圣化往往意味着一大套陈词滥调,孩子们往往会觉得"非常古板"。然而,对于咨询师,尤其是为老年人提供服务的咨询师而言,这些有关宗教和生活意义的哲学问题就成为帮助患者走向自我实现的最重要的方式。年轻人可能说这很乏味古板,逻辑实证论者可能说这是毫无意义的,但是这个过程对于寻求我们帮助的人来说,显然是非常有意义而且是非常重要的,我们最好是回答他,否则就没有尽责。

综上所述,我们发现,自我实现不是某一美妙的时刻。并不是说,在星期四,当四点钟的喇叭响起的时候,你就永远地、完完全全地踏入万神殿了。自我实现是一个程度问题,是许多次微小进展一点一滴积累起来的。来访者往往倾向于等

---

① 我不得不创造这些单词,因为英语在描述优秀的人的场合已经显得不够用了,缺乏表达某些美德的词汇,甚至一些本来很好的名词却已变味了,比如"爱"。

待某种灵感来临，这样他们就可以说，"在本星期四的三时二十三分我们成为自我实现的人了！"那些被我选为研究对象的符合自我实现标准的人，通常是通过以下方法一步一步到达目的地的：他们倾听自己的声音，承担责任，诚实而又努力地工作。他们深知他们是谁，是什么样的人，他们不仅了解自己的使命，还清楚自己穿什么样的鞋子时他们的脚会受伤，以及他们喜不喜欢吃茄子，或者喝了太多的啤酒是否会彻夜难眠。所有这一切都是真正的自我所包含的意思。他们发现了自己的生物学特性，即先天的本性，而这是不可逆转的或很难改变的。

治疗的态度

上述内容是人们在走向自我实现时的行为表现。那么，咨询师扮演了什么样的角色呢？他是如何帮助前来求助的人朝着成长的方向前进的呢？

探求一个合适的模式。我曾用过"疗法""心理疗法""患者"等词。事实上，我讨厌这些词，也厌恶这些词所暗示的医学模式，因为医学模式表明，前来找咨询师求助的人是患者，受不适和疾患的困扰，正在寻求治疗。实际上，我们希望咨询师是帮助人们完成自我实现的人，而不是治愈疾患的人。

我们必须放弃帮助模式，因为它并不合适。它使我们把咨询师当作知道一切并高高在上的一位专业人士，他向正在企求某种帮助的什么也不懂的愚蠢的可怜虫提供帮助。通常意义上，咨询师并不是教师，因为教师擅长的是"外在学习"。（见第十二节的讨论）

存在主义治疗师一直致力于解决模式问题，在讨论这一问题的时候，我愿意推荐布根塔尔（Bugental）的《寻找本真》（*The Search for Authenticity*）。布根塔尔建议我们把咨询或治疗称为"存在成长"，意思是帮助人们实现最大限度的成长。或许这比我曾建议的词更好些，我提出的这个词来自一位德国作家，它是"psychogogy"，意思是心理教育。不论我们用哪一个词，我认为我们最终要表达的意思都是阿尔弗雷德·阿德勒（Alfred Alder）很久以前就提出过的一个概念，即他所说的"哥哥"。哥哥是一个允满爱心、勇于承担责任的人，就像一位兄长对待年幼的弟弟那样。哥哥懂得多些，因为他出生得早，但他和弟弟并没有什么

人性能达到的境界

本质上的不同，也不属于另一话语范畴。聪明而有爱心的哥哥会督促弟弟进步，并试着让弟弟以其自己的方式成长起来，甚至胜过自己。这有多么不同于"教导无知者"模式！

咨询不是培训、塑造或普通意义上的教学，不是告诉人应该做什么和如何做，也不是传道，而是一种"道家"式的启示和帮助。道家主张不干涉，即"无为"。道家不是一种放任哲学或忽视哲学，不是拒绝给予帮助或关怀。关于这种道家式的咨询，我们可能会设想这样一名治疗师：他是位体面的医师并且也是一个正派的人，他绝不会梦想把自己的想法强加于患者或以任何方式进行传道，或试图让患者模仿自己。

一名好的临床治疗师所做的是帮助患者敞开心扉，突破自我认识的防御机制，恢复自我，了解自己。在理想的情况下，治疗师秉承的抽象理念、他曾读过的教科书、上过的学校、对这个世界的信念，这些都绝不要让患者觉察到。治疗师应该尊重这个"弟弟"的内在本性、原本的样子和本质，认识到让"弟弟"过上美好生活的最佳方法就是使他充分地成为他自己。我们称之为"有病"的人是那些尚未成为他们自己的人，他们建立了各式各样神经质防御机制来对抗人性。

正如对于玫瑰丛而言，园丁无论是意大利人、法国人还是瑞典人，这都没什么区别。对"弟弟"来说，帮助他的咨询师是因为什么原因走上这条职业道路的也是无关紧要的。帮助者提供给他的服务不因其身份而有所不同，不论这个咨询师是瑞典人、天主教徒、伊斯兰教徒或弗洛伊德的信徒。

这些基本概念包括、暗含且完全符合弗洛伊德和其他心理动力论体系的基本概念。自我的无意识受到压抑，而真实自我的发现需要揭露这些无意识，即弗洛伊德主张的原则，其隐含的意思是相信真理能治愈疾病。学会破除压抑、了解自我、倾听冲动的声音，揭示胜利的本性，以获得知识洞察力和真理——这些都是我们所需要做的。

劳伦斯·库比（Lawrence Kubie）在《教育中被遗忘的人》一书中提出这样的观点，认为教育的一个根本目标就是帮助人们最大限度地成为一个完整的、富有人性光辉的人。

尤其对成人来说，这并不意味着使他们处于不需再提高的境地。成年人已经有了一个开始，已经有了能力、才干、方向、使命和召唤。如果我们认真对待这一模式，现在的任务就在于帮助他们在现有的基础上更加完善自己，使他们更充分地实现自我，发挥出他们的潜能。

第二章

创造性

第四节 创造性态度

一

在我看来，创造性概念和健康、自我实现、完满人性等概念似乎越来越接近，也许最终变成同样的东西。

尽管我不大确定自己所说的全是事实，但我似乎不得不做出的另一个结论是：创造性的艺术教育，或者更确切地说，通过艺术进行的教育，对于培养出艺术家或者创作出艺术作品，可能不是特别重要，比他更重要的，是培养出更好的人。如果我们清楚地意识到我所指的人类教育目标，如果我们希望孩子能变成拥有完满人性的人，并且能逐步实现他们所具有的潜力，那么，正如我所指出的那样，现存的唯一能对这些目标略微发挥影响的教育就是艺术教育了。我之所以会想到通过艺术进行教育，并不是因为艺术能产生美的图画，而是我们有可能清楚地认识到艺术教育很有可能会成为其他教育的范式。也就是说，它不是可有可无的装饰，就像现在这样只是一次性的消费品。如果我们认真对待并尽力去发展它，如果它被证明能做到我们中的一些人怀疑它做不到的事情，我们终将有一天能利用这一范式来教数学、阅读和写作。就我而言，我认为这种范式可以应用于所有的教育，这就是我对艺术教育感兴趣的原因——因为它似乎是潜在的有效教育。

我对艺术教育、创造性、心理健康等感兴趣的另一个原因，是我有一种非常强烈的历史节奏变化感。在我看来，我们正处于一个前所未有的历史时刻，现在的生活节奏比以往任何时候都要快得多。请想一想，各种事实、知识、技术、发明、工艺进步在发展速度方面的突飞猛进吧。显然，这需要我们改变对人类以及人与世界的关系的看法。说白了，我们需要一种不同的人。我觉得今天必须比二十年前更为认真地看待赫拉克利特（Heraclitus）、怀特海（Whitehead）和柏格森（Bergson）的观点，他们强调世界是流动的、运动的、过程性的，而不是静态的。如果是这样的话，今天显然要比 1900 年甚至 1930 年的形势要更为严峻——我们就需要培育另一类人，才能在一个永远不断变化、不可能静止不动的世界中生活。我甚至可以说，对于教育事业而言，讲授事实性知识有什么用？它们很快就变得过时啦！教授技术有什么用？技术也很快就更新换代了！甚至工科院校也被这种人撕裂了。例如，麻省理工学院已不再把工程学仅仅作为一系列技艺来讲授了，因为实际上，工程学教授们在学校学到的所有技能现在都已经过时了。今天学习怎样制造马鞭已经毫无意义了。据我所知，麻省理工学院的一些教授的做法是放弃过去尝试过的和对真实方法的教学，转而努力创造一种新的人。这种新型的人能随遇而安，能以变化为乐，能即兴发挥，能满怀自信，充满力量和勇气地应对他们绝对没有事先预料到的情况。

　　甚至在今天，一切似乎都在变化之中：国际法在变，政治在变，整个国际局势都在变化。来自不同世界的人们在联合国里交谈。某人谈及 19 世纪国际法，而另一位做出的回应却完全不是一回事，是来自不同世界的不同立场。事情变化得竟如此之快。

　　回到我的题目上来。我所谈论的是如何使我们自己成为一种不需要世界静止不动的人，这种人不需要冻结世界使其稳定，不需要做父辈们所做的事，他们并不清楚什么将要降临，什么将会发生，但是却可以满怀信心地面对明天，能在前所未有的情况下即兴发挥。这可以说是一种新型的人类。你可以将之命名为赫拉克利特。你也许会这样说，能造就这种人的社会才能继续延续，不能培养出这种人的社会将会灭亡。

　　你会注意到我十分强调即兴创作和灵感，而不是从已完成的艺术作品或创造性活动来接近创造性。事实上，我甚至不想从任何已完成的产品的角度出发来探讨这个问题。这是为什么呢？因为我们现在已经很清楚地意识到，从我们对创造

人性能达到的境界

性过程和创造性个体的心理分析来看，我们必须对初级创造性和次级创造性加以区分。初级创造性或创造性的灵感应该与灵感的产生和发展阶段区分开来。这是因为后一阶段不仅强调创造性，而且在很大程度上还依赖艰苦的简单工作，依赖艺术家的纪律来完成，他们或许要花费半辈子的时间学习使用工具，提升学习技能，熟悉创作素材，直到他终于有了足够的准备，能够充分表达他的所见。我敢肯定，许多人曾在夜半醒来时灵光乍现，对他们想写的小说、戏剧、诗歌或者其他什么有了灵感，而这些灵感的大多数却从未付诸实施。灵感比比皆是。

在灵感和最终作品之间的区别，就好比是托尔斯泰的《战争与和平》与大量的艰苦工作、非常严格的纪律、充分的训练、无数次的指间练习、数不清的实践和重复，以及初稿的多次推倒重来等的区别。如今，与次级创造性相伴的美德，即一些实际产品，比如伟大的绘画、伟大的小说、桥梁、新发明等的创新性，在很大程度上依赖其他美德，如执着、耐心和勤奋等。因此，为了减少干扰，便于操作，你也许会说，你似乎有必要集中精力在最初灵感闪现时即兴发挥，并暂时不去考虑它会变成什么，哪怕大部分灵感最后都消逝不见了。

部分因为这个缘故，要在创造性的灵感阶段，最好的研究对象是幼儿，他们的发明才能和创造性往往不能以产品来进行衡量。当一个小男孩自己理解了十进制时，这可能是一个灵感的高光时刻，一个创造性的高光时刻，我们决不能因为某一先验的定义把创造性说成应该对社会有用，或它应该是新颖的，或应该是前人从未想到过的等等，就对孩子的这一高光时刻置之不理。

因为同样的缘故，我已决定不再把科学的创造性作为一种范式，而宁愿使用别的例子。目前我正在进行的许多研究都涉及有创造力的科学家、证明自己有创造力的人、诺贝尔奖获得者、伟大的发明家等。问题在于，假如你熟悉许多科学家，你很快就会知道这个标准有问题，因为科学家作为一个群体，他们通常并不如你想象中的那么有创造力，这也包括那些曾经有过发明创造的人，那些发表过著述、促进了人类知识发展的人。实际上，这并不难理解。这个发现告诉我们一些关于科学的本质，而不是关于创造性本质的东西。如果我想说得有趣些，我甚至可以把科学说成一种技术，让没有创造力的人也可以创造。这绝不是取笑科学家。在我看来，科学是一种奇妙的事物，能迫使缺乏创见的人为伟大的事业服务，

第二章 创造性

尽管他们自己并不是什么伟大人物。

科学是一种技术,一种社会的和制度化的技术,通过它,即使并不聪明的人也能为知识的进步发挥作用。这是我对它所说的尽可能极端和激烈的评价。因为任何一位科学家都不能脱离历史的怀抱,都只能站在前人的肩膀上,成为一个庞大的篮球队的一员,是一大群人中的一员,所以他自己的缺陷可能显露不出来。他变得值得尊崇,值得敬重了,因为他参与了一项伟大的、值得尊敬的事业。因此,当他发现了一些东西的时候,我知道这不过是一种社会制度的产物,一种协作的产物。即使他没有发现它,别人也很快就会发现。因此,在我看来,选择科学家作为研究对象,即使他们有所创造,也不是研究创造性理论的最好方法。

我还认为,除非我们认识到几乎所有我们沿用的创造性定义和创造性例证都是由男性定义或适合男性的产品,我们就无法在终极意义上研究创造性。我们几乎完全没有考虑女性的创造性,因为简单语义学的方法只将男性的产品定义为创造性,而完全忽视了女性的创造性。通过对高峰体验的研究,我最近学会了把女性和女性创造力视为一个很好的研究领域,因为她们对产品的参与较少,对成就的参与较少,对过程本身的参与更多,而不是在明显的胜利和成功中达到巅峰。

这是我要谈论的特殊问题的背景。

二

我现在试图解开的谜团,是由我基于以下观察提出的:为什么有创造力的人,在其激情十足的灵感阶段,会舍弃过去,不思未来,而仅仅生活在当下?他就在那里,完全沉浸在当下,沉浸在当前的情境中,沉浸在此时此刻,沉浸在手头的事情中。或者让我引用阿什顿-沃尔纳(Ashton-Warner)的《老处女》(*the Spinster*)中一句完美的话来形容这种情境。这句话出自一位专心致志地教孩子新的阅读方法教师之口:"我完全沉迷于当下。"

这种"沉迷于当下"的能力,对于任何一种创造性来说似乎都是绝对必要的条件。在任何领域之中,创造性的某些先决条件在一定程度上都和这种超越时间、无我、脱离空间、脱离社会、脱离历史的能力有关系。

人性能达到的境界

这一点已经开始变得非常明显了,很明显,它是一种被淡化的、更世俗的、更常见的神秘体验的版本,这种体验被描述得如此频繁,以至于变成了赫胥黎所说的"永恒哲学"。在不同的文化和不同的时代,它会呈现出不同的色彩,但它不变的本质总是可以辨识出来。

它总是被描绘为自我(self,ego)的丧失,有时也被描绘成自我的超越。这是一种与被观察到的"现实"相融合(我应说得更中立些,和眼前的问题的融合),一种合二为一的融汇、自我和非我的结合。普遍的说法是,有一种对隐蔽真理的觉察,得到了一种严格意义上的启示,揭开了一道神秘的面纱。最后,整个过程几乎充满幸福、入迷、狂喜、兴奋的体验。

难怪这一震撼人心的体验经常被认为是超人的、超自然的,比人类想象中的任何事物要伟大得多,以至于它总被归因于超人的来源。这不足为奇。这样的"启示"往往被用来作为各种宗教启示的基础,有时甚至是唯一的基础。

然而,即使这种在所有体验中最非凡的体验也已经被列入人类体验和认知领域。我对我所说的高峰体验和玛格哈尼塔·拉斯基(Marghanita Laski)所称的狂喜进行了研究,这些研究彼此独立,都表明了这些体验是十分自然的,很容易调查的。现在,重要的是,当他们最充分地认识了自己,发展到了最成熟和最健康的阶段,总之一句话,当他们达到人性最完满时,他们能教会我们关于创造性以及人类全部功能的许多东西。

高峰体验的一个主要特征正是对眼前问题的完全迷恋,沉湎于当下,超脱于时空。在我看来,我们从对这些高峰体验的研究中学到的很多东西,都可以直接转化为对当下的体验和对创造态度的充分理解。

我们没有必要局限于这些不同寻常而又极端的体验中。尽管现在似乎很清楚,几乎所有人都可能经历狂喜的体验,只要他们在记忆中挖掘足够长的时间,且只要最简单的高峰体验,即沉迷或专注于任何有趣的东西,就足以维持这种注意力。我指的不仅是伟大的交响乐或悲剧,这样的效果也能由一场扣人心弦的电影或侦探小说来实现,也可以只是全身心地投入工作之中。

从我们都有过的这样普通和熟悉的体验开始谈起是有一定优势的,因为我们可以直接感觉或移情,即获得关于那些入迷者"高级"体验的适度、温和版本的直接体验知识。一方面,我们可以避免使用在这个领域中如此常见的浮夸、夸张、极具隐喻性的词汇。那么,这时会发生什么呢?

放弃过去。观察当前问题的最佳方式是尽你所能地去研究它和它的本质,认识它们内部固有的相互关系,从问题自身发现(而不是发明)答案。这也是鉴赏一幅画或倾听一位正处于治疗之中的患者的心声的最好方式。

另一种办法是对过去的经验、过去的习惯、过去的知识进行分析,找出当前情境在哪些方面和过去某种情境类似,即先对问题进行归类,然后使用过去解决类似问题的有效方案。这类似于一位档案管理员的工作,我曾称之为"程式化"的工作。只要现在的情境与过去类似,这种办法就会一直奏效。

但显然,只要眼前的问题和过去不同,这种办法就不起作用了。这时档案管理员的方法就不灵了。面对一幅不知名的画作时,这个人匆匆回顾他的艺术史知识,以确认他该做出怎样的反应。当然,与此同时,他几乎很少注视那幅画。他所需要的只是画名、画风或内容,以便他能够迅速做出权衡。如果他发觉自己应该欣赏,他就会欣赏;如果他觉得不应该欣赏,他就不会欣赏。

这样一个人的过去是一个毫无生气的、未经消化的异物。这还不是他自己。

更准确地说,只有当过去重新创造了人,并转化成现在的人时,过去才是活跃的、有生命的。它不是,也不应该是人以外的东西,或对他来说是陌生的东西。它现在已经变成人(已经失去它自身作为不同事物的身份),正如过去我吃的牛排现在变成了我自己一样。已消化了的过去(被肠道吸收)和未经消化的过去大有不同。这就是莱温(Lewin)所说的"非历史的过去"。

放弃未来。我们常常利用现在,不是为了其本身,而是为了未来做准备。

想想在谈话中,当对方发言时,我们有多少次会装出一副倾听的样子,但实际上却在暗中准备我们自己要说的话,也许是排练着,计划着如何进行反击。请想一想,当你得知你要在五分钟内对我的意见做出评论,你现在的态度会有怎样的不同。想想要成为一个好的、完全的聆听者该有多难!假如我们允分地聆听,细致地观察,我们就会放弃这种"为未来进行准备"的做法。我们不会把现在仅仅作为达到未来某 目的的一种手段(从而贬低了现在)。很明显,这种忘记未来的做法是充分关注现在的先决条件。同样明显的是,"忘记"未来的一个好方法就是不要去担心它。当然，这只是"未来"这一概念的一种含义。我们内心的未来，我们现在的自我的一部分，完全是另一回事。

天真无邪。这相当于一种认识和行动的"单纯"。这一类的品质经常被认为是具有高度创造力的人的功劳。他们被描绘为坦诚相见、不遮不掩，没有先验的期望，没有"应该"或"必须"，不受流行、时尚、教条、习惯的限制，不持什么才是正当的、正常的、正确的等先入为主的想法，随时准备接受任何情况发生的意外、震惊、愤怒或者否认。儿童更能以这种方式去接受一切。聪明的老年人亦是如此。现在看来，当我们变得专注于"当下"时，我们所有的人也都能通过这样的方式变得更为天真无邪。

意识的收缩。除了手头的事情之外，我们现在变得很少关注（不那么容易分心）其他事物。非常重要的一点是，我们对他人、他人与我们的关系、我们与他人的关系、义务、责任、恐惧、希望等方面的意识都在减弱。我们变得更加脱离了他人，这又意味着我们更多地成为我们自己，能够展现出我们"真正的自我"（Horney：霍妮），我们真实的自我，我们真正的本性。

之所以如此，是因为我们脱离真实自我的根源在于我们和他人的神经质关系、童年历史的后遗症、非理性的移情，在这种牵连中，过去和现在混淆不清，成年人的行为像个孩子。（顺便说一下，孩子即使现出孩子的样子也没什么，他对他人的依赖可以是非常真实的。但是，毕竟他会长大，那时可以停止依赖他人。如果爸爸已经去世二十年了，就没有必要再去担心害怕爸爸要说什么或做什么了。）

总之，在这样的时刻，我们变得更能不受他人影响。因此，只要意识的转变影响了我们的行为，我们就会发生改变。

这意味着摘除面具，不再努力地去影响、去打动、去取悦、去变得可爱、去赢得赞许。可以这样说，假如我们没有观众，我们就不再是演员，也没必要去表演了，我们将能全身心地投身于眼前的问题上，忘却自我。

自我的丧失：自我遗忘，自我意识的丧失。当你完全沉湎于非我之中时，你会变得不那么在意自己，较少在意自我。你不会像一个旁观者或一位批评家那样去观察你自己。用精神动力学的语言说，你会比平常更少地分裂一个自我观察的自我和体验的自我，而是更接近于成为全身心体验的自我（你会失去少年的羞怯和腼腆，不再有被人注视时的难堪意识等）。这意味着你会变得更一致、更统一和更完整。这也意味着更少的批评和矫正，更少的选择和拒绝，更好的评判和权衡，更少的经验剖析。这种自我遗忘是找到一个人的真正本性、真实的自己、最深层的本性的途径之一。它几乎总是让人感到愉快和令人向往。我们无须像佛教徒和东方思想家那样，谈论"万恶的自我"，但他们的说法确实有些道理。

（自我）意识的抑制力量。在某种意义上，意识（特别是自我意识）在某些时候和某些方面受到抑制。它有时聚集了怀疑、冲突、恐惧等；有时候又不利于充分发挥创造性；有时是自发性和表现性的抑制者（但对自我的观察是治疗所必需的）。

然而，某种自我意识、自我观察、自我批评，也就是自我观察的自我，对于"次级创造"也是必要的，这也是事实。

以心理治疗为例，自我改善在一定程度上是一个人对进入意识领域的体验进行批判的结果。精神分裂患者有许多领悟体验，但心理学家并没有将它们用于治疗上，因为患者有着过于丰富的"完全体验"，而缺少"自我观察和批评"。在创造性工作中，纪律建设劳动同样在"灵感"阶段取得成功。

畏惧消失。我们的畏惧和焦虑也会消失。我们的抑郁、冲突、矛盾、烦恼、问题，甚至我们肉体的疼痛也会一并消失。就目前而言，我们的精神错乱和神经官能症也会消失（假如它们还没有严重到妨碍我们对眼前问题产生深深的兴趣并沉浸于其中的话）。

此刻，我们勇敢而自信、不畏惧、不焦虑、不神经质、不生病。

防御和抑制的减轻。我们的抑制也会消失。我们的戒备，我们的（弗洛伊德式的）防御，我们对冲动的控制（刹车），以及对危险和威胁的防御也是如此。

力量和勇气。创造性的态度需要勇气和力量。大多数对有创造性的人的研究显示，这些人具有某种形式的勇气：顽强、独立、自负、某种傲慢、骨气、坚忍等，而受欢迎成为较次要的因素。恐惧和软弱排斥创造性，或者至少会使创造性的发挥变得不大可能。

在我看来，当创造性的一方被看作当下"自我遗忘"和"他人遗忘"综合征的一部分时，它在某种程度上变得更容易理解。这种状态本质上意味着更少的恐

人性能达到的境界

惧、更少的抑制、更少的防御、更少的自我保护、更少的戒备、更少的人为需要，也意味着不惧怕嘲笑、羞辱和失败。所有这些特征都是自我遗忘和他人遗忘的一部分。专心能够驱除恐惧。

或者我们能以一种更为积极的方式说，自己会变得更有勇气，更容易被神秘的、不熟悉的、新颖的、模糊和矛盾的、不寻常的和料想不到的事物所吸引，而不是变得多疑、恐惧、谨慎或不得不启动我们的焦虑缓解机制和防御机制。

接受：积极的态度。在当下的投入和自我遗忘中，我们更倾向于以另一种方式变得更积极而不是消极，即放弃批评（编辑、挑拣、纠正、多疑、改善、质疑、拒绝、判断、评价）。这似乎是说，我们会接受。我们不会拒绝，或不非难，也不会进行选择。

对眼前的事情没有阻拦意味着让它流入我们的身体，我们让它摆布我们的身体。我们任其发展，我们让它顺其自然，我们甚至可以赞同它的存在。

这样做使得我们更容易成为道家意义上的谦逊、不干涉和包容。

信赖同尝试、控制、奋斗的对立。以上内容都暗示着一种对自我的信任和对世界的信任，它容许我们暂时放弃紧张和奋斗，放弃意志和控制，放弃有意识的应对和尝试；容许我们被眼下手头事情的内在本性所决定，而这必然意味着放松、等待和接受。对掌握、支配和控制的共同努力和对物质（或对问题，或对人）的真正理解或者真正感知是对立的，尤其是涉及未来的时候更是如此。我们必须相信自己面对未来新事物时的应对能力。如此一来，我们可以更清楚地看到，信任包含自信、勇气、对世界无所畏惧。显而易见的是，这种我们自己面对未来的能力的信任，是一种能够完全、赤裸裸、全心全意地转向现在的状态。（有些临床的例子可能有助于说明问题。分娩、排尿、大便、睡眠、漂浮在水中、性顺从，都是需要放弃紧张、努力和控制的情况，需要我们放松、信任、自信地让事情发生。）

道家的包容

道家的学说和包容两者都有丰富蕴意，它们都很重要，但也相当复杂，除非用修辞手段，否则很难理解其微妙之处。所有这些微妙而细腻的道家属性所遵循

第二章 创造性

的创作态度，已经被许多作家一次又一次地用于以这样或者那样的方式来描述创造性。每一个人都同意，在创造性的始发或灵感阶段，某种程度的包容、不干预或"顺其自然"是描述性特征，这样的说法在理论和动力学上也是必要的。我们现在的问题是：这种包容或"让事情发生"和"当下的沉湎"与"自我遗忘"综合征有着怎样的关联？

首先，用艺术家对自己作品的尊重作为范例，我们可以把这种对眼前问题的尊重和关注看成一种礼貌和顺从（不侵犯控制意志），类似于"认真地对待它"。这等于把它当作一种目的，一种具有自身存在的东西，而不是作为一种达到某种目的的手段，或某种外在目的的工具。这种对其存在的尊重意味着它是值得尊重的。

这种礼貌或尊重也可用于对待问题、对待材料、对待情况或对待人。这就是作家弗里特（Follett）所说的对对事实权威、形势规律的顺从（屈服、投降）。更进一步说，我们可以单纯地允许"它"存在本身，过渡到对它存在本身的爱、关怀、赞许、快乐和渴望，就像对自己的孩子、爱人、树木、诗词或宠物那样。

这样的态度有些时候是先验的、必要的。我们需要在眼前的问题本身的特性和风格中，感知或理解其具体的丰富性，我们不出手相助，也不把我们的意志强加给它，就像我们要听到对方的低语时，就必须默不作声安静下来一样。

这种对于他人或物的存在的认知（B-认知）在第九节中将有充分的阐述。

存在认知者的整合（与分解）。创造性活动往往是一个完整的人的行为：它是完整的、统一的、一体化的，一个指向的，全部组织在为迷人的眼前问题服务。创造性因此是系统化的，有着整体（或格式塔）特征。它不像一层油彩那样附着在机体上，也不像细菌的侵入那样。它是分解的对立面。当下的完整性较少被分裂，而更多的是一致的。

允许探究始发过程。人的整合过程包括无意识和前意识各方面的恢复，特别是始发过程（或诗意的、隐喻的、神秘的、原始的、古老的、孩子气的过程）。我们的意识和理智过于专注于分析性、理性数字、原子、概念，因此忽略了大量的现实，尤其是我们自身内部的现实。

审美感知而不是抽象。抽象活动是较主动和干涉性的（较少道家特质的）；

更能导致选择或拒绝。而审美的态度会使人们以一种不干预、不侵扰、不控制的方式去品味、享受、欣赏、关心。

抽象的最终产物是数学方程、化学公式、地图、图表、蓝图、卡通、概念、抽象草图、模型、理论体系，所有这些都距离原始的现实越来越远。审美感知和非抽象观察的最终产物是知觉的全部，其中的每样东西都很容易被同样地欣赏，较重要的或者较次要的评价往往都不受重视。我们在这里寻求的是更丰富的感知，而不是简化和概要化。

对于许多糊涂的科学家和哲学家而言，方程式、概念或蓝图已经变得比现象学上的现实本身更真实了。幸运的是，既然我们能够理解具体和抽象的相互作用和相互补充，就没有必要贬低其中任何一个。就当前的情况而言，西方的知识分子严重高估了抽象性的意义，甚至认为它与现实图景同义。他们最好通过强调具体、审美、现象学、非抽象、感知现象的所有方面和细节现实的丰富性，以及现实中的无用部分来进行平衡。

最大的自发性。如果我们完全将注意力集中于眼前的问题上，对它入迷，心中不再有其他的目标或目的，我们便更容易成为完全自发，充分发挥作用的人，任我们的能力以一种本能的、自动的、轻松的方式，即通过最充分的、最不受阻碍的、最有组织的行动，在自己的内部自如地、无意识或者受控地流出。

组织和适应眼前问题的一个主要决定因素很有可能就是眼前问题的内在性质。我们的能力会完美、迅速、毫不费力地适应形势，并随着形势的变化而灵活地变化。就像一位画家不断地使自己适应变化着的绘画要求；一位摔跤运动员适应他的对手；一对优秀的舞伴相互适应。

（独特性的）最充分的表达。充分的自发性是对诚实表达有机体的性质、风格及其独特性的保证。自发性和可表达性这两个词，都含有忠实、自然、真实、无欺骗、非模仿性等意思，因为它们也意味着行为的非工具性，不故意"尝试"，不费力争取或紧张，不干预冲动的流动和深刻的人的自由散乱表达。

其决定因素是眼前问题的内在本性和人的内在本性，以及两者之间发生变化以相互适应，并融合为一个整体的内在必然性。这里的整体可能指的是一支优秀的篮球队，一场弦乐四重奏。除此之外，没有什么是相关的。这不是达成任何外在目的的手段：它自身即目的。

人与世界的融合。我们已升华到人与世界融合的高度，这是创造性的一个可观察到的事实，而现在我们有理由认为这是它的一个必不可少的先决条件。我认为，我一直在撕扯和讨论的这个关系网络能帮助我们更好地理解这种融合作为一种自然的事件，不是什么神秘的、难解的、深奥的东西。我想，假如我们把它理解为一种同构现象、一种对彼此的塑造、一种越来越合适的结合或互补、一种融为一体的过程，它甚至可以用科学方法进行研究。这让我明白了北斋（Hokusai）所说的一句话："假如你想画一只鸟，你必须变成一只鸟。"

第五节 创新的总体方法

我非常乐意地比较了创造性领域目前的研究情况和二十五年前的情况。首先我想说，已经积累的总数据量（即研究成果总量）已远远超过了此前任何人的合理预期。

我的第二个印象是，与方法的层出不穷、精细测验技术的更新迭代以及信息的海量增长相比较，这一领域的理论并没有多少进步。我想提出两个理论的问题，即这个研究领域中的概念化方面使我很困惑的是些什么问题？这些使人不安的概念化问题的不良后果又是什么？

我认为，我想交流的最重要的问题是我的一个印象，即创造性领域中的思考和研究大都是原子化的、太临时化的，而且它没有像可能和应该的那样形成整体、组织或系统。当然我在这里并不想进行任何愚蠢的二分或极端化。也就是说，我不想暗示对整体论的任何虔诚或对解析或原子论的任何敌意。对于我而言，问题在于如何使它们达到最佳整合，而不是在它们之间进行选择。避免"二选一"的方法之一就是利用皮尔逊（Pearson）以前提出的分辨法，他曾将一般因素（G）和特殊因素（S）进行区分，这两种因素不仅涉及智力，还涉及创造性。

当我阅读与创造性相关的文献时，创造性给我留下了深刻印象。我深感这一问题与精神健康或心理健康的关系是如此关键、深刻、重要、明显，但它却没有被作为建立相关理论的基础。举例而言，这些研究之间几乎不发生交集，它们有的属于心理治疗领域，有的则属于创造性领域。我的一个研究生，理查德·克莱格（Richard Craig）曾发表过一篇我认为非常重要的文章，证明确实存在着这样

第二章　创造性

一种关系。托兰斯（Torrance）的著作《创意人才指南》(*Guiding Creative Talent*)中的表格令人印象深刻。这本书中收集并总结了所有已被证明和创造性有相关的人格特征的证据。他认为有三十个或更多的特征是显著有效的。克莱格所做的是把这些特征记录在表中的一列，然后在相对应的栏中列出我曾用于描述自我实现者的特征（这些特征和其他人用于描述心理健康的列表内容有相当多的重叠，例如，罗杰斯的"全功能的人"，或荣格的"个性化的人"，或弗洛姆的"自主的人"，等等）。

几乎到处都存在着重叠。在列有三十或四十个项目的表单中，只有两三个特征没有被用来描述心理健康的人，它们也只是中立的。没有一个特征是属于对立面的。因此，我们大致可以说，接近有四十个特征，或三十七八个特征和心理健康相符，这些特征结合在一起就是一种心理健康或自我实现的综合特征。

我引述这篇文章作为讨论的切入点，因为我坚信（早在很久以前就有此信念）：创造性的问题就是具有创造力的人的问题（而不是创造性产物、创造性行为等的问题）。换句话说，具备创造性的人是一种特殊的人，而不只是一种老式的、平常的人，即使他现在获得了一些外部的东西，现在学会了一种新的技巧如溜冰，或积累了更多的经验，这些外部的东西虽然属于他"所有"，但并非他所固有，并非他的基本性质。

假如你认为人，那种有创造力的人，才是问题的本质，那么你面临的问题就成为人性转变、性格改变以及整个人的全面发展的问题。这又把我们带入世界观、人生哲学、生活方式、伦理准则、社会价值等问题中。这和那种我们经常听到的，关于理论、研究和训练的特别的、因果的、凝练的、原子论的概念形成了鲜明而直接的对比。这一类说法我常常听到，例如："创造性的成因是什么？""我们能够做的最重要的、最特别的事情是什么？""我们是不是应该在增添一门三学分的创造性课程？"我甚至估计很快就会有人问"它的定位是什么？"或者试图通过植入电极来控制创造性。在我和业内研发人员的磋商中，我获得一种强烈的印象，发现他们总是寻求一些秘密按钮来推动创造性的发展，就像开关一盏灯那样。

怎样才能成为一个有创造性的人呢？我的看法是：创造性可能有成百上千个决定因素。也就是说，对一个人成为心理更健康或人性更完满的人提供帮助的任

人性能达到的境界

何事物，都能改变整个人。这个更完整、更健康的人会在行为、体验、感知、交流、教学、工作等方面发生数十、数百甚至数百万个变化，这些都更"有创造性"。到那个时候，他就会变成另一种人，在各个方面都有不同的表现。然后，与单一的秘密按钮、窍门或者三个学分的课程相比，这一过程可能会产生更多的创造性，这种更全面、更有组织性的观点会提出类似的问题："为什么不应该是每一门课程都有助于培养创造性？"当然，这种对人的教育应该有助于创造一种更好的人，能促使一个人变得更强壮、更高大、更聪明、更有洞察力。（顺便说一句，这样的人在生活的各个方面自然会表现得更有创造性。）

我头脑中突然想到一个例子。我的一位同事狄克·琼斯（Dick Johns）写了一篇博士论文，我认为从哲学观点看这篇论文是极其重要的，但它并未得到足够的重视。他针对高中高年级学生开设了一门集体治疗课程，然后在年底发现种族偏见下降了，尽管一整年他都一直尽力避免提到这一话题。

偏见不是按一下按钮就能创造出来的。你无须训练人们产生偏见，你也不能真正直接地训练他们消除偏见（我们曾经实验过，然而收效甚微）。"偏见"就像轮子上的火花一样转瞬即逝，它不仅仅是一个人通过心理治疗或其他能改善人的方法而变得更好的副产品或者偶发现象。

大约二十五年前，我曾对创造性进行过调查研究，我的方法和传统的（原子论的）方法截然不同。我不得不发明一种全面的采访技巧。我尽可能深入、深刻、充分地了解每一个人（作为独特的、个体的人），直到我觉得我把他们作为一个整体的人来理解。这就好像是我理解了整个生命，得到了完整的人的完整的病史，而心中不再有特定的疑问。也就是说，我没有对这个人的某一方面进行抽象，而是在用个性化的方法来理解他。

然而，理解人的方式也可能是规范性的：提出特定的问题，做简单的统计，得出一般的结论。我们可以把每一个人看作一个无限的个体，无限是可以被添加，可以被划分出百分比。就像无穷大的数字也可以被计算一样。

你一旦以这种方式对所选的样本群体有了深刻、深入和单独的了解，某些在典型传统实验中不可能的操作就成为可能。我有一个大约包括120人的被试小组，我花了大量的时间对他们进行一一了解。之后，我又提了一个问题，回顾我的数

第二章　创造性

据并得出答案；即使120人都去世了我也能得出答案。这和就某一单独的问题所做的临时实验形成鲜明对比。在这个实验中，一个变量发生变化，而所有其他变量都可能"保持不变"（当然，我们自然都非常清楚，实验室中可能有成千上万的变量，在经典的实验范式中只能假定它们"受到控制"而不是实际受到控制，更不用说让它们保持不变了）。

假如允许我直率地提出质疑，我要说我坚信，因果方式的思维方法虽然在非生命世界中相当起作用，而且我们已经学会利用它解决人的问题并多多少少取得了一些成功，但作为一种普遍的科学哲学它已经消亡了。

它不应该再被使用了，因为它只能引导我们进入特定的思维，即一个原因产生一个特定的效果，一个因素引发另一个因素，而不是使我们对我曾试图描述的那种系统性和组织性的变化保持敏感，在这种变化中，任何单一的刺激都将会改变整个机体，而改变的机体又会引起生活各个方面的行为改变（这也适用于大大小小的社会组织）。

例如，你希望自己身体健康，就询问医生："如何让人们的牙齿变得更好？""你是怎样使他们的脚好些的？"或"如何维持他们的肾脏、眼睛、头发等部位的健康？"任何一位医生都会告诉你，最好的办法是改善系统的整体健康状况。就是说，你要改善一般因素（G）。假如你能改善饮食和生活方式等，那么将能够迅速改善牙齿、肾脏、头发、肝脏、肠道等的状况。也就是说，整个系统都会得到改善。同样地，整体创造性和总体构思都是从整体系统中产生的，也会产生总体性改进。而且，任何能产生更有创造力的人的因素，也会使人成为一位更好的父亲、更好的老师、更好的公民、更好的舞蹈家，或更好的任何东西，至少在"G"因素得到加强的程度上是这样的。当然，接着还要加上一些具体的贡献（S因素）来区分好父亲、好舞者或者好的作曲家。

格洛克（Glock）和斯塔克（Stark）写过一本关于宗教社会学的好书，我愿推荐这本书，是因为它对这种原子论和特殊性思维的描述相当高明和有力。特定思想家、刺激－反应（S-R）思考者、因果思考者、"一因一果"思考者等都已经进入了一个新的领域，这两位作者也是如此。首先，他们当然觉得必须给宗教下定义，当然，他们必须这样定义，说宗教是纯粹的、独立的，说它不是其他任

人性能达到的境界

何东西,进而把它从其他东西中分离出来。所以,他们最终得到了亚里士多德逻辑中的"A"和"非A","A"就是"A"和只有"A"。它是纯粹的"A";而"非A"是纯粹的其他事物,因此两者没有重叠,没有融合,没有结合,没有熔接,等等。从前所有虔诚的宗教人士都非常认真地对待的一点:宗教态度应该是任何行为的一个方面或一个特征(实际上所有行为的特征)在本书的第一页就已经消失了。

这使他们能够继续前进并陷入一种绝对的、完全的混乱,那是我之前从未见过的最美丽的混乱。他们钻进了死胡同,停留在那里,使宗教行为和所有其他行为完全分开,以致他们(格洛克和斯塔克)全书所讨论的都是外部行为:去教堂或不去教堂,节约或不节约小片的木料,在做这个、那个和其他事情之前鞠不鞠躬,从而把我称为小"r"(宗教religion一词英文的首字母)的宗教,即那些可能与宗教机构、超自然现象、偶像崇拜无关的人的宗教完全排除在全书以外。这是原子论思维的很好的例子,但我还有许多其他例子。一个人可以从原子论的角度思考生活的任何方面。

如果我们愿意的话,我们也可以在创造性方面做同样的事情。我们可以把创造性变成一种周日行为,使它发生在一间特定的房间内,一座特别的建筑物内(比如教室)并出现在某一特定的时间(比如星期四)。它只有在那个房间和那个时间而不是在任何别的时间和地点才是创造性。而且只有某些特定领域才和创造性有关,如绘画、作曲、写作等,其他领域则与之无关,如烹饪、驾驶出租汽车或做水管工。但我想再次提出,创造性是几乎任何行为都有的一个方面,不论是知觉的、态度的、情感的、意识的、认知的还是表达的。我认为如果你这样理解它,你将会提出各种各样有趣的问题;而如果你用二分法来理解创造性,你将无法想到这些问题。

这有点像你学跳舞时可能采取的不同方式。在一个秉持"特殊"思维的社会里,大多数人会去亚瑟·莫瑞学校(the Arthur Murray School),在那里先出左脚然后迈右脚走三步,这样一点一点地,你经历了大量外部的、有一点意志参与的动作。但我想我们都会同意,我甚至可以说我们都知道,成功的心理治疗的特点是,可能产生成千上万种效果,其中好的舞蹈,也就是更自由的舞蹈,很可能变得更加优雅、不拘束、不抑制、不自觉、不渴求,等等。以同样方式进行的心理

第二章　创造性

治疗也会变得更好（而我们都知道也有大量不好的心理治疗），变得更成功，还将提高一个人的创造力（你或许从来没有试图提到或者根本没有提到这个词）。

我还想提一下我的一个学生所写的一篇论文，它发掘出一些完全意想不到的成果。这原本是一项关于自然分娩的高峰体验、母亲的喜悦等的研究。但它接下去却转了话题，因为坦泽尔夫人（Mrs. Tanzer）曾发现，当分娩是一次良好的或伟大的体验的时候，各式各样奇妙的变化也会发生。女性在生活中的很多事情都会改变。这可能带有一些宗教皈依的味道，或者有巨大的启发效果，又或者是一次巨大的成功经历，它从根本上改变了那位妇女的自我形象，因而也改变了她的一切行为。

我还要说，这种一般性的研究似乎是一种谈论"氛围"的更好、更富有成效的方法。我曾试图制定非线性系统组织的体制并找出其良好效果的原因。我能得出的结论是：那里充满了创造的气氛。我完全找不出能够压倒其他原因的核心原因。那里有一种一般的、弥漫的、整体的、总体的自由。一个适宜的氛围，能促进创造性的氛围将会是一个理想国度，是一个"优心态"（Eupsychian）社会，或者是一个专门为提高自我实现和所有人的心理健康而设计的社会（我更倾向于这种称呼）。这就是一般性表述，即"G"表述。在这样的背景下，我们可以用一种特殊的"图形"，一个特殊的"S"或特殊因素，使某个人成为一位出色的木匠，而另一个人成为一位杰出的数学家。但如果没有这样的社会背景，在一个糟糕的社会中（这是一个具有普遍性的系统陈述），创造性就会不大可能出现。

我认为，在这里治疗方面的相似之处对我们也很有用。对这一研究和思想领域感兴趣的人有许多值得我们学习的地方。例如，我们必须正视他们提出的问题，如身份意味着什么？什么是真实的自我？什么是治疗？什么是教育？这些可以帮助人们理解身份。另一方面，我们有一个真正的自我的模型。该模型显示，某种特征在一定程度上是生物学构想出来的。它是一种体质、气质和"本能"。我们这个物种不同于其他物种。假如你能接受这一模型而不是"白板"模型，不是把人作为纯黏土，可以铸造或强化成为任何预先设计的形状，那么你就必须接受作为发现、释放的治疗模型。

教育也是如此。由这两种关于人性的不同概念所衍生的关于教、学及其他一切的基本模式也是各不相同的。

那么，创造性人类普遍具有遗产的一部分吗？它确实经常会丧失，或被掩盖、被歪曲、被抑制，受到任何可能的阻碍吗？那么我们的工作就是揭示所有婴儿原则上与生俱来的创造性。我认为这是一个非常深刻、非常普遍的哲学命题，是一个我们必须讨论的基本的哲学立场。

最后，我想说的是一个"S"问题，而不是"G"问题。我想问一下，什么时候我们不需要创造性？有时，创造性能成为一种可怕的、令人讨厌的累赘。这可能是一件麻烦、危险、混乱的事情。我曾从一位"有创造性的"研究助手那里理解到，她曾搞砸了我研究了一年多的一项研究。她变得"很有创造性"，中途改变了全部计划，甚至没有跟我打个招呼。她搞乱了所有的数据，浪费了我一年的工作，弄得乱七八糟。总的来说，我们要求火车正点运行，我们不希望牙医有任何创意。我的一位朋友几年前做过一次手术，他还记得当时是多么不安和害怕，后来他见到了他的外科医师。很幸运，医师是一位优秀的、似乎有强迫症倾向的男人，喜欢精确和整洁，小络腮胡子，须发整齐——这是一位完美的、克制的、冷静的男人。我的朋友松了一口气：这名医生不是一个"有创造性"的人，这位医生只会做正常的、例行的、普通的操作，不会玩任何花样、不尝试任何新奇的东西、不做实验也不采用新的缝合技术等类似的东西。我认为这很重要，在我们的社会中，在我们的劳动分工中，我们应该能够接受命令、执行计划并且做出可预测的行为。但是对于我们每一个人来说，重要的不仅仅是我们作为创造性工作者的能力。作为创造性工作者，我们倾向于将创造过程神化，比如那伟大的洞察力、启发、好主意、夜半灵感的来临，并往往会淡化两年的艰苦劳动和汗水，然而，后者才是把美妙的想法变成有用的东西所必需的。

只从时间的角度看，美妙的想法确实只占我们时间的一小部分，我们绝大部分时间都在艰苦地工作。我感觉我们的学生不大懂得这个道理。

可能是因为我的学生往往会认同我写过的高峰体验和灵感等，所以这些麻木的孩子被带到我的家门口。他们觉得这是唯一的生活方式。每天或者每小时没有了高峰体验的生活就不能算是生活，因此，他们不能做无聊的工作。

一个学生告诉我："不，我不想那样做，因为它不能使我感到愉快！"于是，我涨红了脸，勃然大怒："什么话！你给我做，不然我开除你！"然而他认为我在践踏了我自己的原则。我还认为，要对创造性进行更合理、更平衡的描述，我们这些具有创造性的工作者必须对自己给别人留下的印象负责。显然，我们给他们留下的一个印象是，创造性就像闪电在某一辉煌的时刻击中了你的脑袋。有创造性的人也是优秀的工作者这一事实往往被忽视。

第六节 创造力的情感障碍

当我着手研究创造性方面的问题时，它完全是一个学术的、专业的问题。近几年来我很意外地被我一无所知的大工业或美国陆军工程设计院这样的组织机构所吸引，我根本不了解他们的工作，这令我有点不安，就像我的许多同事一样。我不确定我所做的工作和我得出的结论，以及我们今天关于创造性的认识在大机构中是否可用。实际上，我所呈现的本质上都是悖论、问题和谜语，而此时此刻，我不知道人们将如何应对他们。

我认为管理有创造性的人员既棘手又重要。不太清楚该怎么处理这个问题，特别是要应对那些本质上是"独狼"的人。我在工作中遇到的那种有创造性的人，往往在一个组织中很容易被排挤，由于很怕再发生这样的事，他们一般都躲在一个角落或阁楼里独自工作。"独狼"在大机构中的地位问题，恐怕是这个机构的问题，而不是我的问题。

这也有点像是试图调和革命的社会和稳定的社会，因为我所研究的人本质上是革命的，他们是背弃了现存的东西，对现状感到不满。

这是一个新的尖端领域，我想我要做的仅仅是扮演研究者、临床医师和心理学家的角色，把所学的知识都奉献出来，把所有的看法都表达出来，希望能起点作用。

从另一种意义上而言，这是一个新的心理学尖端领域，我们必须深入挖掘。如果可以，我可以这样简单概括我的想法：在过去十年左右的时间，我们已经发现，原来我们真正感兴趣的那种创造性的根源，或真正新思想的出处，是人性的深处。我们现在甚至还没有找到一个非常恰当的词语来描述它,但这样也很不错。假如你愿意,你可以用弗洛伊德的术语,即"无意识";或用另一个心理学派的术语,比如选用"真实的自我"这一术语。但不论哪种情况,它都是一个更深层次的自我。在心理学家或心理治疗师眼中,它需要更深层次的操作,也就是说,你需要去挖掘它。它就像蕴藏得很深的矿藏一样,深埋在地下你必须努力穿透表层来获取它。

这是一个不广为人知的全新的尖端领域,也是一个在历史上从未出现过的特殊领域。这不仅是我们不知道的东西,而且是我们害怕知道的东西。也就是说,人们对知道它仍有所"抗拒"。这就是我要试着说明的问题。我是在谈论我称之为初级创造性而不是次级创造性的东西。初级创造性来自潜意识,它是新发现之源——真正新颖的思想的来源,这些思想与目前已有的那些思想并不一致。这也有别于我称之为"次级创造性"的东西。心理学家安妮·罗伊(Anne Roe)曾在新近的一些研究中证明了这种生产力,她在一群又一群有能力、有成果、有作用、有名望的人士中间发现了这种生产力。例如,在一项研究中,她研究了《美国科学家名录》中所有明星生物学家。在另一项研究中,她又对美国的每一位古生物学家进行了研究。她能证明一个非常特别的、我们必须做出应对的悖论:许多优秀的科学家在一定程度上也是精神病理学家或治疗师所说的相当刻板、相当狭隘的人,是对他们的无意识有所惧怕的人,像我之前提到过的那样。于是,你可能得到一个我曾得出的奇怪结论。我现在常常想到两类科学、两类技术。

如果你乐意,科学可以被定义为一种技术,没有创造性的人也能创造和发现,只要他们能和许多其他人一起工作,站在前人的肩膀上,通过小心谨慎迎来创造和发现。现在,我将这种创造称为"次级创造性",并将这样的探索过程称为"次级科学"。

但我认为,我可以揭示初级创造性的"秘密",它来自潜意识。我曾发现了一些特别有创造性的人,并认真对他们开展了研究。这种初级创造性极有可能是一种每个人都有的遗传素质。它是一种普遍存在的东西。所有的健康儿童都拥有这种创造性。但是大多数人长大以后又会失去创造性。它在另一种意义上也是普遍的,假如你以一种心理治疗的方式挖掘它,假如你探入人的潜意识层,你就会

人性能达到的境界

发现它的存在。我只向你提供一个例子，一个你们自己或许都亲身体验过的例子。你知道，在我们的梦中，我们能比在现实生活中更具有创造性。我们能变得更聪明、更机敏、更大胆、更有创意，等等。随着盖子的掀开，控制的解除，防御的撤销，我们通常能得到比表面可见的更多的创造性。最近，我曾走访我的一些精神分析家朋友，试图从他们那里获得如何释放创造性的经验。精神分析家们和其他心理治疗师们普遍认为，他们期望一般的心理治疗能释放出在心理治疗执行前不曾出现的创造性。要证明这一点绝非易事，但这就是他们所有人的印象。假如你愿意，也可以称它为专家意见。这是从事这项工作的人的印象，例如他们曾帮助那些想写作却有心理障碍的人。心理治疗能帮助这些人克服这种障碍，让他们重新开始写作，因此，一般的经验是心理治疗，或深入这些通常受到压抑的深层，释放一种共同的遗传素质，一种我们大家都有过但又失去了的东西。

我们在突破某种形式的神经官能症时学到了许多东西，这是一种容易理解的事情。我想首先谈谈强迫性神经官能症。

患有这种神经症的人都是刻板的、幽闭的、不能开怀享乐的人。他们总想控制自己的情绪，因而在极端情况下看起来相当冷漠。他们总是很紧张、很局促。这种人在正常状态下（当然，发展到极端情况时，它就是一种疾病，必须由精神病医师和心理治疗医师进行治疗），通常会显得非常有秩序、非常整洁、非常守时、非常有条理、非常有节制。这些人的情况可以用心理动力学的术语简单描述成是"极端分裂的"，他们可能比大多数其他人分裂得更厉害，比如在他们意识到的事物与他们对自己的了解、他们对自己隐藏的、无意识的、被压抑的东西之间的分裂。当我们更多地了解了这些人和对他们造成压抑的原因时，我们就会明白，这些现象在一定程度上对我们所有人也有意义，于是我们从极端的案例中学到了一些更为普通和正常的知识。这些人必然会走上这样一条道路，他们别无选择。这是唯一能使他们达到安全、秩序、无威胁、无焦虑的道路，即让一切都有序、可预测、可控制。这些理想的目标都只有用这些特殊的方法才能实现。对于这样的人来说，"新事物"就是一种威胁，但如果他能够根据过去的经验来安排，如果能够冻结这个变动的世界，也就是说，它能够假装什么都没有改变，那么就没有什么新东西会出现在他的生活中。如果他能延续过去那些行之有效的规律和法则、习惯和适应模式，他就会感到安全，也不会感到焦虑。他为什么必须这样做？他害怕什么？心理动力学家的回答是他害怕自己的情感，害怕他最深处的本能冲动，或他最深蕴的自我，那些他拼命压抑的东西。他不得不这样做，否则他觉得自己会发疯。这种恐惧和防御的戏剧在一个人人体内上演，但这个人使它趋向概括化，向外投射于整个世界，于是他就倾向于以这种方式看待整个世界。他真正要克服的是自己内心的危险，但只要他一看见任何使他想起这些内心危险以及和这些危险相似的东西，他就会在外部世界中与之战斗。他会通过变得格外有序来对抗自己想要混乱无序的冲动。外界的混乱将使他受到威胁，因为这使他想起内部的混乱，或者害怕他抑制的冲动起来革命。

任何危及这种控制的东西，仟何加剧危险的潜在冲动，或者会削弱防御壁垒的东西，都会使这样的人担惊受怕，感受到威胁。

这样的过程使他丧失很多东西，当然他也能赢得一种平衡。这种人一生都不会垮掉，他能将事态悉数置于掌控之中。他极力控制，大量精力消耗于控制中，很容易因此而疲惫不堪，这是疲劳的根源。但他能够通过保护自己，使自己免受无意识中的危险部分、无意识自我、"危险"的真实自我等所带来的伤害，从而能有效应对并得以生存下去。他必须把一切无意识的东西驱逐出去。有一则传说讲的是一个古代的暴君在追捕一个侮辱了他的人。当他知道这个人躲藏在一个城镇里时，便下令杀掉城中每一个人，这只是为了能够确保那个人不会逃脱。强迫症患者的行为也类似，他们杀掉和逐出一切无意识的东西，以确保危险的部分不会被释放出来。

我的意思是，在这个无意识中，在这个更深层次的自我中，在我们通常害怕并试图加以控制的这个自我部分中，我们产生了玩乐、享受、幻想、游荡、随性而发的能力，当然也包括对我们来说最为重要的创造力。创造力则是一种智力游戏，是一种能使我们自己进行幻想、放松甚至迷狂的能力（每一种真正新颖的思想起初看来都是很疯狂的）。强迫症患者放弃了他的初级创造性，放弃了审美的可能性，放弃了他的诗意，放弃了他的想象，泯灭了他健康的童心稚气。我们所称的"良好适应"，也就是能很好地适应合适的工作的能力——善于处世、很踏实、有常识、成熟、勇于承担责任——也符合这种情况。我担心这些调整以适应某

人性能达到的境界

些方面也意味着放弃那些对良好适应构成威胁的因素。也就是说,这些动态的调整是为了与世俗妥协,与常识的需要以及物质、生物和社会现实的需要妥协的动机和努力,它一般是以我们放弃一部分深层自我为代价的。

这在我们身上并不像我所描述的情况那样显著,但恐怕这一趋势正在变得越来越明显了,更明显的是,我们所谓的正常的成人适应也包括对可能威胁我们的事物置之不理。而真正威胁我们的东西则是软弱、幻想、情感和"稚气"。有一件事我未曾谈过,最近我在对有创造力的人(也包括非创造性的人)的研究中饶有兴趣地发现,人们对于所谓的"女子气质""女性特征"的东西的恐惧,甚至有人直接称之为"同性恋"。假如他在一个严厉的环境中长大,"女子气质"实际上意味着一切有创造性的东西:想象力、幻想、色彩、诗意、音乐、柔情、感伤、浪漫,但一般来讲,这些都与男性隔绝开来,因为这对一个人对自己男子气概的想象是很危险的。被称为"柔弱"的东西往往会在正常男子的成年适应中受到压抑。而我们知道,许多被称为"柔弱"的东西其实一点也不柔弱。

现在我想,在讨论这些无意识过程时,也就是精神分析家称之为"初级过程"和"次级过程"的概念时,我的观点就有用武之地了。力求对无序保持有序,待非理性以理性,这是一项艰巨的任务,但我们必须这样做,以下是我写过的一些笔记。

这些初级过程,这些无意识的认知过程,也就是我们在意的感知世界和思考的无意识过程,是非常不同于常识法则的,不同于严密逻辑,和精神分析家所说的"次级过程"的东西也大有不同。在次级过程中,我们是合逻辑的、明智的、现实的。当次级过程和初级过程隔离开来时,次级过程和初级过程双双受损。在极端情况下,把逻辑、常识和理性同人格的深层隔离或完全分割,会造成强迫症,造成强迫性理性的人。这种类型的人简直无法在感情世界中生活,他们不知道自己是否在恋爱,因为爱情是没有逻辑的;他们甚至不能容许自己失声大笑,因为大笑是不合逻辑、不合理和不明智的。当这种情况发生时,即当隔离发生,当这个人被分割时,他就会拥有病态的理性和病态的初级过程。这些被隔离的次级过程,在很大程度上被认为主要由恐惧和挫折造成的一种结构,也就是一种防御、压抑、控制和抚慰的系统,与令人沮丧和危险的物质世界和社会环境进行狡猾卑

第二章 创造性

劣的谈判，而这个世界是我们满足自身需求的唯一场所，它使我们为从中获得满足付出非常昂贵的代价。

这样一种病态意识、病态自我或者有意识的自我，变得越来越只遵循他们所感知到的自然和社会的法则行事。这意味着一种盲目性。强迫症患者不仅失去了许多生活乐趣，而且他对自己、对他人，甚至对自然都缺失了认知。即使他作为一名科学家，他也会对自然的许多方面视而不见。确实，这样的人也能做成某些事情，但我们首先必须问一句（像心理学家经常问的那样）：他付出了怎样的代价（因为他并不快乐）？其次，我们还要问他们：最终做成了什么事情？值得那样去做吗？

我遇到过的最典型的强迫症患者是我过去的一位老教授，他是一个有节约癖的怪人。他把读过的所有报纸都按星期分别捆好。每周的报纸都用一根小红线捆上，然后再按月放在一起并用一根黄线捆好。他的妻子告诉我，他每天的早餐也是很有规律的。星期一是橙汁，星期二是燕麦粥，星期三是梅脯，等等。如果星期一给他吃梅脯，他就要闹一场。他把所有的旧刀片都攒起来，用心包裹好，贴上标签。我记得当他第一次来到他的实验室时，他也是这样给每一件东西贴上标签（正如这样的人会做的那样）。每一样东西都要编组，贴上带有粘胶的小纸条作为标记。我记得他不惜花上几个钟头设法在一个非常细小的小探针上贴了个标签。有一次我打开他实验室里的一架钢琴，那里也有一个标签，上面写着"钢琴"字样。这样的人可真是麻烦，他自己也非常不愉快。这个人的行为举止和我上面提出的问题很有关系。这些人做成了一些事，但他们做的是什么事啊！这些事有价值吗？有时候有价值，有时候没有价值。很不幸，我们很多科学家是这种类型的人。在这种工作中，这样的性格偶尔也会非常有用。例如，这样的人能花上十二年对某单细胞动物的细胞核进行显微解剖。这种解剖分析需要这样的耐心、坚持、固执和求知欲，很少人能够具备这些特征，社会经常很需要这样的人。

他们的初级过程就处在这种二分法的、封闭的、恐惧的状态中——这是病态的，但这不一定必然发展成为疾病。更进一步讲，我们用希望、畏惧和满足的眼睛看世界。思考一个真正年幼的孩子如何看世界、看自己和别人，或许可以帮助你应对上述情况。它是合乎逻辑的，因为他没有矛盾，没有独立的身份，没有对立，

人性能达到的境界

没有互相排斥。对于始发过程而言，亚里士多德并不是为了这个初级过程而存在的。这个初级过程不依赖控制、禁忌、训练、抑制、延迟、计划和对可能性或不可能性的计算。它与时间、空间、顺序、因果关系、秩序以及物质世界的规律无关。这是一个完全不同于物质世界的世界。当初级过程被置于一种必须掩饰自己的意识，使情况不那么危险的时候，他可以像在梦中一样，把几个物体浓缩为一个。它能使情绪脱离它们真正的对象而到另外的无害对象上，能通过符号化来模糊事物。它可以是万能的、无所不在的、无所不知的（它是我们现在还记得的梦。我所说的一切都是这个梦）。初级过程和行动没有关系，因为它不用做什么或无须动作而只凭幻想就能使事情发生。对大多数人来说，它是前语言的、非常具体的、更接近原始的体验，并往往是可视的。初级过程是先于评价的、先于道德的、先于伦理的、先于文化的、先于善和恶的。现在，仅仅因为它被这种二分法隔离了，大多数文明人中就认为它是幼稚的、不成熟的、迷狂的、危险的、可怕的。我曾拿这样一个人举过例子，他已完全压制了初级过程，完全隔开了无意识。按照我所描述的那种特定的方式看来，这样的人是病态的。

如果一个人的次级控制过程、理性、秩序、逻辑过程已经完全崩溃了，他就会成为精神分裂者，成为非常严重的患者。

我认为人们可以意识到这将导致什么。我发现健康的人，特别是具备创造性的健康人，他们能在一定程度上将初级过程和次级过程进行融合与综合，集意识和无意识两者于一身，他们既有深层的自我又有意识的自我。他们会设法优雅而富有成效地做到这一点。我可以肯定地说，这是可能做到的，尽管并不是很常见。当然可以通过心理治疗来推进这一进程，更深入、更长久的心理治疗甚至效果更佳。这一融合过程中，初级过程和次级过程两者互相渗透，然后在性质上发生变化。无意识不再变得可怕。

这样的人能带着他的无意识生活，他能与他的稚气、幻想、想象、满足、女子气质、诗意以及疯狂并存。像一位精神分析家用一句妙语所说的那样，他是一个"能够回归而为自我服务的人"。这是自愿的回归。这样的人就是那种随时可以发挥创造性的人，我想我们会感兴趣的。

在极端例子中，我在前面提到的那种患强迫症的人是不能娱乐的，他不能放飞自我。这样的人，举例来说，往往避免参加社交聚会，因为他过于正经，而无法在聚会上显得自己有点"傻"。这样的人害怕他的控制会有所放松，对他而言，这是一个很大的危险。他必须时刻控制自己。这样的人很可能是一个难以被催眠的对象。他很怕麻醉，或任何其他有损于完整意识的状态。这些人力求在不应该参加的聚会中表现得有尊严、守秩序、很自觉、有理性；与此相对应的是，我所说的一个对自己的无意识感到足够舒服的人，总能变得顺其自然，比如在这种聚会中有点疯狂，有点"傻"，插科打诨，并以此为乐。无论如何，他们都会创造些让自己变得疯狂的时刻——就像那位精神分析家所说的，他们是"为自我服务"的人。这像是一种有意识的、自愿的回归——而不是力图时刻保持庄重和有所控制。（我不知道为什么会这样想：一个总是被描绘为"趾高气扬"的人，即使他坐在椅子上也是如此。）

也许我现在能够就这种对无意识的开放态度多说几句了。心理治疗、自我治疗和自我认识都是困难的过程，因为就目前的情况而言，对于我们大多数人来说，意识和无意识是彼此隔离的。你如何能使这两个世界——精神世界和现实世界彼此相安呢？一般来说，心理治疗过程是一个缓慢对抗的过程，患者一点一点地，在心理治疗专家的帮助下，对抗最上层无意识。这些上层无意识暴露在眼前，被容忍并被同化了，结果证明它们原来并不危险，并不那么可怕。然后是下一层，再下一层，不断让一个人去面对他十分害怕的东西，然后发现当他确实正视它们时，就会觉得它们其实并没什么好怕的。

他曾经怕它们，是因为他一直是用儿童般的眼光看待这些东西。这是幼稚的误解。儿童畏惧而压抑的东西，被推出了常识学习、常规体验和成长的范围之外，它们不得不停留在那里，直到通过一些特殊的程序被触发。意识必须变得足够强大敢于同敌人交朋友。

纵观历史，在男人和女人的关系中也可以发现类似的问题。男人一直害怕女人，因此在不知不觉中支配着她们，同样的原因，我相信他们害怕他们的初级过程。请记住，心理动力学家往往认为，男人和女人的关系很大程度是由这样的事实决定的，即女人会使男人想到他们自己的无意识，也就是想到他们自己的女性特质，他们自己的温柔和软弱，等等。因此，同女性斗争或力图控制、贬低她们，这是

人性能达到的境界

控制我们每个人的内部无意识力量之努力的一部分。在担惊受怕的主人和满怀憎恨的奴隶之间不可能有真爱。只有当男人变得足够强大、足够自信，并足够包容时，他们才能容忍并最终喜爱自我实现的女子，或者人性完满的女子。但是原则上，没有这样一个女人，任何一个男人都不会实现他自己。因此，强大的男人和强大的女人是彼此互为条件的，因为两者谁也离不开谁而存在。他们也是互为目标的，女人成长为男人，男人成长为女人。最后，他们也是互有回报的。假如你是一个很好的男人，你会得到这样的女人，这样的女人你值得拥有。因此，让我们回到之前的类比上来，健康的初级过程和健康的次级过程，或健康的幻想和健康的理性，它们需要彼此的帮助，才能融合为一个真正的整体。

按时间顺序来讲，我们关于初级过程的知识最初是从研究梦、幻想以及神经症的过程中得来的，以后又从精神病研究和对疯狂过程的研究中得来。这一认识只能一点一点从病态、非理性、不成熟和原始的不良感觉中解脱出来。直到最近，通过对健康人的研究，对创造过程的研究，对娱乐的研究，对审美的认识，对健康的爱、健康的成长和健康的教育的意义的研究中充分认识到，一个人既是诗人又是工程师，既是理性的又是非理性的，既是孩子又是成人，既是男性的又是女性的，既处在精神世界中又处在自然世界中。

只有将速度放慢，我们才会认识到，我们每天都试图成为唯一的、纯粹理性的、唯一"科学"的、唯一有逻辑的、唯一明智的、唯一实际的、唯一负责任的人。我们现在越来越确信，一个完整的人、一个完全进化的人、一个完全成熟的人，必须在两个层次上为自己带来好处。当然，现在已很少有人把人性中无意识的一面贬低为病态而不是健康了。这是弗洛伊德的想法，但我们现在已经知道事实并非如此。我们现在知道，人类全面的健康意味着在所有的层面都可以保持健康状态。我们不再说这一方面是"恶"而不是"善"，是低级而不是高级，是自私而不是不自私，是兽性而非人性。纵观人类历史，尤其是西方文明史，特别是基督教的历史，都存在这样一种两分法。如今，我们再也不能把自己分为洞穴人和文明人，恶魔和圣人。我们现在能够把这看成一种不合理的分法，通过这种二分的过程，我们创造了一个病态的"此"和一个病态的"彼"，也就是创造了一个病态的意识和一个病态的无意识，一个病态的理性和一个病态的冲动。（正如你在电视上看到的所有智力竞赛节目那样,理性是很不健康的。我听说有一个可怜的家伙,他是一位古代历史学家,赚了不少钱,他告诉别人,他之所以成为剑桥大学古代史教授,只不过是因为他背了全部剑桥古代史。从第一页开始,一直背到最后一页,现在他已熟知这本书中的每一个日期和每一个名字。多么可怜的家伙!欧·亨利(O.Henry)曾写过一个故事,故事中的主人公认为既然百科全书概括了全部知识,他就无须为进入学校发愁了,只要熟记百科全书就行了。他从A部开始熟记,然后是B部、C部等。这就是一种病态的理性。)

一旦我们超越并处理了这种二分法,一旦我们能够把两个世界组合在一起(如在健康的儿童、健康的成人或在特别有创造力的人中),那么,我们就能认识到,二分法或分裂本身是一个病理过程。这时我们就有可能结束这场"内战"了。这正是在人们身上所发生的事情,我称之为自我实现。描述他们最简单的方式是把他们描述成心理健康的人,那正是我们在这样的人身上所看到的。

当我们从总体中挑选出最健康的百分之一或百分之一的一小部分,我们将发现这些人在他们的一生中,有时得益于治疗,有时没有,都已经能把这两个世界合二为一,并舒适地生活在这两个世界里。我曾在描述健康的人的时候说他们好像具有一种健康的稚气。它很难用言语说明,因为"稚气"一词习惯上意味着成熟的对立面。如果说最成熟的人的生活也是孩子般的,这听起来像是自相矛盾,其实不然。也许我可以用我提过的聚会的例子来说明。最成熟的人也是最能找到乐趣的人。我认为这是一种更容易接受的说法。这些人随时能够回归,变得幼稚,和孩子们一起玩耍,亲近他们。我认为孩子们通常会喜欢他们并愿意和他们相处,这绝非偶然。他们能够退回到那一水平。非自愿的回归自然是一件非常危险的事,但自愿的回归显然是非常健康的人所特有的表现。

至于如何达到这种融合,我不知道应该怎样将其详细地描述出来。我们知道在日常实践中唯一真正行之有效的办法是通过心理治疗来实现这种融合。这并不是一个切实可行的建议,甚至也不大受欢迎。当然,自我分析和自我治疗倒是有可能的。任何能够加深自我认识的技术,原则上应该也能增进一个人的创造力,使他能够利用幻想与观念这些原动力,能够超越这个世界和地球,摆脱常识的束缚。常识意味着活在现实的世界里,但有创造性的人并不希望世界就是今天的样子，而是想创造出一个新的世界。为了能够做到这一点，他们必须能够超越地球的表面，去想象、去幻想，甚至去迷狂、去疯癫等。我向那些创造性人才管理人员提出的实际建议很简单，就是注意发现这样的人才（因为他们已经存在于世上），然后把他们挑选出来，紧紧抓住他们不放。

我想我的这一推荐对于公司是起作用的。我试图向他们说明这些具有根本创造力的人物是怎样的。他们往往正是那些在一个机构中制造麻烦的人。我写了一份清单，列出了他们的一些典型特征，这些特征会带来一些麻烦。他们通常不遵循惯例、有点古怪、不切实际、不守纪律，他们有时做事不够细致，从对科学的定义来讲，他们"不科学"。

强迫性格较强的同事往往称他们幼稚、不负责任、粗野、疯狂、投机、不思辨、不规律、情绪化，等等。这听起来像是对浪荡汉、波希米亚人或怪人的描述。但我认为应该强调的是，在创造性的早期，你必须是一个游民、一个放荡不羁的人、一个疯狂的人。有一种"头脑风暴"法可能有助于我们找到成为有创造性的人的秘诀，因为那些已经成功地成为有创造性的人就是这么做的。他们让自己在早期的思考阶段成为这样的浪荡汉，他们让自己完全不挑剔，放任各式各样怪诞的想法进入脑海。在巨大的情感和热忱爆发下，他们可能潦草地写出诗篇、公式或数学解题方案，或制定理论、设计实验。这时，只有这时，他们才进入次级过程，变得较有理性，较有控制，并有批判了。假如你在过程的第一阶段就力求有理性、有控制、有秩序，你将永远无法实现它。我所记得的"头脑风暴"法正是这样的：不挑剔—任想法自由发挥—自由联想—任由它们跳到桌面上来，然后，抛掉不好的想法，摒弃无价值的想法，保留那些好的想法。如果你害怕造成这种狂想的错误，那么你也就永远别想得到任何高明的想法。

当然，这种波希米亚式的事物不一定是一成不变的，也不一定会一直延续下去。我所谈论的是那样的人，他们在需要的时候能够这样做（回归为自我服务；自愿回归；自愿疯狂；自愿进入无意识）。这些人后来又能戴上他们的帽子、穿上长衫，变得成熟、理性、明智、有秩序等，并以批判的眼光审视他们在巨大的创造热情中生产出来的东西。于是，他们有时又会说，"它刚出来时给人的感觉是那样的美妙，但它实际并不怎么样"，因而又把它抛弃。一个真正完整的人能

第二章 创造性

够既是初级的，又是次级的；既是稚气的，又是成熟的。他能回归，然后再回到现实，逐渐做出有控制力和批评精神的反应。

我曾提及，这对一家公司，或至少对公司中负责创意人才管理工作的人是有用的，因为他一直在考虑要解雇的正是这样的人。他非常强调执行命令和顺从组织的安排。

我不知道一个机构的管理者将要如何解决这些问题。我不知道这对士气会有怎样的影响。这不在我讨论的范围。我不知道怎么在一个机构中起用这样的角色，因为这个组织必须按照一定设想开展有序的工作。一个想法仅仅是完成一项任务必须经历的复杂过程的开始。我想，在未来十年左右，在美国，我们需要解决很多类似的问题，这些问题比地球上任何其他地方都要多。我们必须正视这个问题。巨额的经费现在正用于研究和发展。创造性人才管理已经成为一个新的课题。

然而，我毫不怀疑，那些曾在大机构中行之有效的实施准则绝对需要某种改变和修订。我们必须找到某种方法，允许人们在组织机构中表现出个人特色，我还不知道该怎样实现这一点。我认为只有通过实践才能实现这种结果，通过不断的尝试，最后得出一种经验性的结论。这将有助于发现那些不仅是疯狂的，而且是创造性的特征（顺便说一句，我不想对任何这样做的人都给予好评。他们中有些人确实是太疯狂了）。现在我们要学会分辨。这是一个学会尊重或至少以开放的眼光看待这类人的问题，并设法以某种方式使他们与社会合拍。这样的人今天大都是独行侠。我认为，你们将更有可能在学术领域中，而不是在大机构或大公司中发现他们。他们在学术圈会更自在，因为在那里容许他们随心所欲地迷狂。不管怎样，人都期待着教授们的狂想，这对任何人都不会有什么影响。其他人都见不到他们，除非是听他们讲课。但教授有充足的时间在他的顶楼或地下室幻想各种各样的东西，不论它们是否可行。在一个机构中，你通常需要付出。就像我最近听到一桩滑稽事：两位精神分析家在一次聚会中相遇，其中一位分析家走到另一位跟前，在没有任何警告的情况下打了他一记耳光。挨打的分析家看上去有些吃惊，愣了片刻，然后耸耸肩说："那是他的问题。"

第七节 创造性人物的需求

谁对创造性感兴趣？我的回答是，几乎每一个人都感兴趣。这种兴趣不再局限于心理学家和精神病学家，现在它也变成一个全国性和国际性的政策问题。一般人，特别是军事家、政治家和有思想的爱国者，必然很快都会达成这样的共识：世界上已出现军事僵局，而且似乎还会继续存在下去。今天军队的任务主要是防止战争，而不是发动战争。因此，各大政治体系之间的不断斗争，比如冷战，还将继续进行，但不是以军事的方式进行。哪种制度占了上风，就将吸引其他中立国人民。哪一种人最终能成为更好的人，更友善、更平和、不那么贪婪、更可爱、更值得尊重？谁将对非洲人和亚洲人更有吸引力？等等。

一般来说，心理上更健康（或进化程度更高）的人在政治上是必要的。他必须是一个不被人憎恨的人，能和任何人和睦相处，对任何人都非常友好，包括非洲人和亚洲人，他们对于任何傲慢、偏见或仇视都是非常敏感的。可以肯定，将要取得领导地位的国家的公民不能有种族偏见。他必须待人如同胞兄弟，必须想要帮助别人，他必须成为一个值得信赖的领导者，而不是一个不被信任的人。长远来看，他不能是专制主义者、虐待狂等。

普遍的需要

除此之外，对于任何可行的政治、社会、经济体制来说，还有另一项可能更为紧迫的需要，那就是培养出更多的创造性人物。这与我们伟大的工业有着同样的重要性。因为他们都很清楚可能会被淘汰。他们都知道，无论此刻他们多么富有和繁荣。他们可能会在明天早上醒来，发现有人发明了一些新产品，使他们过时了。如果有人发明了一种用于个人旅行的新产品，这种产品的售价只有汽车的一半，那么汽车制造商将面临怎样的命运？因此，每一家实力雄厚的公司，只要能负担得起，就会把很大一部分资金投入新产品的研发和老产品的升级改进上。国际舞台上军备竞赛也是如此。的确，现在战略威慑性武器、炸弹和轰炸机等方面存在着微妙的平衡。但是，假如明年发生了一件事，就像美国人发明原子弹时的情况那样，又将如何呢？

因此，现在所有大国的国防和军事支出都被大量用于研究和创新。每一个国家都必须争取首先发现那种能使现有武器过时的新武器。我认为，强国的统治者们已开始认识到，那些有能力做出这种发现的人正是他们一直与之对抗的那种罕见的怪人，即那些创造性人物。现在，他们必须学习对创新性人才的管理、早期选拔、教育以及培养，等等。

从本质上而言，这就是我认为今天有那么多领导人对研究创造性的理论感兴趣的原因。我们所面临的历史环境有助于使有思想的人、社会哲学家和许多其他类型的人产生对创造性的兴趣。与历史上的任何时代相比，我们所处的时代发展进程更快，变化更迅速。

新的科学事实、新的发明、新的技术发展、新的心理事件、日益丰裕的积累出现得越来越快。这给今天的人呈现了一种前所未有的局面。除此之外，从过去到现在，再到将来，新的连续性和稳定性的缺乏已使各式各样的改变成为必然，然而很多人到现在还没有认识到这一点。例如，整个教育过程，特别是技术教育和职业教育，在近几十年已经完全改变了。简单地说，学习知识已经用处不大了，知识更新速度太快了。学习技术也一样，技术几乎一夜之间就会过时。例如，工程学教授向他们的学生传授他们自己学生时代的所学，这实际上已经没多大用处了，这些技术现在已经过时了。实际上，几乎我们生活的每一个领域都面临旧知识、旧理论、旧方法的过时问题。我们都是一群制造马鞭的人，这种手艺现在已毫无用武之地。

人性能达到的境界

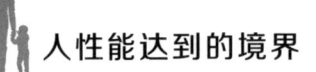

新的教学理念

那么，教育人们成为工程师的正确方法是什么呢？很明显，我们必须把他们教育成为创造性人物，至少能够在面对新事物和即兴发挥时保有创造性。他们必须不怕变化，必须能够适应变化和新奇事物，而且，如果可能（因为那样最好）的话，他们甚至能享受新奇和变化。这意味着我们教育和训练工程师不再遵循旧的标准，而是要有新的要求，即要"有创造力"。

总的来说，这也适用于从事商业等行业的领导者和管理者。他们必须是能够应对任何新产品或任何旧的工作方法不可避免地迅速过时的人。他们必须是不与变化抗争，反而能预见变化、挑战变化并且享受变化的人。我们必须发展一种即兴创作竞赛，培养"此时此地"的创造者。我们必须以一种与惯常方式截然不同的方式来给有熟练技能的人、训练有素的人或受过教育的人下定义，也就是说不能再把他们定义为过去积累了丰富知识和经验，从而能处理好未来紧急事务的人。我们称之为学习的许多做法已经变得无用了。

任何一种简单地将过去所学的知识应用于现在，或在现在情境中利用过去技术的各类学习方式，在许多生活领域中都已经过时了。教育不再被认为仅仅是一种学习过程，它现在也是一种性格训练，一种人格训练过程，自然，这并不完全正确，但它在很大程度上是正确的，而且它将变得越来越正确（我想这也许是我想说的最激进、最直白、最明白无误的方式了）。在生活的某些方面，过去几乎变得毫无价值了。过分依赖过去的人在许多职业中几乎变得毫无用处。我们需要一种新型的人，他能摆脱过去，他能感到自己的强大和勇敢，在目前情况下充分信任自己，能以一种即兴创作的方式妥善处理问题而无须提前准备。

所有这一切增加了人们对心理健康和力量的进一步重视。这也意味着我们要更加珍视这样一种能力：将全部注意力集中在此时此地的情况，倾听、观察我们面前的具体的、直接的契机。它意味着我们需要那些非同一般的人。一般类型的人会觉得现在只不过是过去的重现，他们只把现在作为迎接未来威胁与危险的一个准备时期，因为他不相信自己能在无准备的情况下应付即将到来的时刻。即使没有冷战，即使我们都团结在一个彼此情同手足的族群中，仅仅是为了面对我们所生活的新的世界，我们也需要这种新型的人。

上面谈到的关于冷战的话题，以及我们现在面临的新型世界，迫使我们在讨论创造性时考虑某些其他条件。既然我们本质讨论的是一种类型的人、一种类型的哲学、一种类型的性格。那么，我们讨论的重点便从对创造性产品、技术创新和美术产品以及革新的强调等方面转移开来。我们必须变得对创造性过程、创造性态度、有创造力的人更感兴趣，而不单是对创造性产品感兴趣。

因此，我觉得更好的战略是把更多的注意力转向创造性的灵感阶段，而不是创造性的实施阶段，即转向"初级创造性"而不是"次级创造性"。

我们不应更多地以已完成的艺术作品或对社会有用的科学为榜样，而必须把我们的注意力集中在即兴发挥上，集中在那种灵活、恰当、有效应对任何突然呈现的情境的能力上，不论它是否重要。之所以如此，是因为我们用已完成品作为评判标准的话，会产生太多与下列特征的混淆，如良好工作习惯、顽强、自律、耐心、良好编辑能力等与创造性没有直接关系，或至少不是创造性所独有的特征。

所有这些考虑使我们更愿意研究儿童而不是成人的创造性。研究儿童就避免了许多混淆问题。例如，在这里我们不能再强调社会改革、社会效用或创造产品。我们还能避免混淆这个问题，因为我们可以避免专注于伟大天赋（这似乎与我们的普遍创造性没有什么联系）。

这也是我认为通过艺术、音乐、舞蹈的教育进行的非语言教育非常重要的一个原因，我对培训艺术家并不特别感兴趣，因为无论如何，它和我所说的教育都不相同。对于孩子们是否玩得开心和用艺术进行心理治疗，我也不太感兴趣。就这一点而言，我甚至对艺术教育本身也没多大兴趣。我真正关心的是新型的教育，那是我们必须发展的。这种教育的目标是培养我们所需要的新型的人，发展过程中的人，有创造力的人，能即兴创作的人，自我信赖、勇气十足的人，自主自律的人。艺术教育家成为第一批朝着这个方向迈步的人，这恰好是一种历史的偶然。这也适用于数学教育。我希望有一天会是这样。

当然，今天在大多数地方，数学、历史或文学仍然是以一种权威的、记忆式的方式教授的（虽然对一种全新的教育来讲，情况并非如此。这种新型教育强调

人性能达到的境界

即兴创作、猜测、创造性、布鲁纳论述过的那种愉悦以及数学家和物理学家为高中生创造的快乐）。问题仍然在于如何教导学生正视此时此地、即兴发挥等，即如何成为有创造力的人，拥有创造性的态度。

新的艺术教育运动强调非客观性，它不涉及正确与错误，从而能使儿童可以带着自己的勇气或焦虑、自己的成见或新鲜感来面对自身。一个很好的说法是，现实一经撇开，我们就有了一个良好的投射测验情境，一个良好的心理治疗或成长情境。这正是我们在投射测试和顿悟疗法中所做的：移除现实、正确性、对环境的适应性，物理的、化学和生物的决定因素，让心灵能更自由地袒露出来。我甚至可以说，从这方面看，艺术教育是一种治疗和成长的技术，因为它能让心灵的更深层次浮现，使之受到鼓励、培养、训练和教育。

第三章

价 值

第八节 事实和价值的融合

从本节开始,我要对高峰体验这一概念做些解释,因为正是在这样的体验中,我的论述最容易得到充分证明。"高峰体验"一词是对人类最佳时刻的概括,是对生命中最幸福时刻的概括,是对狂喜、着迷、极乐的体验的概括。我发现这样的体验来自深刻的审美体验,如创造时的狂喜、成熟的爱、完美的性体验、父母之爱、自然分娩的体验等。我用一个词——高峰体验——作为一种概括和抽象的概念,因为我发现所有这些欣喜若狂的体验都带有某些共同的特征。事实上,我发现可以建立一个概括的、抽象的图式或模型来描绘它们的共同特征。这个词使我能够在同一时刻谈论所有这些体验。

在我的实验对象已向我描述了他们曾有过的高峰体验之后,我询问他们在这段时间里他们觉得世界有何不同时,我得到的答案也可以被系统化和概括。实际上这可以说是很有必要的,因为没有别的方式能涵盖他们所给出的成千上万个词语或者描述。我将这些讲述在高峰体验期间和之后感受的词语,和有一百多人回答他们如何看待世界时所给出的答语,浓缩为以下词语:真、美、完整、二歧超越、活力、唯一、完美、必然、完满、正义、秩序、简单、丰富、从容、娱乐、自足。

虽然这完全是我个人的浓缩和概括,但我毫不怀疑任何其他人也会得到大体一致的特征列表。我相信除了同义词或者个别较为特殊的描述外,不会有很大不同。

这些词都是高度抽象的。又怎能不这样呢?每一个词都可以在一个标题或项目下包括多种直接体验。这意味着这样的词语是包罗万象的,也就是说,是高度抽象的。

这便是世界在高峰体验中呈现出的不同特征。这里可能有侧重点或程度上的差异，也就是说，在高峰体验中，世界看起来更纯正、袒露，更真实，看上去比在其他时刻更为美丽。

我想强调的是，这些是描述性的特征；被试报告说，这些是关于这个世界的事实。它们描述了世界看起来是什么样子、像什么样子，甚至它原本就是什么样子。它们与新闻记者或科学观察人员在目睹某些事件以后所做的描述类似，属于同一范畴。它们不是"必须"或"应该"的陈述，也不仅仅是研究者愿望的投射。它们不是幻觉，也不仅仅是缺乏认知参照的情感状态。它们被认为是启迪，作为现实的真正的和确实的特征，那是他们过去视而不见的。①

但我们的心理学者和精神病学家此时正处在一个科学新时代的开端。在我们的心理治疗经历中，我们偶尔会在患者身上和我们自身中见到启迪、高峰体验、孤寂体验、洞察力和狂喜等状态。

我们已经习以为常；我们已经懂得，虽然它们不都是真实的，但其中一些确实存在。

化学家、生物学家或工程专家将继续对这一新旧观念感到困扰，真理可能以这种又老又新的方式出现：在一种冲动中，在一种情感的启迪中，在一种爆发中，冲过破裂的围墙，冲破内心的抗拒，克服畏惧。我们是一些专门处理危险的真相，同威胁自尊的真理打交道的人。

这是对非人格化的科学怀疑主义，甚至在非人格化领域，这也是毫无根据的。科学的历史，或至少是伟大科学家的历史，是突然而狂喜地洞察真理的故事，这

---

① 神秘启迪真实性的问题，是一个古老的问题。它涉及宗教信仰的根源和起源本身，但我们必须非常审慎，不要被神秘主义者和高峰体验者的绝对主观观念引入迷途。对于他们来说，真理已经显现，我们大多数人在得到启示的时刻也都经历过同样的确信。

然而，人类在有记录的三千年历史过程中已经学会一件事，那就是知道光有这种主观确定性肯定是不够的，还必须有外部的佐证，必须有某种办法核实所宣称的内容的真实性，例如对成果的某种测试，某种实用主义的测试。我们必须以某种保留、审慎、清醒的态度对待这些主张。有太多的思想家、先知、预言家绝对肯定的感受最终被证明是不正确的。

这种幻灭的经历是科学的历史根源之一："对个人启示的不信任。"古典科学早已拒绝私人的启示和启迪，因为它们本身并非权威数据。

人性能达到的境界

一真理随后才由更多缺乏想象力的工作者缓慢地、小心翼翼地、谨慎地给予证明，他们的作用更像珊瑚虫而不是雄鹰。例如，凯库勒（Kekule）关于苯环的想象。

有太多想象力很有限的人，他们把科学的本质定义为对假说的审慎核实，以及弄清他人的思想是否正确。但是，科学也是一种发现的技术，我们必须学会如何培养高峰体验时的洞察力和想象力，以及如何把它们作为数据来加以处理。存在认知（Being-knowledge）的其他例子——对高峰体验中迄今尚未觉察的真理的真切感知——来自那种由爱而获得的洞察力，来自某些宗教体验，来自某些亲密的团体治疗体验，来自知识的启发，或来自深刻的审美体验。

在最近几个月，存在知识（启迪知识）的验证出现了一种全新的可能。三所不同的大学的研究发现，麦角酸二乙基酰胺（LSD）能治愈大约50%的酒精成瘾者。我们得知这一巨大福音、这一意料不到的奇迹的狂喜中清醒下来时，由于人类固有的得寸进尺，我们不免要问："那些没有治好的人怎样了？"我想从霍弗（A. Hoffer）博士1968年2月8日的一封信中摘引一段话作为说明：

> 我们曾有意地利用P.E.（高峰体验）作为治疗手段。我们利用音乐、视觉刺激、言语、暗示，以及任何能引起P.E.作用的东西，给服用麦角酸二乙基酰胺和墨斯卡灵的酗酒者营造高峰体验。我们治疗了五百多名酗酒者，总结了一些一般性规律。规律之一是：大多数酗酒者在治疗后的戒酒期都会产生高峰体验，几乎很少有人未曾有过这种经历。
>
> 我们也取得了有力的论据说明，情感是P.E.的主要成分。当麦角酸二乙基酰胺被试首先服用两天的青霉胺时，他们的体验和一直服用麦角酸二乙基酰胺获得的体验相同，但影响明显减弱。他们会观察到所有的视觉变化和思想变化，但在情感上是平淡的，他们是非参与的观察者而不是参与者。这些受试者没有引发高峰体验。此外，只有10%的个体在治疗后效果较好，而在几项较大规模的追踪研究中，我们预计的治愈率是60%。

现在我们可以来个大飞跃：这张偶尔看得见的描述现实和世界的特征表单，和那些被称为永恒价值、永恒真理的特征相同。我们在这里看到了我们熟悉的真、善、美三位一体。也就是说,这一描述性的特征列表同时也是一个价值列表。这些特征正是伟大的宗教学家和哲学家所看重的。这几乎是人类最严肃的思想家们所认同的,作为生命最终或最高价值的清单。

在此重复一句,我的第一次陈述就是在科学领域内公之于众的。任何人可以做同样的事;任何人能自行检验;任何人都可以复制我曾使用过的同样的程序。并且,假如他愿意,我也可以客观地把问题与回答记录在磁带上然后公之于众。也就是说,我所报告的一切都是公开的、可重复的、可以被证实或者证伪的。如果你需要的话,甚至可以量化。它是稳定和可靠的,因为当我重复操作时,会得到大致相同的结果。甚至以19世纪科学最正统的、实证主义的定义看,这也是科学的陈述。

它是一种认知陈述,是一种对现实、对宇宙、对外部世界特征的描述,那是讲话者和描述者身外的世界。这些论据能经受传统的科学方式的检验,它们的真或非真都能被判定。[①]

然而,同样的关于世界的表述,也是一种价值表述。这些都是最能鼓舞人心的人生价值,人们愿意为之献身,愿意为这些价值付出努力、经受痛苦和折磨。这也是"最高"价值,因为它们通常是在最好的时刻、在最佳的条件下,由最优秀的人物所拥有的。它们是更高层次的生活、美好生活、精神生活的定义,而且进一步来说,它们是心理治疗的长远目标,也是最广泛意义上的教育的长远目标。这些品质是我们钦佩的人类历史上的伟大人物、英雄人物、圣贤,甚至我们的上帝所拥有的特性。

因此,这一认知陈述和价值陈述是一样的,"是"和"应该"等同。事实与价值等同。那真实可触的世界,那被描述和感知的世界,和那个被珍视、被期望的世界是等同的。是然的世界变成了应然的世界。应该发生的事情已经发生了,

---

① 任何对此感兴趣的人都可以进行进一步的研究。我和我的学生曾做过一些。例如,在一项非常简单的实验中,我们发现大学女生的高峰体验明显来自被爱,而大学男生显然更多在胜利、成功、克服困难和取得成就中感受到高峰体验。这符合我们的常识,也和我们的临床经验相符。我们还可以进行许多其他类似的研究;这个研究的领域是开放的,特别是我们现在已经知道高峰体验能借助药物的力量特意引发出来。

人性能达到的境界

换句话说，事实在这里已和价值相融合。①

"价值"一词的难题。很明显，我所讨论的问题与价值有关，不论这个词如何定义。当然，"价值"有许多定义，不同的人持有不同的看法。事实上，它在语义上相当令人困惑，以至于我确信我们很快就将放弃这一含义混杂的词，而宁愿选用对它的众多含义的更精确、更具有可操作性的定义。

另一个形象的说法就是，我们可以将"价值"概念设想为一个大的容器，里面装有各式各样杂乱的和模糊不清的东西。大多数谈论价值的哲学家曾力求找到一个简单的公式或定义能把容器内的每一件东西捆绑在一起，即使许多东西是偶然存在于其中的。他们会问："这个词究竟是什么意思？"他们却忘记了它仅仅是一种标签，并不具有任何意义。只有多元化的描述适用，也就是说，这是一份目录，只是列出了不同人使用"价值"这个词的不同方式。

接下来的是关于这一问题不同侧面的简短的观察、假设和问题：以各种不同的方式对"价值"这个词的不同含义和"事实"这个词的不同含义进行融合或者接近融合。这好像是从词典编辑者之间的争论转移到对心理学和心理治疗领域中的操作和实际发生的事件：从语义世界转移到自然世界。实际上，这将是把这些问题引入科学领域的第一步（科学的广泛定义包括经验资料和客观数据）。

作为"对应然实然探索"的心理治疗。我现在想把这种思维运用于心理治疗和自我治疗的现象。人们在寻找身份、真实自我时提出的问题，很大一部分都是"应然"的问题：我应该做什么？我应该成为什么？我应该怎样应对这一冲突？我应该从事这一事业还是那一事业？我应该离婚还是不该离婚？我应该活下去还是死去？

大多数未受过教育的人都很愿意直接回答这些问题。"假如我是你……"然后继续提出建议和劝告。但受过训练的人就会知道，这样做是行不通的，甚至是有害的。我们不会说我们认为别人应该做什么。

---

① 首先，我希望避免把我在这里使用的"应然"（ought）一词，以及霍妮的"神经症的应该"（neurotic shoulds）相混淆，霍妮的用语见《神经症和人类成长》的第三章所阐述的。人被设想成的样子往往是外在的、任意的、先验的、完美的。用一句话表达，就是不现实的。我在这里把"应然"这个词当作有机体固有的特征。作为一种可以被实现的潜能，这种潜能最好在病痛中得以实现。

第三章 价 值

我们学到的是，从根本上说，一个人要弄清他应该做什么，最好的办法是先明白他是谁，他是什么样的人，因为通往道德和价值决定、明智的选择、应然的路是"实然"，是对事实、真理、现实、特定的人的本质的发现。

他越是了解他的本性、内心的愿望、性情、体质、他所追求和渴望的以及能真正满足他的东西，他的价值选择也就会变得越轻松、自然，并能够顿悟（这是弗洛伊德的一个常被忽视的伟大发现）。许多问题就这样消失了；只要知道了什么合乎一个人的本性，什么是合适的、正确的，许多其他的问题就很容易解决了。①（我们还必须记住，认识一个人的深层本性的同时也是在对一般人性的洞察。）

也就是说，我们帮助他人通过"真实性"来寻找"应然性"。寻找一个人的真实本性既是一种"应然"的探索，又是一种"实然"的探索。这种价值探索，由于是对知识、事实和信息的，即对真理的探索，因而也正好处于科学定义范围内的。至于心理分析方法，以及一切其他非干预的、揭示性的、道家的治疗方法，我们可以同样确定地说，它们一方面是科学的方法，另一方面是价值发现的方法；这种治疗是一种道德上的追求，甚至是自然主义意义上的宗教追求。

在这里请注意治疗的过程和治疗的目标（"实然"和"应然"的另一种体现）是无法区分的。把两者分开只会变得荒唐的或悲剧的。治疗的直接目标在于弄清这个人的本质是什么；治疗的过程也是在于这个人的本质。你要弄清你应该做些什么吗？那么请先弄清你是什么人吧！"做你自己吧！"这句话描述了一个人应该成为什么样的人，和描述一个人的本质几乎是一样的。②

这里所说的"价值"，就目的的意义而言，是你力求达到的目标、终点、极限、天国，

---

① 身份、真实性、自我认识等的实现，肯定不会自动解决一切伦理问题。在伪问题消逝以后，还有许多真实问题存留。但是，即使是这些真实问题，对于一个目光敏锐的人来说也能得到更好的解决。忠实于自己和清楚认识自己的本性是做出真实道德决定的先决条件。但我的意思不是说，仅仅靠真诚的自知就足够了。真诚的自知对于许多决断肯定是不够的；它是绝对必需的，但还不充分。我在这里也不谈心理治疗的毋庸置疑的教育特征，也就是说将医师的价值仅仅作为一种榜样潜移默化地灌输。问题在于：什么是核心？什么是边缘？什么应尽量扩大？什么应尽量缩小？我们的目的是靠揭示达到纯自我发现吗？我们的目标到底是什么？我还想指出的是，如果拒绝把自己强加于患者或将想法灌输给他，可以通过弗洛伊德的镜像分离或存在主义心理治疗中的存在之爱的"相遇"来实现。
② 真实的自我在一定程度上也是构建的和创造的。

人性能达到的境界

当下恰恰就存在。一个人努力寻求的自我，现在以一种非常真实的意义存在于当下，就像真实教育一样，它不是一个人在求学道路结束时获得文凭，而是每时每刻的学习、领悟和思考的过程。在宗教观念中，天堂是一个人生命完结以后才能进入的地方，而生命本身是无意义的；但实际上说，天堂是我们整个生命中原则上都是可以抵达的。天堂现在就在我们身边，就在我们周围。

"存在"和"成为"可以说是紧紧靠在一起、同时存在的。旅行能给人带来终极的快乐，它不应该只是达到目的的一种手段。许多人发现，工作多年后享受到的退休生活原来还不如工作时光那么甜蜜，但发现的时候为时已晚。

接受。另一类事实和价值的融合来自我们所说的接受。这种融合与其说来自"实然"的改善，不如说来自"应然"的缩小，来自对期望的重新定义，以便使它们更接近现实，因而可实现性也就越来越强。

我所说的内容可以在治疗过程中得到例证，当我们对自己的要求过于完美的时候，我们就会在洞察力下崩溃。当我们容许自己有某些怯懦、妒忌、敌意或自私的闪念时，完美勇敢的男人、完美母性的女人或者完美逻辑和理性的人的自我形象就会崩塌。

很多时候，这是一种令人沮丧甚至绝望的真切认识。我们会有负罪感、堕落感，或者觉得不值得。我们看到我们的"实然"距离我们的"应然"是极其遥远的。

但是，同样十分典型的一点是我们在成功的治疗中一定要经过接受的过程。从憎恶自己转向顺从的态度。但有时候出于顺从，我们会转而思考："毕竟，这并没那么糟糕，一个慈爱的母亲有时候会怨恨自己的孩子，那也是完全合乎人性、完全合理的。"

有时我们还会看到自己甚至走得更远，充满爱地接受人性，并且出于对失败的充分理解，最终把人性看作令人满意的、美丽的、荣耀的。女人对男人既怕又恨，但最终开始喜欢起来，甚至会如同宗教信徒一般对其顶礼膜拜，达到疯狂程度。起初她认为是恶的东西，最终变成一种光荣。重新确定了她对男性气概的看法，她的丈夫能在她眼前变成他应该成为的样子。

如果我们放弃对孩子的苛求，放弃我们关于他们应该成为的样子的规定，放弃对他们的要求，我们就能从孩子身上体验到这种感觉。我们可以偶尔这样做，

第三章 价 值

我们可以短暂地将他们视为是完美的，就如同他们现在已经是美丽的、非凡的、十分可爱的。我们对于意愿和希望的主观体验，也就是不满足的体验，会与满足、一致和最终的主观体验相融合。在此，我想引用艾伦·瓦茨（Alan Watts）的一段非常有趣的话："……在死亡来临的那一刻，许多人都经历了一种奇异的感觉，不仅是接受，而是把所有发生在他身上的事情都意志化了。这不是一种专横，这是对意志和必然发生的事物的身份的意外发现。"

卡尔·罗杰斯（Carl Rogers）的各种小组实验给了我们一些启示，我们不妨在这里提一下。这些实验表明，在成功的治疗过程中，理想自我和实际自我逐渐趋向融合。按照霍妮的说法就是，真实的自我和理想化的形象被缓慢地修正和融合，逐渐变成相同的东西而不是截然不同的事物。与之类似的还有更为正统的、弗洛伊德学说中关于"严酷和惩罚的超我"的概念，超我在心理治疗过程中，超我逐渐缩小，变得更和善、包容、有爱心、自我肯定；这是一个人接近对自我的理想和对自我的实际感知，从而容纳自尊及自爱的另一种说法。

我想举的例子是分裂人格和多重人格病例。在这样的病例中，表现出来的人格总是过于因循守旧的、谨小慎微的、伪善的类型，拒绝潜在的冲动，完全压抑它们，因此，他们只能通过完全突破自我的精神错乱、孩子气、冲动、寻求快感以及其他不受控制的方面才能得到满足。

二歧化会使两种"人格"都受到歪曲；而融合它们则需要两种"人格"的真正改变。要摆脱武断的"应该"和"应当"让拥抱和享受现实成为可能。

有几位罕见的心理医师，对于窥视癖，他们使用揭露作为一种拆穿或者贬低患者的方法，就像撕掉假面具一样，患者露出他原来"并没那么严重"的一面。这是一种控制战略，一种胜人一筹的策略。它变成一种社交攀比的形式，一种使自己感到有力量、强大、支配、居人之上，甚至宛若神明的方法。对于某些自视不高的人，这是使他们变得敢于与人亲近的办法。

这在一定程度上意味着，被揭露的畏惧、焦虑、困惑被定义为低级的、不好的、邪恶的。例如，晚年时候的弗洛伊德，他并不真正喜欢无意识，仍然把它定义为是危险的和邪恶的东西，必须受到控制。

值得庆幸的是，我认识的多数医师在这方面的表现是有很大不同的。一般来

人性能达到的境界

说,他们对人性了解得越深,就越喜欢和尊重人类。他们喜爱人性,不会依据某些业已存在的定义或柏拉图的本质来谴责人性。不会因为人性达不到怎样的水平便谴责它。他们发现有可能把人预设成英勇的、纯洁的、聪明的、有才华的或杰出的,即使当这些人是患有疾病的,暴露了他们自己,暴露了他们的"弱点"和"邪恶"。

或者,换一种方式来说,假如一个人对人性认识得更为深刻的话,他对人性就不再抱有幻想,那么这等于说这个人曾有过一些不能实现的或经不起日光照射的幻想或期望,即,那是虚假的和不真实的。我记得二十五年前在我的一项性学研究中有一位被试,她丧失了对宗教的信仰,因为她简直不能相信这样的上帝竟会发明这样一种淫秽的、肮脏的和令人作呕的制造婴儿的方式。我又想起中世纪有关僧侣的记述,他们深为他们的动物本性(如排便)和他们宗教观念的不相容所苦恼。我们的专业经验使我们能对这种不必要的、自己制造的愚蠢行为一笑置之。

总而言之,基本的人性已被称为肮脏的、罪恶的或野蛮的,因为它的某些特征已被先验地确定为如此。

假如你把排尿或月经定位为肮脏的,那么通过这个语义诡计,人体也变成肮脏的了。我曾认识一个男人,他每次受到妻子的性吸引时都深为内疚和羞耻所折磨;他是"语义上的"邪恶,专断定义的邪恶。因此,以一种更能接受现实的方式重下定义,是一种缩小"实然"和"应然"之间距离的方法。

统一的意识。最佳条件下的实然(应该成为的已经实现)就是有价值的。我已经指出过,这一融合有两个方向:一个方向是改善现实状况使它更接近理想;另一个方向是让理想按比例下降,使其更接近现实。

也许现在,我可以加上第三种途径,即统一的意识。这是一种同时感知事实——"实然"的能力的特殊性——和它的普遍性的能力;既能把它视为当下,又可以看到它是永恒的,或者更确切地说,透过特殊和永恒,透过瞬间去看宇宙。用我自己的话来说,这是存在领域和缺陷领域的一种融合:当沉浸于缺陷领域的同时,要意识到存在领域。

这不是什么新鲜事。任何读过禅宗、道家或神秘文献的读者都能理解我在说什么。每一位神秘论主义者都曾力图描绘具体对象的这种生动性和特殊性，同时又描绘它的永恒、神圣和象征性（类似一种柏拉图式的本质）。而现在，除此之外，许多实验家对致幻剂的描述（如赫胥黎）也与此类似。

我可以将我们对儿童的感知用作一个例子进行阐释。原则上，任何儿童都可能成为任何人。他有巨大的潜能，因此，在某种意义上，他可以成为任何人。假如我们有足够的敏感性，那么当我们观察他们时应该能意识到这些潜在的可能性并肃然起敬。这个特别的婴儿可能被认为是未来的总统、未来的天才、未来的科学家或英雄。实际上，他此时此刻，在一种现实意义上也确实具备成为这些人物的潜能。他真实性的一部分正体现了这些各式各样的可能性。任何对其丰富而又充分的观察都能帮你感知这些潜能和可能性。

同样地，任何充分的对女人和男人的完整感知，都体现在对神、女神、祭司和女祭司的可能性的感知中，体现在真实的、有限的人类个体中，并光彩熠熠地展现在你的眼前：他们拥护什么，他们能成为什么，他们提醒了我们什么，我们可以歌颂他们什么。（一个感性的人看到一位妇女喂宝宝吃奶或烘烤面包，或看到一位男子保护他的家庭免遭危难，他怎么可能无动于衷？）

每一位优秀的医师对于他的患者都必须有这种统一的感知，不然他绝不能成为一名优秀的医师。他必须能给予患者"无条件的积极关注"（罗杰斯）——把他看成独特而神圣的人，又能暗示患者缺少某些东西，是不完美的，需要改进。[①]我们需要患者作为人的某种神圣性；我们对于任何患者都应尊重，不论他所做的事情多么可憎。这是废除死刑、禁止超越某一特定点的个人堕落，或者禁止残酷和不寻常的惩罚的运动中所蕴含的一种哲学。

我们要有统一的感知，我们必须既要认识人的神圣的一面，又要认识其世俗的一面：如果无视这些普遍的、永恒的、无限的、基本的象征性品质，无疑只是一种具象的还原，还原成事实一样的东西，因而是一种不完全的盲目（参看下文

---

① 在宗教和上帝的语言中，对这种看似矛盾的感知的接受和融合常常是并行不悖的。例如，一位信教的妇女的信中有这样的话："我看到了成长—安全观念和二歧理念（自私—不自私）与实际—潜势理念的相似之处。神看见并爱我们的现状，也同时看到了我们的潜能，要求我们的潜能方向发展。当我们变得更神圣时，我们怎么会不能接受一个人当前的状态，同时召唤他继续前进呢？"

人性能达到的境界

讨论"应然盲目")。

这个问题之所以和我们的讨论有关,这是一种同时感知"实然"和"应然",感知直接、具体的现实性与可能性以及最终价值的技巧,它不仅能够出现,而且就出现在我们的眼前。同时,这也是一种我能教给别人的技巧。因此,在原理上,它使我们看到有意地、自愿地融合事实与价值的可能性。如果我们不把事实和价值紧密融合在一起,我们就很难去读荣格、伊利亚德、坎贝尔或赫胥黎的著作。我们无须等到高峰体验时再进行融合!

"实体化" 这一问题的另一种说法是关于它的另一个侧面。如果一个人足够聪明,愿意这样做的话,几乎任何方法—活动(方法—价值)都能转化为目的—活动(结束—价值)。一份为了谋生而从事的工作,可以因为它本身而受到喜爱。即使是最枯燥、最乏味的工作,只要在原则上值得做,也可以被神圣化(实体化,从一种单纯的手段变成一种目的,它本身就是一种价值)。有一部日本电影《生之欲》(*Ikuri*)非常清楚地阐述了这一点。当癌症导致的死亡临近时,原本最乏味的办公室工作也变得有意义了,生命由此变得更有意义和更有价值。这也是另一种融合事实与价值的方式:一个人能使事实转化为一种目的——价值,只要把它看成那样并使它成为那样。(我有一种感觉,神圣化或单一地看待事物在某种程度上不同于实体化,尽管两者有重叠之处。)

事实的矢量性质。我引用韦特海默(Wertheimer)的一段话来讲述这种方法:

> 什么是结构?在这种情境中,七加七等于……是一个带有缝隙、缺口(空位)的系统。我们可以用各种方式填满缺口。一个圆满的补全(十四)是和此刻这种情境相符的,是能够补全这个缺口的,也是这一系统的结构所需要的。这很符合当时的情况。另外的填法,如十五,就不适合。它们不是正确的填法。它们是任意确定的,是盲目的,或违背了缺口在结构中所具有的功能。

> 这里,我们有"系统"概念、"缺口"概念、不同类型的"填充"概念、情境需要的概念以及"需求性"。

> 假如一条数学曲线有一个缺口,也就是有一个地方缺少点什么,情况

也类似。曲线的结构往往对填补缺口有一些限制，我们要根据实际情况确定一种适合该结构的填补方式，它必须是合理的、正确的，而其他的方式则不行。这与内在必然性的传统概念有关。不仅逻辑运算、结论，而且时间、行为、存在，在这个意义上都可以是合理的或无意义的、合乎逻辑的或不合逻辑的。

我们可以制定一个公式：给定一个情境，某个留有空缺的系统，某一给定的填补方式能否恰当地补全这一结构，填补结果是否正确，往往取决于这个系统、这一情境的结构。这里存在着一些需求，它们是由结构决定的；在纯粹的情况下，有可能会有明确的决定，即哪一种填补方式符合实际情况，哪一种补全方式不符合要求，哪一种违背了情境的要求……假设有一个饥肠辘辘的孩子坐在这里；旁边有一个男人在盖一个小屋，缺少一块砖。我一只手拿着一块面包，一只手拿着一块砖。我把砖递给了那个饥饿的孩子，把面包递给了那个盖房子的男人。这里我们有两种情境、两个系统。但是我的分配对于填充的功能而言是盲目的。

接着，韦特海默在脚注中补充道：

在这里，我不能解决这样的问题（阐明"需求性"等概念）。我只能提一下，必须修正对"实然"和"应然"的简单分割。对这种顺序的"决定""要求"是客观的。

在《格式塔心理学文献》（*Documents of Gestalt Psychology*）中，其他大多数作者也有类似的论述。事实上，格式塔心理学的全部文献都证明，事实是动态的，而不完全是静态的；正如苛勒曾经特别指出的那样，它们不是标量（仅有大小），而是有矢量（既有大小，又有方向）。我们可以在戈尔德斯坦、海德尔、莱温和阿希的著述中找到更有力的例证。

事实并不仅是摆在那里，像燕麦片放到碗里那样；它们会做各种各样的事情。它们自行组合，完善自身；一系列未完成的事实会"召唤"出一个完整的事实。墙上歪歪扭扭的画需要把它摆正；未完成的问题一直困扰着我们，直到我们完成它。糟糕的设计会使自己变成更好的设计，而不必要的复杂感知或记忆会使自己简化。音乐进程需要正确的和弦，这是其得以完成的必要条件；不完美往往趋向于完美。一个未解决的问题坚持不懈地指向它的恰当解决。"形势所迫……"我们总会这样说。事实是有权威的，会提出自己的要求。它们可能会说"不"或"是"。它们引导我们，向我们提出建议，暗示下一步该做什么并引导我们沿着某一方向而不是另一个方向前进。建筑师会提到场地的要求。画家会说那块油画布"需要"更多的黄色。服装设计师会说，她设计的服装需要一种特别的帽子搭配。啤酒和林堡搭配比和罗克福羊乳干酪搭配更好，或者，就像某些人说的，啤酒"喜欢"一种乳酪胜过另一种。

戈尔德斯坦（Goldstein）的著作尤其证明了有机体的"应然性"。一个受损伤的机体不会满足于它当前的样子，不安于受损的状态。它会努力、敦促、推进；它和自身战斗，要重新使自己成为一个完整的统一体。从一种丧失了某一能力的统一体，力争变成一个新型的统一体，使已丧失的能力不再破坏它的统一。它控制自己，创造自己，并再造自己。它当然是主动的而不是被动的。也就是说，格式塔和机体论心理学家不仅能洞察"实然"，而且能洞察矢量（或者说洞察"应然"），而不是像行为主义那样的对"应然"视而不见，认为生物机体仅仅是被动地接受，而不是自己主动地去"做"或者"要求"。如此看来，弗洛姆、霍妮、阿德勒也可以被认为能够洞察"实然"和"应然"。有时我发现，把所谓的新弗洛伊德派看作弗洛伊德（还不够全面）和戈尔德斯坦以及格式塔心理学家的综合，而不是简单地背离弗洛伊德，这是很有用处的。

我想要坚持的是，许多事实的动态特征，这一类向量的性质，恰恰都落入了"价值"一词的语义范围之内。至少，它们在二分的事实和价值之间架起了一座桥梁，大多数科学家和哲学家循惯例不假思索地将这种二歧之分视为科学自身的一个首要特征。许多人认为科学在道德上和伦理上是中立的，即对目的应当没有发言权。他们就这样给不可避免的后果敞开了大门，也就是说，假如目的必须来自某处，并且如果目的不能来自知识，那么，它们便只能从知识以外的地方得来。

"事实性"造就了"应然性"。一个涵盖面更广的概括是：事实的"事实程度"、它们的"事实性"的增强，同时会导致事实的"应然性"的增强。我们因此可以说"事实性"创造了"应然性"。

"事实"创造"应然"！某事物被认识得越清楚，它就会变得越真实、越不会被误解，它也会表现出越多的"应然"的特质。某件事物越"实然"，它也变得越"应然"——它的要求越多，越会"召唤"特定的行为。某件事物被理解得越清楚，它的"应然性"就变得越大，它也就越能成为行动的指南。

从实质上而言，这意味着当一件事情足够明确、足够肯定、足够真实、无可置疑时，它就会在自身内部产生了它自己的欲望、它自身的需求特点以及自身的适应性。

它"召唤"某些行动，而不是其他行动。假如我们把伦理、道德和价值定义为行动的指南，那么，引向最果断的行动的最简单和最好的事物就是事实；它们越是真实，就越能更好地指导我们的行动。

我们可以利用一个不能确定的诊断作为例子来说明这一点。我们都见过青年精神科医师在访谈患者时的犹豫不决和摇摆不定，对患者宽容、敏感和下不了决心，他们在诊断中显得优柔寡断。当他得到许多其他临床意见和一连串相互印证的测试，并且反复检查材料，发现这些与他自己的感知相一致时，就会变得绝对肯定，例如，确定病人是精神病患者；然后，他的行为就会朝着确定、果断的方向转变，向坚决和有把握改变，朝着确切知道该做些什么、什么时候做和如何去做的方向转变。这种确定感使他敢于反对患者亲属的不同意见和其他意见相左的人的对立看法矛盾。他可以径直略过不同意见，因为他很确定问题的真相。这是他毫不怀疑地认识到事物真相的另一种说法。这种知识使他能够勇往直前，尽管他可能会给病人带来痛苦、眼泪、抗议或者敌意。只要你相信自己，你便不再惜力。可靠的知识意味着可靠的伦理决定。诊断的确定性意味着治疗的确定性。

在我自己经验中，也有一个例子能说明道德的确定性是怎样来自事实的确定性的。在读研究生期间，我曾研究过催眠术。大学有项规定禁止催眠，理由是（我猜测）它不能成立。但我确信它能成立（因为那时我正在做这件事），并相信它是通向知识的一条捷径，也是必要的研究。所以我对我做的研究的态度是病态的。我对自己的无所顾忌感到吃惊，我甚至不惜说谎、偷窃或者躲藏，因为我坚决认为这是正确的事情。（请注意"正确的事情"既属于认知词汇，也是一个伦理词汇）①。我比他们更清楚这一点。我无须生这些人的气，我仅仅认为他们对这件事很无知，并忽视了他们。（这里我撇开了不恰当的确信感这一非常困难的问题，那是另一个问题）。

另一个例子：当父母在不确定的情况下，他们才是软弱的。当他们确信时，他们变得十分明确、强大、清晰起来。假如你确切地知道你正在做什么，即使你的孩子哭喊、痛苦或抗议，你也不会一头雾水。如果你知道你必须拔出一根刺或一个箭头，或者如果你知道为了救孩子的你就必须受到伤害，你一定能够义无反顾、勇往直前。你就能毫不手软地去做。

这就说明了，正是知识带来决定、行动、选择和做什么的确定性，因此，也带给了我们力量。这和外科医生或牙科医师所处的情况相似。外科医生剖开病人的肚子找到发炎的阑尾，他知道最好把它割除，因为如果让它在肚子发生破裂，病人就会丧命。这是真理指示我们必须做什么的例子，是"实然"指示"应然"的例子。

所有这一切都和苏格拉底的信念有关。苏格拉底曾认为，没有人会自愿地选择虚假而抛弃真理，或择恶弃善。这里的假设是：无知使错误的选择成为可能。不仅如此，杰弗逊（Jefferson）的整个民主理论都是建立在这样一种信念之上，即充分的知识导致正确的行动，而没有充分的知识，正确行动是不可能的。

自我实现的人对事实和价值的认识。 几年前，我曾报告说，自我实现的人对现实和真理有很好的感知能力，他们一般不会混淆是非，反而能比一般人更迅速、更果断地做出道德决定。从那以后，第一个发现得到了很多支持，而且我也认为我们今天能比二十年前更好地理解这一点。

然而，第二个发现至今依然是个难解之谜。当然，我们今天对于心理健康的心理动力问题有了更多的了解，所以这一发现会使我们感到相当舒服，更倾向于期待它会在未来的研究中被证实为事实。

我们当前讨论的背景给了我一个强烈印象（这当然必须得到其他观察者的印

---

① "错误的""坏的""正确的"也属于认知词汇。还有一个例子：有位英语教授告诉他的学生，他不希望学生们在写作时使用两个不雅的词，一个是"糟糕的"（lousy），另一是"极好的"（swell）。一阵沉默过后，一个学生问道："那么，它们究竟是什么意思呢？"

证），即这两个发现可能是有内在联系的。也就是说，我认为对于价值的清晰感知在某种程度上是对于事实的清晰感知的结果，或者说，它们甚至可能是一回事。

我说的存在认知，即对存在、对他者、对人或事物的内在本性的认识，通常出现在健康的人身上，而且他们似乎不仅能够感知更深层的真实性，还能感受对象的应然性。也就是说，应然性是被深刻认识到的真实性的一个内在方面，它本身也是一个可感知的事实。

这种应然性、需求性或者内在的行动需求，似乎只对那些能清楚地看到知觉的内在本质的人有影响。因此，存在认知可以导致道德的确信和决断，换句话说，高智商能使人对复杂的事实产生清晰的认识。或者，就像一位天生敏感的审美感知者往往能非常清晰地看到色盲不能看到或其他人视而不见的东西。即使有一百万个色盲看不到地毯是绿色的，那也没什么要紧的。他们可能认为地毯是灰色的，但这对于清楚、生动、无误地看到事实真相的人来说则是完全不一样的。

因为更健康、更有见识的人对"应然"不是盲目的，他们可以感知到事实需要什么、召唤什么、建议什么、要求或者乞求什么，从而允许自己受到事实的道家式指导，所以他们对于存在于现实本质或者现实本质的一部分的价值决定的困惑更少。

如果一种感知的真实方面与它的应然方面是可分离的，那么，将实然感知、实然盲目与应然感知、应然盲目区分开来可能会有所帮助。我相信，一般人因而可以被说成是可以感知"实然"，而对"应然"却缺乏敏感性。健康人是更能感知到"应然"。心理治疗有助于激发更多的对"应然"的感知。我的自我实现主体更大的道德决断力可能直接来自对"实然""应然"更大的感知，或两者兼而有之。

即使有可能使这一问题复杂化，我也不得不在此补充一点，即"应然"盲目可以部分地理解为一种对潜能、对理想的可能性的盲目。举例而言，让我引述亚里士多德著述里所说的关于奴隶制的"应然"盲目。当他审查奴隶时，他发现奴隶确实在性格上是奴性的。这一描述性事实那时被亚里士多德认为是奴隶的真正的、最内在的、本能的性质。因此，奴隶本性如此，他们就应该成为奴隶。金赛（Kinsey）也犯了类似的错误，把简单的、表面的描述和"常态"相混淆了。他

人性能达到的境界

看不出"可能"会是什么。弗洛伊德和他关于女性柔弱心理的学说也是如此。在他的时代女性实际上并没有取得多大的成就；但他没有看到她们进一步发展的潜力，就像看不到一个孩子有机会长大成人一样。对未来的可能性、变化、发展或潜能的盲目必然导致一种现状哲学，把"是什么"（存在或者能够存在的事物）当作标准。正如西利（Selye）对描述性社会科学家所说的那样，[①] "纯粹的"无价值描述仅仅是草率的描述。

道家式的倾听。一个人通过倾听来发现对于自己来说真正合适的东西，以便让自己被塑造、被引导以及被指导优秀的心理医师以同样的方法帮助前来求诊的患者——帮助病人倾听自己被淹没的内心声音，倾听自己本性的微弱指令。按照斯宾诺莎原理（Spinozistic principle），真正的自由是由接受和热爱不可避免的、现实的本质。

同样地，通过倾听世界的本性和呼声，通过敏锐捕捉世界的需求和暗示，通过保持安静以便让世界的声音能够被听到，人们学会了正确对待世界的方法：接受、不干涉、不要求以及顺其自然。

我们在日常生活中时时刻刻都在这样做。如果我们知道它的关节在哪里，知道怎么掌握刀和叉，也就是说完全了解了实际情况，那么切开一只火鸡就变得容易多了。如果完全了解了事实，它们就会引导我们、告诉我们该做什么。但这里还蕴含这样的意思：事实是非常温和的，很难察觉到。要想听到事实的声音，必须保持安静，以一种道家的方式聆听。也就是说，如果我们希望让事实告诉我们它们的应然性，我们必须学会以一种非常特殊的方式去倾听，安静地、充分地、不干预地、接纳地、耐心地，尊重眼前的问题，礼貌对待手中的事。

这也是传统的苏格拉底学说的现代措辞：知识渊博的人不可能作恶。虽然我们不能言之凿凿，因为我们现在当然知道人并不是因为无知才犯下恶行，但我们

[①] 迄今为止，我在"应然—知觉"的标题下，列举了集中不同的知觉。第一种是知觉场格式塔的矢量（动态的或方向的）。第二种是对当前存在的事物的未来的感知，即对未来增长和发展的潜能和可能性的认识。第三种是统一的知觉，在这种知觉中，知觉对象的永恒面和象征面，连同它的具体面、直接面和有限面同时被感知。我不能确定这与我所说的"实体化"，即对一项活动作为一个目的而不仅仅作为一个手段的认识，有怎样的相似或不同。因为它们是不同的操作，所以我暂时将它们分隔开。

仍然同意苏格拉底的观点,把对事实的无知看成恶行的主要缘由。这就相当于说,这些事实本身,在它们自己的本性中,包含了应该如何处理它们的建议。

把钥匙插进锁孔是另一种活动,最好也是道家式地、轻轻地、小心地摸索着去做。我想我们都能理解这是解决几何问题、治疗问题、婚姻问题、职业选择问题、道德意识问题以及是非问题的一个很好的方式,有时甚至是一个最好的方式。

这是接受事实"应然"性质的必然结果。假如有这种性质存在,那么它必须被感知。我们知道,这不是一件容易的事,我们必须研究那些能使我们最大限度地提高对"应然"的感知之条件。

第九节 存在心理学札记[①]

（一）根据存在心理学（Being-Psychology）的主题、问题和研究范围对其进行定义

（存在心理学也可以称为本体心理学、先验心理学、完美心理学、目的心理学）

1. 处理目的（而不是手段或工具）：目的状态、终极体验（内在的满足和享受）；处理自身作为目的的人（神圣的、独特的、无可比拟的，与其他人有同等价值，而不是工具或达到目的的手段）；处理将手段变成目的、使手段活动转化为目的活动的技术。处理对象本身，因为他们的本质，而不是因为他们能自我验证、内在有效、内在有价值、不需要理由。"此时此刻"指的是当下被充分体验的状态（自身作为目的），而不是过去的重复或者未来的序曲。

2. 处理终结和终极目标达成时的状态：高潮、终结、结束、整体、完满、完成（没有缺失、不再需要、无改进可能）。纯粹的幸福、喜悦、极乐、狂喜、满足、希望实现的状态、问题解决的状态、需求满足的状态、目标实现的状态、梦想实现的状态；已经在那里的状态、已经到达那里而不是正在努力争取到达那里；高峰体验；纯粹成功的状态（一切否定暂时消失）。

[①] 这些片段还不是最终的形式，它们也没有形成一个完整的结构。它们建立在《存在心理学》和《动机与人格》中提出的观点的基础上，并将这些观点进一步推向它们最理想的程度。这是我 1961 年在加利福尼亚州拉霍亚地区西方行为科学研究所做安德鲁·凯客座研究员时写的。关于存在心理学的注释可参考另一部分《存在心理学的进一步说明》。

第三章　价　值

2a. 不幸的、悲剧性的结局的状态,因为它们产生了存在认知。在有些情况下,失败、无助、绝望、防御的瓦解、价值体系的崩溃、与真正内疚的严重对抗,会使我们有足够力量和勇气推动对真理和现实的感知(作为目的,而不是手段)。

3. 觉得完美、认为完美的状态;完美概念;理想、模型、限制、范例、抽象定义,人或许可以被认为是潜在意义上完美的、理想的、模范的、真实的、完满人性的、典范的、超凡的、可效仿的,或在这些方面具有潜势存在的(也就是说,人或许在潜在意义上处于最佳状态,即人类发展的理想限度,他在逐步趋近这个极限,但永远无法达到)。命数、命运。这些理想的人类潜能是从心理治疗、教育、家庭训练、成长的最终成果、自我发展等理想的长远目标(参看下文"定义存在价值的操作")中推断出来的。处理核心定义及对人的特征的定义;他的本性,他的"固有核心"或"内在核心";他的实质,他现有的潜力,他的必要条件(本能、体格、生物本性、内在固有的人性)。这使得对"完满人性""人性程度"或"人性萎缩程度"的(定量的)定义成为可能。欧洲概念的哲学人类学。区分定义特征(定义"人性"概念)的"必要条件"和范例(模型、柏拉图理念、理想的可能性、完美理念、英雄、模板、死亡)。前者是极小值,后者是最大值。后者是纯粹的、静态的存在,是前者力图成为的一种存在。前者的准入条件很低,例如,人是无羽毛的两足动物。此外,人类成员资格是全有或全无的,不在其内,就在其外。

4. 无欲无求、没有目标,无缺失性需要、无动力、没有应对能力、不奋斗、贪图奖赏、满足现状、获利了结。(因此,能够"把自己的兴趣、愿望和目标完全抛在脑后,能在一段时间内完全放弃自己的人格,以继续保持纯粹认知主体……能清晰地观察世界。"——叔本华)

4a. 无畏状态、不焦虑状态。有勇气。有不受阻碍的、自由的流动的、无拘束的、无限制的人性。

5. 衍生动机(当一切缺失性需要、缺乏和要求得到满足以后的行为动力);成长动机;"懈怠"的行为;表达;自发性。

5a. 纯粹(原始的或综合的)创造性的状态和过程:纯粹的"此时此地"活动(在可能的范围内"摆脱"过去或未来);即兴创作;人与情境(问题)的纯

粹契合，以人与情境的融合为一种理想极限。

6. 描述性的、经验的、临床的、人格的或心理测量的描述自我的承诺（或使命、命运、天职）实现的状态；自我实现、描述、实证以及临床上、人格学上或心理测量上说明的状态。（自我实现、成熟、充分发展的人、心理健康、真实性，"真实自我"的实现，个性化、创造性人格、身份、潜能的实现。）

7. 对存在的认知（存在认知）。与超心理实相的交易，其中心是该实相的本质，而不是认知自我的性质或利益。对事物或人的本质的认识；领悟。

7a. 存在认知发生的条件；高峰体验；最低点或孤寂体验；死前存在认知；急性精神病还原状态下的存在认知；对存在认知式的治疗洞察；对存在认知的畏惧和躲避；存在认知的危险。

（1）存在认知中感知的本质。即人在存在认知下，例如在"最佳"条件下所描述的现实的本质和理想的外向性。现实被认为不依赖观察者。现实是非抽象的（参看关于存在认知和缺陷认知的解释）。

（2）存在认知中感知者的本质。真实是因为超脱、无欲念、无私、"无偏见"、道家思想、无畏、此时此地（参看关于纯洁认知的注释）、善于接受、谦虚（不傲慢）、不考虑个人私利，等等。我们是现实最有效观察者。

8. 跨越时间和空间。时间和空间都被遗忘的状态（全神贯注、集中注意力、着迷、高峰体验、低谷体验）。宇宙、人类、物体、经验，仿佛是不受时间影响的、永恒的、无空间的、普遍的、绝对的、理想的。

9. 神圣的、崇高的、本体的、灵魂的、卓越的、永恒的、无限的、圣洁的、绝对的；敬畏状态；崇拜、供奉状态，等等。"宗教"虔诚状态指他们自然主义的一面。日常世界、物体、人类都是在永恒的视角下被看待：统一的生命，统一的意识，瞬间与永恒、局部与普遍、相对与绝对、事实与价值的融合状态。

10. 天真状态（用儿童或动物作为范例）(参看存在认知的解释,以成熟、明智、自我实现的人作为范例）。天真的认知（理想状态是不区分重要和不重要；一切皆有可能出现；一切同样有趣；形和基的较少区分；只有简陋的环境构造与分化；手段－目的的区别更小,因为每样东西本身都有同样的价值；没有未来,没有预知,没有预警,因而没有惊异、忧虑、失望、期待、预测、焦虑、预演、准备或担忧；

一件事情拥有另一件事情一样发生的可能性；无干预的接受能力；接受发生的一切；抉择、偏爱、挑选、辨别能力较弱；不区分相关性和无关性；抽象程度低；怀疑）。天真举止（自发性、表现；力、冲动；没有畏惧、控制或抑制；没有狡诈，没有别有用心；诚实、无畏；无企图、无计划、无预谋、无排练；谦恭而不是傲慢的；当未来未知时不焦躁；没有改善或重建世界的冲动）（天真与存在认知有很多重叠；或许它们将来会完全重合）。

11. 倾向终极整体论的状态。即将整个宇宙、所有的现实，以一种统一的方式来看待；每一事物都与别的事物相同，每一事物都和另一事物有联系；所有的现实都是一个单一的事物，我们只不过从不同的角度去感知它。

帕克（Bucke）的宇宙意识。对世界某一部分的着迷观察，仿佛那就是整个世界。例如，在艺术和摄影中，用剪裁、放大、扩充等方法来观察事物（这种方法把事物与事物的关系、背景、嵌入性等分离开，让人彻底地、完全地看到事物的本身）。观察它的一切特征，而不是依据效用、危险、方便等概念进行抽象。一个物体的存在就是这个物体的全部；抽象化必然会从方法的角度对其进行观察，并使它脱离物自身的领域。

对分割、离散、互相排斥以及排中律的超越。

12. 观察到或推断出的存在特征（或价值）。存在领域（参看下文第三部分存在价值列表）。统一的意识（参看下文第四部分定义存在价值的操作备忘录）。

13. 二歧（两极、对立、矛盾）都已得到解决（超越、结合、融合、整合），例如自私和无私、理智和感情、冲动和克制、信赖和意愿、意识和无意识、相反和对立的利益、幸福和悲伤、眼泪和笑声、悲剧和喜剧、阿波罗（太阳神）和狄俄尼索斯（酒神）、浪漫和古典等。一切能使对立转化为协作的整合过程，如爱情、艺术、理性、幽默，等等。

14. 所有协同状态（世界、社会、个人自然、自我等）：在这种状态下，自私和无私变得一样（通过追求"自私的目的"，我必须造福他人；当我是利他主义者时，我也使自己受益；比如，当二歧已得到解决并被超越的时候；美德能够得到回报，也就是说，美德得到外部奖赏和内在满足；在不需要花费太多代价的情况下，成为贤惠、聪明、有见识、优美、诚实的人等；培养和鼓励实现存在价的所有状态；能使人易于从善的状态；阻止怨恨、反价值和反道德（对真、善、美等的仇恨和畏惧）的状态，使真、善、美相互关联，并使这些美德趋向理想统一的所有状态。

15. 人类困境（存在的两难处境）暂时得到解决、整合、超越或者遗忘的状态，例如，高峰体验、存在幽默和笑声、"幸福结局"、存在正义的胜利、"善终"、存在之爱、存在艺术、存在悲剧或喜剧，所有融合的时刻、行为和领悟，等等。

（二）《存在心理学探索》中"存在"一词的各种用法辨析

1. 它被用来指代整个宇宙、存的一切、所有的现实。在高峰体验中，在着迷、集中注意力的状态中，注意力能会聚于某一单个的物或人，"似乎"那就是存在的全部，比如现实整体。这意味着整体上而言一切都是相互关联的。唯一完整的东西是整个宇宙。任何有缺陷的物体都是局部的、不完整的，为了暂时的、实际的便利而切断了固有的联结和关系。它也指宇宙意识，意味着分层整合而不是二歧化。

2. 它指代"内在核心"，即个体的生物本质——他的基本需要、能力、爱好；他的不能再简化的本性；"真实的自我"（霍妮）；他的内在的、根本的、固有的本性；身份。由于"内在核心"既是普遍的（每一个婴儿都有被爱的需要），又是个体的（只有莫扎特才是完美的莫扎特），这个说法能表示"完满的人"和（或）"完美的特质"。

3. 存在可能意味着"表现一个人的本性"，而不是应付、奋斗、紧张、自愿、控制、干预、命令（含有一只猫就是一只猫，而与之形成反差的是，一名女演员正在变成一名女性，或一个吝啬鬼"试图"变得慷慨）。它指代毫不费力的自发性（像一个聪明人表现出智慧，像一个婴儿显得孩子气），它能使你看到行为中最深层的、最内在的本性。由于自发性很难做到，多数人都可以称为"人类模仿者"，即他们"试图"成为他们所设想的人的样子，而不是仅仅成为他们本来的样子。因此，它也意味着诚实、坦荡、自我表露。多数使用过自发性的心理学家暗自怀有一个隐藏的、未经验证的假设，认为神经症并不是一个人的最深层本性、不是内在核心或真实存在，而是人格一个隐藏或者扭曲真实自我的更为肤浅的人格层面，也就是说，即神经症是对真实存在、对一个人深层生物本性的一种防御。"尝试"去成为可能不如"存在"（表达）好，但它比不去尝试要好些，比绝望、不应对、放弃要好些。

4. 存在可以指"人""马"等概念。这样一种概念具有定义特征，以特定的方式包括和排除内部的成员。就人类心理学说，这是有局限性的，因为任何一个人都能被看成"人类"这一概念或者阶级的一员或者例子，或者是"爱迪生·西姆斯"（Addison J. Sims）这个独特阶级的唯一成员。

此外，我们还能以两种截然不同的方式利用"类别"这个概念——极小值或者极大值。我们可以最小限度地定义类别，这样实际上没有人被排除在外。这意味着我们没有任何划分等级的依据，或者以任何方式在人与人之间进行区分。一个人要么是这个类别的成员，要么不是这个类别的一员；要么在里面，要么在外面，两者必居其一。

或者，"类别"可以被定义为完美的典例（楷模、英雄、理想的可能性、柏拉图式的理念、对理想的极限和可能性的推演）。这种方法有许多优点，但它的抽象的和静态的性质必须引起注意。仔细描述我所认识的最真实的人（自我实现的人），他们没有一个是绝对完美的。另外，描述理想、完美的、纯粹的模范概念，是通过对真实的、不完美的人的数据进行推断而建立起来的。二者之间有很深刻的区别。"自我实现的人"这一概念不仅描述了人，也描述了他们所接近的理想极限。这应该不难理解。我们习惯于蒸汽机或汽车的蓝图或图解，自然绝不会把它们和我的汽车或你的蒸汽机的照片相混淆。

这样一种有争议的定义使我们有可能把本质的东西和边缘的东西（偶然的、表面的、非本质的）区分开。它给出了区分真实与虚假、对与错、必要和非必要、永恒与流逝、不变与可变的标准。

5. 存在能表示发展、成长和成为的"目的"。它指代最终的产品、限度、目标、或终极目标，而不是变化的过程，如下句所说："这样，存在和成为的心理是可以调和的，孩子们可以成为他们自己，也能向前发展和成长。"

这听起来非常像亚里士多德的"目的因"，或目的、终极产品，意思是橡籽的本质中包含橡树，它会变成橡树。（这是一种诡异的说法，因为我们有拟人化橡树的倾向，说橡籽在"尝试"长大。它不是这样的，它不过"是"一粒种子。正如达尔文不会用"尝试"一词解释进化，我们也必须避免这一用法。我们只能把它的发展解释为它存在的附带现象，是当代机制和过程的"盲目的"副产品和过程。）

（三）存在价值（对高峰体验中所感知世界的描述）

存在的特征也就是存在的价值。【可以类比为完满人性者的特征，完满人性者的喜好；高峰体验中自我（身份）特征；理想艺术的特征；理想儿童的特征；理想的数学论证、理想的实验和理论，理想科学和知识的特征；所有理想心理治疗（道家的不干预）的长远目标；理想人本主义教育的长远目标；某些类型的宗教的长远目标和表现；理想的良好环境和理想的良好社会的特征。】

1. 真实：（诚实、现实、坦率、单纯、丰富、本质、应然、美、洁净和纯粹的完整性）。

2. 善良：（正直、愿望、应然、正义、仁爱、诚实）；（我们喜爱它，被它吸引，赞同它）。

3. 美丽：（正直、形态、活泼、单纯、丰富、完整、完美、完全、独特、诚实）。

4. 整体性：（统一、整合、倾向唯一、相互联结、单纯、组织、结构、秩序、不分离、协同、同律和整合倾向）。

4a. 二歧超越：（接受、决绝、整合、超越二分法、两级、对立、冲突、矛盾的整合和超越；协同——对立转化为统一，敌对者转化为相互合作或相互鼓励的伙伴）。

5. 活泼：（过程、生机勃勃、自发、自律、全能、改变中保持原样、表达自身）。

6. 独特：（特质、个性、不可比性、新颖性、本真、没有与它相似的事物）。

7. 完美：（没有什么是多余的、不缺少任何东西、一切都在合适的位置上、无须改进、恰当、正是如此、适宜、正义、圆满、无可超越、应然）。

7a. 必要性：（必然性、事情正像那样、丝毫不用改变、那样就很好）。

8. 完成:(完结、终局、正义、事情已经完成、格式塔不再改变、目的实现、终点和末端、没有缺失、全体、实现命运、终止、高潮、圆满结束、死亡之后重生、成长和发育的终止与完成)。

9. 正义:(公平、应然、适宜、组织的质量、必要性、必然性、无私、不偏袒)。

9a. 秩序:(合法、正确、没有多余、完美的安排)。

10. 单纯:(诚实、坦率、重要性、无误的抽象、基本骨架结构、问题的核心、不拐弯抹角、只做必要的事、无修饰、没有额外或多余的东西)。

11. 丰富(分化、复杂、错综、整体、无缺失或隐藏、应有尽有、"无所谓重要或不重要",即一切都同等重要,没有什么是不重要的,一切顺其自然,无须改善、简化、抽象、重新安排)。

12. 自如:(自如、不紧张、不争或无困难、优雅、完美而美地运行)。

13. 欢娱:(有趣、欢乐、愉快、高兴、幽默、生气勃勃、游刃有余)。

14. 自足:(自主、独立、为了成为他自己、除自身以外不需要任何别的东西,自我决定、超越环境、分离、依据自己的规则生活,身份)。

(四)以可测形式定义存在价值含义的操作

1. 首先看到的是对自我实现(心理健康)的人的特征描述,像他们自己报告的那样,调查对象以及和他们关系密切的人的感知(价值1、2、3、4、4a、5、6、7、7a、8、9、9a、10、11、12、13、14 以及简明、接受、自我超越、新鲜的认知、更多的高峰体验、集体精神、存在之爱、非努力、存在尊重、创造性 sa[①])。

2. 被视为偏好、选择、渴望、自我实现的人,在他们自己身上、在其他人身上、在世界中的价值(假定有相当好的环境条件和相当好的选择者)。自我实现的人可能有着相同的需要,虽然偏好比较弱,但是需要非常好的环境条件和非常好的选择者。对任何或所有存在价值有着偏爱的可能性随着下列因素的增强而增加:(1)选择者的心理健康;(2)环境的协同合作;(3)选择者的力量、勇气、活力、自信等因素。

---

① 作者建议对许多主观词汇使用限定下标,这里的"sa"表示自我实现。

人性能达到的境界

假设：存在价值是很多人（大多数？所有人？）所深深渴望的（可在深度治疗中发现）。

假设：存在价值是能使人得到终极满足的东西，不论人是否有意识地寻求、偏爱或渴望，即带来完美、圆满、满足、宁静、命运实现等感受。在产生良好效果方面（治疗和成长）也是如此。①

3. 向调查研究者报告世界的特征（或这类特征的迹象），这些特征是高峰体验者在高峰体验中感知到的（如在种种高峰体验中世界是什么样子的）。这些数据一般涉及神秘体验、爱的体验、审美体验、创造体验、父母和生育体验、智力洞察力、治疗洞察力（有时）、体育运动、躯体感受（有时）以及宗教著作在某些方面的常见报告。

4. 高峰体验者向调查研究者报告的自我的特征（"敏锐的身份体验"；所有价值观，可能排除第9条，加上创造性；此时此地的特质；可以不费力地成为以5、7、12的例证；诗意的交流）。

5. 调查研究者观察到的高峰体验者的行为特征（与上文第4条相同）。

6. 对于其他存在认知（当有足够力量和勇气时）也同样，例如，某些低谷体验；某些最低点和孤寂体验（精神病式倒退、对抗死亡、防御、幻想或价值体系的崩溃、悲剧和悲惨体验、失败、对抗人生的困境或生存的两难处境）；某些智慧的和哲学的卓识的构建和消解；关于过去的存在认知（"拥抱过去"）。这种"操作"或数据来源本身是不充分的，即需要其他的证据。有时支持其他操作的发现，有时与之对立。

7. 被视为"优秀"艺术的特征（"优秀"迄今的意思是"受研究者喜爱的"）；例如，绘画、雕刻、音乐、舞蹈、诗歌和其他文学艺术（除第9条之外，第7条和第8条也有一些例外）。

一项试点实验：让评委为儿童的非写实绘画打分评级，分值为1—10分，一组评委从审美具有多大程度的普遍性出发，另一组评委从"完整性"角度出发打分。还有两组评委分别从"活泼性"和"独特性"两个角度进行评分。这四种变量都呈正相关。

---

① 见《存在心理学》第3章。

第三章 价 值

一项试点调查：似乎可以通过对绘画或短故事的审查，对于艺术家的健康状况做出更准确的判断。

可以验证的假设：美、智慧、善良和心理健康之间的相互关系随年龄的增长而增强。对年龄增长几十岁的人在健康、美、善良和智慧方面进行评分，每一项评级由不同的评审组做出。全部评级应该呈正相关，三十多岁的人相关值应该更高，四十多岁该值应该更高，等等。到目前为止，这一假设得到了随机观测的支持。

假设：对小说按所有十五种存在价值进行评级，结果显示，评委打分评出的"较差"的小说不如"杰出"的小说更接近存在价值。"杰出"音乐和"较差"音乐也是同样道理的。非规范性的陈述也是可能符合这一道理，例如，哪些画家、哪些语言、哪种舞蹈有助于提高或增强个性、诚实、自足或其他存在价值。还有，哪些著作、诗歌为更成熟的人所喜爱？利用健康人（存在价值的更敏感、更高效的观察者和选择者，像煤矿中的金丝雀一样）进行"生物学实验"的可能性有多高？

8. 我们对各年龄阶段儿童心理健康的增进和减退的特征和关键因素知之甚少，但仅就我们所知而论，大体也能看出，健康的增进意味着趋向种种（也许是全部）存在价值方向移动。学校、家庭等"良好"的外部条件可能被认定是有利于心理健康或趋向存在价值的。用可以检验的假设来表述，那就是心理上更健康的儿童，要比不那么健康的儿童更诚实（更美丽、更善良、更完整，等等）。健康可以用投射实验测定，或用行为选样或精神病学诊断或典型神经症的症状来鉴别。

假设：心理健康的教师应该能引导和推动他们的学生实现存在价值，等等。

非规范式的问题：哪些条件能增加儿童的融合？哪些条件会减少儿童的融合？如诚实、美丽、有趣、自足等？

9. "优秀的"（如价值2）或一流的数学论证是"简单""抽象真理""完美""有序"。这些论证可以而且常常被认为是非常美的东西。一旦完成以后，它们看起来似乎很简单，而且确实很简单。这一趋向完整的运动，对完善的渴望、爱、崇拜，甚至某些人需要的完美，等等，基本上可以与所有的机器制造商、工程师、生产工程师、工具制造者、工匠，以及企业、军队中行政工作和组织管理的专家等相媲美。事实表明，他们也在追求上述存在价值。这可以依据他们在以下两种情况之间做出的选择进行测定。例如，一台精致简单的机器和一台太过复杂的机器，一个平衡良好的锤子和一个很不平稳的锤子，一架"完全"运转的引擎和一架部分运转的引擎，等等。与发展相对较差的工程师、木工等制造出来的有缺陷的产品相比，健康的工程师、工匠等会自发地对他们所有产品中的存在价值表现出更大的偏好和亲近，这些产品理应更受青睐，价格更高。类似的事情可能也适用于"好的"实验、"好的"理论和"好的"科学研究。很可能，在这里的语境中使用"好的"一词的一个强有力的决定因素是"更接近存在价值"。同等意义而言，这一点在对数学方面也适用。

10. 大多数（主张洞察、揭露、非专制、道家方式的）心理治疗师，不论哪一学派，当他们谈论心理治疗的终极目标时，即使在今天，依然会谈到完满人性的、真挚的、自我实现的、有个性的人，或者在描述上和理想的、抽象概念近似的说法。当引出进一步的细节时，这往往意味着某些或全部存在价值，例如诚实（1）、良好行为（2）、融合（4）、自发（5）、趋向充分发展、成熟且协调的潜能（7、8、9）、本质上的充分表现（10），实现人的所有可能并在各方面接受深层次的自我（11）、豪不费力，自如地发挥作用（12）、有能力娱乐和享受（13）、独立、自治、自主（14）。我认为没有医师会真的反对这些品质中的任何一种，甚至有些人可能还想再补充一些。

关于成功和不成功心理治疗的实际影响，罗杰斯小组（the Rogers group）曾提供了大量证据。据我所知，这些证据无一例外都支持或符合这样的设想：存在价值是心理治疗的长远目标。这种做法在心理治疗之前和之后还可以用来检验未经验证过的假设，即治疗还能增进患者的美，以及他对美的敏感性、渴望和享受。关于幽默的一组平行假设也是可以验证的。

一个试点实验：来自为期两年的小组治疗实验的非定量观察；在我和参与者自己看来，大学男生和大学女生，总体上似乎都变得更美或更漂亮了（而且据陌生人评判，他们也确实变得更美、更有吸引力了），原因是在小组成员的生活中，他们的自爱和自尊得到了提高，增加了取悦团队或成员的乐趣（出自对他们更深的爱）。一般来说，假如我们强调治疗的揭示面，不论它所揭露的是什么，所揭露的内容都在某种意义上早已存在了。因此，揭示疗法所揭露的任何东西，都很有可能是生命体在内在的体质上、气质上或遗传上所固有的；即它的本质、它最深的现实，都是生物因素给予的。因而揭示疗法所驱散的东西是，或至少表明它们是非固有的或非内在的，是偶然的、表面的，由生命体获得的或强加于生命体上的。相关证据表明，存在价值由于揭示疗法而得到强化或实现，因此，这些存在价值或许是人类最深层的、最基本的、最内在的属性或定义特征。这个大命题在原则上完全是可验证的。罗杰斯的"趋向和远离"疗法为研究什么有助于趋向和远离存在价值提供了很大的可能性。

11. "创造性的"、"人本主义的"或"全面发展的"教育的长远目标，特别是非语言（如艺术、舞蹈等）教育的目标和存在价值有很多重叠，而且可能会被证明其和存在价值是相同的。还有各种各样的心理治疗作为补充，它们很可能只是手段而不是目的。也就是说，这种教育在潜意识中希望得到与理想的心理治疗一样的最终结果。因此，所有各种已经做出和将要做出的关于治疗效果的研究，原则上都可以和"创造性"教育相提并论。教育和治疗一样，可能存在一个有效的规范性概念，即认为教育是"良好的"教育，对学生"最有帮助"；例如，帮助学生变得更诚实、更善良、更美、更融合等。假如把获得技巧和工具排除在外，或仅仅将其作为达到终极目的的一种手段，那么，很可能对于高等教育也同样适用。

12. 对于有神论与非有神论宗教，以及每一种宗教的合乎教法的与神秘主义的说法，上述原则也差不多同样适用。它们总是宣传：（1）神是大多数存在价值的化身；（2）理想的、虔诚的、敬虔的人是最能表现或至少渴望得到这些上帝般存在价值的例证；（3）一切技巧、礼节、仪式、教义都可以被认为是为了达到这些目的的手段；（4）天堂是实现这些价值的地点、状态或时刻。拯救、赎罪、皈依，都是对上述真理的接受。既然有选择的证据支持这些命题，它们需要一种处于它们自身之外的选择原则，也就是说，它们和存在心理学是一致的，但不能证明存在心理学为真。如果一个人知道如何挑选和使用什么，宗教文献就是一个有用的储库。至于上述其他命题，我们可以把事情调转过来并作为理论命题进行实验，例如，存在价值是"真正的"或有功能性、可用性、有益性宗教的定义者。最符合这一标准的满足可能是禅宗、道家和人本主义的结合。

13. 我的印象是，大多数人在艰难或恶劣的环境条件下会放弃存在价值，因为这些条件威胁缺失性需要的满足，如集中营、监狱、饥饿、瘟疫、恐怖、周围的敌意、被遗弃、漂泊、价值体系的普遍崩溃、价值体系的缺失、绝望，等等。而没有人知道为什么有一少部分人在这些非常"恶劣"的条件下能趋向存在价值。但两种趋向的运动都是可以得到验证的。

假设："良好条件"的一个有用的说法是"协同作用"，本尼迪克特曾把它定义为"自私和无私的社会制度条件相融合，通过这样的安排，当我追求'自私的'满足时，我自然而然地帮助了他人；而当我试图利他时，我又自然而然地回报并满足我自己；也就是说，当自私和利他之间的两极对立的到解决和超越时"。于是有了如下假设：一个良好的社会是美德能带来回报的社会；一个社会或子群体、伴侣或自我的内部协同作用越多，我们就越接近存在价值；恶劣的社会条件或环境条件使我们的个人利益相互对立、相互排斥，或者个人满足（缺失性需要）缺乏，以致不是所有人都能满足他们的需求，除非以牺牲他人为代价。在良好的条件下，我们追求美德，追求存在价值，无须付出代价或很少付出代价；在良好条件下，善良的商人会成功获取财富；在良好的条件下，成功的人得到爱戴，而不是受人仇视、惧怕或忌恨；在良好条件下，人们更有可能赞赏他人（不掺杂爱或权势）。

14. 有一些证据表明，总体来说，我们所谓的"好"工作和"好的"工作条件有助于使人趋向存在价值；例如，人在从事不太理想的工作的时候最看重安全感，而从事最理想工作的人往往最看重自我实现的可能性。这是"良好"环境条件下的一个特例。在此暗示了转向非规范性陈述的可能性，比如哪些工作条件能促进完整、诚实、特质等的形成，从而用"有助于实现存在价值"取代"良好"这个词。

15. 基本需要的层次系统和它们的优先顺序是通过"重建生物学"的实践发现，即需求受挫促成了神经体的产生。

也许用不了多久，我们将拥有十分灵敏的心理学测量工具来验证一个假设：任何一种存在价值受到威胁或受到挫折，都会引起一种病态或存在不适，或者一种人性萎缩感，也就是说，存在价值也是上述意义上的"需要"（我们为了完成自己或变成完满的人而渴望得到它们）。无论如何，现在已有可能提出一些可以进行研究的问题，这些问题迄今为止尚未得到探讨。"生活在一个不正直的世界、一个邪恶的世界、一个丑陋的世界、一个分裂瓦解的世界、一个死气沉沉且静止不动的世界、一个陈腐而又僵化的世界、一个不完整和不成熟的世界、一个没有秩序或公正的世界、一个本不该复杂化的世界、一个过于简单和抽象化的世界、一个很费力的世界、一个缺乏幽默感的世界、一个没有隐私或独立的世界中，会受到什么影响？

16. 我已经指出过，"良好社会"的一个可用的操作意义是，在何种程度上它能够向它的所有成员提供基本需要的满足，在何种程度上提供自我实现和人性完成的可能性。除这一说法外，还可以再加上"良好社会"（与不好的社会相对的）这一命题：提倡、重视、争取和促进存在价值的实现。这也可以用非规范的词句来表述，像我们上文所说的那样。抽象化理想的优良心态主义将完美地促成一个人实现其存在价值。良好社会（Eupsychia）和协同社会在多大程度上相似呢？

（五）存在之爱如何带来无冷漠、中立、超然和更敏锐的洞察力？

爱什么时候会让人盲目？它什么时候清晰？它什么时候变得模糊？

当我们的爱变得如此伟大、如此纯洁（没有矛盾）时，它的好处就是我们想要的东西，而不是它能为我们做些什么；也就是说，当它超越了存在的意义，成为一种目的时（在我们的允许下），我们就来到了一个转折点。就像苹果树一样：我们很高兴它现在就是它本来的样子。任何干扰（"干涉"）都只能对它造成危害，并使它不那么像一棵苹果树，或不能靠它自身固有的、内在的规律那么完美地生活。它看来是那样的完美，我们甚至不敢触碰它，怕因此削弱了它的苹果树属性。

当然，如果它被看成完美的，便没有改进它的可能。事实上，改进（或修饰等）的努力本身就是一种证据，证明了这件物品本身还不够完美。在改良者看来，"完美发展"画面，要比成为苹果树最终目的本身更为美好；即他能比苹果树做得更好，他能把它塑造得比它自身更好。因此，我们下意识地觉得改善狗的人并不真

人性能达到的境界

的是一个爱狗者。真正的爱狗人士会被剪尾、剪耳或者塑形、为了使狗狗符合某些杂志上的样式而进行的选择性育种所激怒，因为这样做的代价是使狗狗们神经紧张、病病恹恹、不能正常生育、患上癫痫病，等等（但这样的人确实自称是爱狗者）。那些培育矮树的人、训练熊骑自行车或教猩猩吸烟的人也一样。

因此，真正的爱是（至少有时如此）非干预、不苛求的，能在事物自身中得到乐趣，因而能不带狡诈、预谋或任何自私的想法注视对象。这表示较少的抽象（或选择对象的局部或某些属性或个别特征），较少片面化的观察，较少原子化的理解。这等于说，对结构、组织、塑造、铸型有较少主动或强求，或削足适履，或先入为主；也就是说，对象保持更完整、更统一的状态，并保持本来面目。衡量对象相关性或者非相关性、重要性或者非重要性、图形或者背景、有用或者无用、危险或不危险、有价值或无价值、有利或无利、好或坏，或其他人类自私感知的观察标准较少。对象也不那么容易被标签化、分类化，或纳入某一历史序列，或只看作某一类的成员、样本或类型的实例。

这意味着所有（不重要的和重要的）物体（整体）部分的方面或特征（外围和中心）更容易被给予平等关心或注意，每一个部分都是容易令人愉快和美妙的；存在之爱，无论是对所爱的人、婴儿、一幅画或者一朵花，几乎总是提供这种分散的、关怀的、强烈的和着迷的情感。

在这样的整体背景下，微小的瑕疵往往被看成"逗人喜爱的"、迷人的、讨人喜欢的，因为它们有其独特之处，因为它们赋予对象以特性，因为它们让自己成为自己而不是什么别的东西，还也许只是因为它们不重要、无关紧要、非本质。

因此，存在爱人（存在认知者）会看到一些细节，这些细节往往是缺失爱者或非爱人者避开的。他也将更容易地看到对象自身的本来面目，看到他自己的权利和他自己的存在方式。它自己娇嫩的软骨结构更容易被大众接受的样子所取代，这种样子是不活跃的、非干涉的、不那么傲慢的。也就是说，用存在认知视角来看待时，物体被感知到的形状更取决于它自身的形状，而不是感知者强加给它的结构。因此，感知者更有可能太粗鲁、太没有耐心，太有可能像屠夫肢解死尸一样，为了他自己的胃口而把尸体砍成两半，太像征服者那样要求无条件投降，太像雕塑家那样把没有自己结构的黏土做成塑像。

（六）什么人在什么条件下，什么样的人会选择或不选择存在价值？

现有证据表明，存在价值更多地由"健康人"（自我实现的、成熟的、富有成效的性格等）选取。历史上最"伟大"、最受尊敬、最受人爱戴的人物大多都实现了自身的存在价值（这就是他们受人尊敬、爱戴并被认为伟大的原因吗？）。

有关选择的动物实验表明，牢固的习惯、先前的学习等能降低生物性效能、灵活性，以及对自愈选择的适应性，例如，肾上腺被切除的白鼠就是如此。关于熟悉的实验证明了这一点，即如果人们在十天前的时间里被迫选择了某些事物的话，即便他们是低效的、烦人的、最初不受欢迎的，这段时间结束以后他们仍然会继续选择并且偏好这些事物。人类的一般的经验也支持这些发现，例如，在良好习惯的形成方面就是如此。临床经验表明，对习惯的和熟悉的东西的这种偏爱，在那些更焦虑、胆怯、刻板、拘束的人身上表现得更强烈、更僵硬、更带强制性、更神经质。临床证据和一些实验证据表明，自我力量、勇气、健康和创造性使成人和儿童更有可能选择新的、不熟悉的、不习惯的东西。

熟悉从适应的意义上来看也可以减轻选择存在价值的趋向。臭味不再难闻。震惊往往会停止。人们适应了恶劣的条件，它们不再被注意到，也就是说，不再被人们意识到，即使它们的不良影响可能在没有意识觉察的情况下继续存在，例如，持续噪声、持续贫困或长期食用劣质食物的影响。

真正的选择与备选方案相互平等且在同一时刻下呈现。例如，习惯于音质较差的留声机的人们更喜欢它而不要高保真留声机，习惯于高保真留声机的人首选高保真留声机，但当两组人同时面对两种音乐时，两组人都选择了高保真留声机（艾森伯格的实验）。

关于分辨的实验文献表明，当可供选择的事物同时存在且比较靠近时，辨别它们比它们相距较远时更为有效。比如在两幅画中选取更漂亮的那一幅，在两瓶酒中选取更纯正的那一瓶，或在两个人中选取更为活跃的那一个，它们在空间和时间上越是接近，更优秀的那个就越有可能被选中。

假设实验：假如品质的等级是从1（劣质的卷烟、葡萄酒、织物、奶酪、咖啡等）到10（"好"卷烟、葡萄酒等），习惯于1级的人很可能选择1，但如果

人性能达到的境界

只能选择某个特定品级，比如10，很可能这个人将选择2而不是1，选择3而不是2，等等，这样最终引导到选择10。可供选择的对象必须在上述谈论的范围内，等级不能相距太远。也可以用同法测验起初偏爱高品级的人，让他们在10和9、9和8、5和4等之间选择，他们很可能也会继续选择较高的值。

在上述各种意义上，揭示洞察疗法被看作引向"真正选择"的过程。在成功的治疗之后，人们做出真正选择的能力要比治疗前大得多，这种能力是由本质因素而不是由文化因素决定的，它是由自我而不是由外部的或内部的"他人"决定的。选择是有意识的而不是无意识的，畏惧已被极度缩小了，等等。成功的治疗强化了偏好存在价值的倾向，并成为它们的例证。

这意味着选择者的性格因素也必须保持不变或被考虑在内。例如，要通过实际尝试理解"更好"的选择（在价值的层次系统中位置较高，接近存在价值）是否更有力，对于受到创伤的、消极的、一般神经质的、害羞的、胆小的、狭隘的、贫穷的、受压迫的、僵化的、刻板的、传统的人来说，这反而更不容易。（因为他们可能惧怕尝试这种体验，或可能否认这种体验，压抑它，抑制它，等等。）这种性格上的制约原则上对本质决定因素和后天决定因素都适用。

许多实验证明，社会暗示、不合理的广告、社会压力、宣传等，对选择的自由甚至认知的自由有很大影响；也就是说，人选择可能被误解，然后导致错误的选择。这种有害的影响在循规蹈矩的人身上比在独立、坚强的人身上更大。临床心理学和社会心理学预测，年轻人比年长的人受此影响更大。不过，所有这些效应以及类似的效应，如潜意识条件反射、宣传、权威暗示，或虚假广告、潜意识刺激、隐蔽的阳性强化等，都基于盲目、无知、缺乏见识、隐匿真相、说谎和缺乏对情境的了解。通过让无知的选择者自觉地意识到他是怎样被操纵的之后，这一类影响大多都能得以消除。

因此，真正自由的选择——此时选择者固有的本性成为主要决定因素——因免于社会压力、独立而非依附型人格、年龄成熟、力量和勇气而非软弱和恐惧，以及真理、知识和意识而得到加强。满足这些条件应该会增加存在选择的比率。

价值的层次系统中，存在价值是"最高"一层，它在一定程度上是由基本需要的层次系统、缺陷需求相对于成长需求的优势、稳态优于增长等决定的。一般而言，当两种缺乏的价值需要实现时，应该选择更有优势的，也就是"较低层次"的价值。因此，对存在价值的偏好，原则上是基于对较低的、更有优势的价值的优先满足。这种概括引申出了许多预测，例如，相对于安全感得到满足的人来说，缺乏安全感的人会更喜欢真实而不是虚假，更喜欢美丽而不是丑陋，更喜欢善而不是恶，等等。

这意味着一个古老问题的重述：在什么意义上"更高层次"的快乐（如贝多芬）比"更低层次"的快乐（如猫王）更为优越？怎么能证明一个人被"困在"了低层次的快乐之中？他能否被改变？尤其是哪些不愿意被改变的人？

对高层次乐趣的的"抗拒"是什么？一般的回答（除所有上述考虑外）是：对任何一个曾有机会获得这两种体验的人来说，高级乐趣比低级乐趣在感受上更为优越。但是，为了使人有能力做出真正的选择，也就是说，有能力充分地和自由地比较这两种感受，上述所有特殊实验条件都是必要的。只有因为"更高层次"的感受优于"更低层次"的感受，前者的选择更佳，并且"较低层次"满足会变得令人厌烦后，成长才在理论上成为可能。（参看《存在心理学探索》第四章，关于"乐趣和厌烦带来的成长以及随之发生的对新的高级体验的探求"的讨论。）

另一类型的本质因素也决定选择和价值。人们发现小鸡、实验室白鼠、田间动物出生时在选择能力上有差异，特别是对有益食物的选择；即就生物学的意义来说，有些动物是善择者，有些是非善择者。假如任它们自己选择食物，后者会得病或死亡。儿童心理学家和儿科医生曾以非正式的方式报告过人类婴儿的同样情况。所有这些生命体在为得到满足和克服挫折而奋斗的能力上各不相同。此外，对成人进行的体质研究表明，不同的身体类型在满意度的额选择上也有所不同。神经症是选择能力、存在价值偏好、真实需求满足偏好等的强有力的破坏者。我们甚至有可能根据个体选择的事物（如毒品、酒精、不好的食物、坏朋友、不合适的工作等）对生命体健康的"危害"程度来定义心理疾病。

除所有因素明显的影响外，文化条件也是可能达到的选择范围的主要决定因素，如职业、饮食等。具体而言，经济和工业条件也很重要，例如大规模的、追求利润的流通工业很擅长向我们提供廉价的、做工精美的服装，却不擅长向我们供应优质的、无毒的食品，如不含化学添加剂的面包、不含杀虫剂的牛肉、不含

人性能达到的境界

激素的禽类等。

因此，我们可以预期，存在价值更受以下几种人的喜爱：(1)更健康、成熟的人；(2)年长的人；(3)更坚强、独立的人；(4)更有勇气的人；(5)更有教养的人。提高存在价值选择比率条件之一便是巨大社会压力的消除。

对于那些对使用"好""坏""高""低"等词感到不安的人来说，上述所有这些都可以很容易以一种非规范的表述形式加以定义，尽管他们可以进行可操作化的定义。例如，非人类的火星人会问："什么时候、由谁？在什么条件下选择真理而不是谎言？选择融合而不是解体？选择完整而不是不完整？选择有序而不是无序？……"

另一个古老的问题也可以用这种更佳的处理方式来重新表述，即人本质上是善良的还是邪恶的？不论我们对这些词的意义如何定义，人被证明具有善恶两种冲动，并且存在善恶两种行为（当然，这种说法并没有表明哪一方面更深层、更基本、更本能）。为了科学调查研究的方便，我们最好把这个问题换个提法：在什么条件下和在什么时候，谁将会选择存在价值，即"好"？什么会使这一选择的可能性缩小或增大？什么样的社会使做出这种选择的可能性最大？同理，什么样的教育，什么样的治疗，什么样的家庭会产生这种效果？这些问题反过来又引出进一步的问题：我们怎样才能使人变得"更好"？我们如何改善社会？

第十节 一次人类价值研讨会的评论

这四篇文章①看起来似乎完全不同，但实际上并非如此。它们假定并分享了一些关于价值的基本信念，以及最近发生的，我们大家都应该意识到的革命性变化。

在这些文章中没有任何一篇论文所描述的价值是来源于人类以外地方的。不涉及超自然的东西，没有圣书，没有神圣的传统。所有的发言者都同意，知道人

---

① 这四篇文章是由夏洛特·布勒（Charlotte Bühler）、赫伯特·芬格莱特（Herbert Fingarette）、沃尔夫冈·莱德勒（Wolfgang Lederer）和阿兰·瓦兹（Alan Watts）于1961年12月15日在旧金山加州心理学会的一次大会上提出的，讨论会主席劳伦斯·N.所罗门（Lawrence N. Solomon）总结过每一位作者的观点。

在第一篇文章中，布勒博士从精神分析的立足点出发，探索生命的基本倾向，将其视为与自然和谐的价值体系的一个可能的基础。她介绍了一些科用于这一领域相关研究的实证操作，并提出了在她看来目前最有前途的方法。

芬格莱特博士解决了道德内疚的哲学问题，并提出了一个具有深刻意义的问题：行为是否必然反映一种对于行动背后的愿望的内部认可（在某种意识层面上）。他对这问题的肯定回答引出了关于一些道德内疚和神经症内疚之间区别的有趣结论。

莱德勒博士在他的论文中分享了他作为分析师的经历，特别是那些让他相信心理疗法在当今时代必须以价值为导向的重大事件。心理治疗医师不能再"长时间沉默地、漫不经心地倾听，没有批评、不给予劝告，即不进行介入"。当治疗师获得足够的自由，在他对当今的病人（没有身份的年轻人）的治疗中遵循他自己的理解和良知时，价值观就进入了心理治疗。

瓦兹博士的论文向西方读者展示了一个看似小说的作品，但同时它又很具有根本性的重要意义，那就是对人的本质的概念化。参考道家的传统，他认为人在皮肤以内而世界在皮肤之外，皮肤作为两者之间的一个共同的边界，同时属于两者。这样的思考很容易使统一场域的行为概念化，并且对任何价值和道德理论来说都很有意义。

人性能达到的境界

类行动的价值观必须从人类的本性和自然现实本身找到。

不仅价值所在的地方是自然的，而且发现这些价值的过程也是自然的。他通过人类认知上的努力，通过吸引人类的实验、临床和哲学经验来揭示（或发现）的，这里涉及的权力都不是人类的权力。

这进一步表明，它们只能是被发现、揭示或找出来的，而不是被发明、构建或创造的。这又意味着，它们在某种意义上和在某种程度上存在着，可以说是等待着我们去发现它们。在这个意义上，价值应当像其他自然界的秘密一样被看待，虽然我们现在可能还不很了解这些秘密，但毫无疑问，它们将来终究会被我们探测和搜索出来。

这四篇文章在含义上都含蓄地抛弃了过于简单化的科学概念，不再认为科学在传统意义上是"客观的"、公开的，仅仅是"在那里"，并且期望所有的科学陈述都能套入物理主义的形式中，即使现在不能将来也能。

这样一种对心灵的认可必定会破坏绝对客观主义的科学论。有些人会觉得这种"唯心主义"会摧毁一切科学，但我不同意这样一种愚蠢的看法。相反地，我要说，保留了心理的科学更为强大。例如，我认为这个覆盖面更广、内容更丰富的科学概念肯定可以轻松处理价值问题。

正如我们所知，狭隘的科学试图成为纯粹的客观主义和非个人化的，以至于找不到任何价值、目标或目的的位置，因而不得不定义它们的存在：要么否定它们的真实性，要么使其永远地被科学认知所忽视（这使它们成为"无关紧要的"、不值得认真研究）。谈论价值变得"不科学"，甚至是反科学的，于是它们被推到另一边，交给了诗人、哲学家、艺术家、宗教人士和其他心软但又热心的人。

换句话说，这些论文实质上是"科学的"，尽管"科学"一词有着更为古老和原始的意思。我认为这些论文在精神或方法上与 1920 年或者 1925 年前后关于维生素的讨论没有什么本质的区别。他们那时也如我们今天一样处于前期临床实验阶段。

如果是这样，我们自然应该保持讨论和设想的开放性和多样化。我们不应过早地排除多种可能性。这次讨论会中提出的各种方法似乎是正确的，如果时间允许的话，可能会谈及更多的方法。现在已经不是宣扬正统观念的时候了，我很高兴地注意到，二十年前各大学派之间的激烈论战已经被对协作和劳动分工更为谦逊的认识模式所取代。

我相信，如果我们自由地承认，驱使我们对价值感兴趣的不仅是科学和哲学的内在逻辑，还有我们的文化，或者更确切地说是我们整个物种当前的历史地位。纵观历史，只有当价值变得毫无意义和值得怀疑时，人们才会讨论它们。我们面对的是传统的价值体系全都已经失败的现状（至少对于富有思想的人来说如此）。既然我们似乎不可能在没有赞同的信仰和价值观的情况下生活，那么我们现在正处于摸索一个新方向，即科学的方向的过程中。我们正在尝试一项新的实验，试图区分"真实价值"和"愿望价值"，希望由此发现那些我们可以相信的价值，因为这些价值是真实的，并不是令人满意的幻觉。

第四章

教 育

第十一节 认知者和认知

我的总体观点是：人与人之间沟通上的困难是由他们之间的沟通障碍所造成的；因此人与世界之间的相互交流在很大程度上取决于双方的同构性（结构或形式上的相似性）；这个世界只能向某个人传达与他相匹配的信息，也就是说，这个信息是他值得接受的，或者能够获取的；在很大程度上，他可以从世界获得的和可以给予世界的，就只有他自己了。正如乔治·利希滕贝格（George Lichtenberg）在一本书里说的："这样的作品就像是镜子，如果是一只猿猴向里面窥视，那么镜子里出现的就不会是一个天使。"

正是由于这个原因，这项对人格"内部结构"的研究是了解人类能传递给世界什么信息，以及这个世界能传递给人类什么信息的一个必要基础。每位治疗师、每位艺术家、每位教师都本能地知道这一事实，但还应该对此加以更为明确地阐述。

当然，我这里所说的沟通是指最广泛意义上的沟通，包括所有感知和学习的过程，以及所有形式的艺术与创造，还包含了初级阶段的认知（原始的、神话的、隐喻的、诗意的、概念的）以及语言的、理性的次级沟通过程。我想说的是我们视而不见、充耳不闻的东西，以及我们所理解的东西；我们默默地、下意识地表达的东西，以及我们能表述清楚或组织清楚的东西。

这一观点（外部困难与内部困难同时存在）的主要结论是：我们应当期望与外部世界沟通的改善，促进人格的发展，提高整体性和完整性，以及在众多人格组成部分中培育支持内战以来的自由主张的部分，如增强对现实的感知。这样，人就会变得更有洞察力，正如尼采所宣扬的，想要理解别人，那这个人必须拥有必要的差异。

人格的内部分裂

首先，我所说的内部沟通失败指的是什么？一个最简单的例子就是人格的分裂，其中最引人注目的、最为常见的形式就是多重人格。我已经研究了我在文献中能找到的所有相关病例和一些自己的经历，以及那些不怎么引人注目的漫游症和失忆症病例。在我看来，他们似乎陷入某个常见模式中，我将其表述为一种试探性的一般理论，它对我们现在的工作是很有帮助的，因为它揭示了一些我们所有人身上都存在的分裂问题。

在我所知的每个案例中，这种"正常的"或表象人格是害羞的、安静的或内向的，通常是女性，她们相当保守和自律，相当顺从甚至会放弃自我，没什么攻击性；"好"的人格往往表现得胆小怕事，容易受人利用。在我所掌握的所有案例中，突然闯入意识层面并能够支配某人的"人格"则与之完全相反，它们冲动任性而不克制，自我放纵而不自我放弃，大胆、厚脸皮而不害羞，蔑视习俗，渴望及时行乐，攻击性强，苛刻且欠成熟。

当然，我们几乎在所有人身上都能见到这种分裂的形式，只是不太极端而已。这是冲动与自律之间、个人需求与社会需求之间、不成熟与成熟之间、不承担责任的欢愉和承担责任之间的内部冲突。如果我们成功地同时成为淘气的、孩子气的流氓和冷静、负责、能控制冲动的公民，我们就不会那么分裂，而是更加统一。顺便说一下，这是多重人格的理想治疗目标：保留两种或三种人格，但要达到一种完美的融合，并且在意识或前意识控制下实现优雅的融合。

每一种多重人格都能以不同方式和世界往复沟通。他们的说话方式不同，写作方式也不同，用不同的方式纵情，用不同的方式做爱，结交不同的朋友。在我接触到的一个案例中，有着"任性孩子"人格的人的笔迹、词汇和拼写错误都很孩子气；而"自我克制、易受欺负"人格的人的笔迹看起来很胆小、比较传统，像学校里的优秀女生的书写。一种"人格"喜欢阅读和研究，另一种人格则不喜欢这样，因为他太不耐烦，也不感兴趣。如果我们想让他们尝试的话，他们的艺术作品一定也有很大的差异。

同样，对于我们当中的其他人来说，我们人格中那些被拒绝并且降格为潜意识状态的部分，会不可避免地突然爆发，公然影响我们与外界的沟通（包括输入和输出），影响我们的感知和行动。通过投射实验或者通过艺术表现，我们很容易证实这一点。

投射实验显示了我们对这个世界的的看法，或者更确切地说，我们是怎么规划世界的，我们能从中获得什么，我们让它告诉我们什么，我们选择看到什么，以及我们选择忽视什么。

我们的表达能力也存在着相似之处。我们展示自己的个性。我们分裂到何种程度，会直接体现在我们的表达和沟通上。只要我们是完整的、统一的、自发的，并且能够正常发挥功能，我们的表达和沟通就会是完整的、独特的、活跃而又充满创造力的，而不是压抑、守旧和矫揉造作的，是诚实的而不是虚伪的。临床实验表明，这样的情况也同样出现在绘画和口头艺术表达上，也适用于一般的表达性动作，很可能适用于舞蹈、体育运动和其他所有的身体语言。这不仅适用于我们向别人表达的场景，而且适用于我们无意传达给别人信息的场景。

我们自身那些被拒绝和压抑（出于恐惧或羞耻感）的部分自我并没有消失殆尽，而是潜藏了起来。无论我们人性中这些潜藏的部分以后对我们的沟通会产生什么样的影响，这些影响要么被我们忽视，要么我们觉得它们已经不再属于我们了，例如，"我不知道我怎么会说这样的话。""我不知道自己这是怎么了。"

对我而言，这种现象意味着表达不只是一种文化问题，也是一种生物学现象。我们必须谈谈人类的本能元素，人类本性中那些固有的方面，文化不能将其扼杀，只能进行抑制，并仍将继续影响我们的表达（即使是通过一种潜在的方式），尽管文化能影响和支配全局。文化只是人性的必要条件，而不是充分条件。的确，只有身处某种文化之中，我们才可能学会相应的口语表达。但还需进一步明确的是，在相同的文化环境中，黑猩猩是无法学会说话的。我之所以这么说是因为我隐约感觉到，人们对于沟通的研究过于专注于社会学层面，而不是生物学层面。

为了继续探索同样的主题，也就是人格的内部分裂是如何破坏我们和世界之间的相互沟通的,我将援引几个著名的病理学案例。我引用它们的原因在于它们似乎不符合普遍的规律,即健康和完整的人往往是优秀的感知者和表达者。有大量临床和实验证据支持这一结论,艾森克(H. J. Eysenck)和他同事们的工作就是其中一种。但是,也有一些例外迫使我们在这方面谨慎起来。

精神分裂症患者内心的控制和防御机制正在崩溃或已经崩溃。接下来,这样的人倾向于陷入个人的内在世界,与他人和自然界的接触也往往遭到破坏。这也会阻碍他们与世界之间的沟通,对世界的恐惧切断了与世界的沟通。内心的冲动和声音也因此变得前所未有的响亮,以至于与现实相混淆。但是精神分裂症患者有时也显示出一种选择优势。由于其过于受控于被禁止的冲动和初级过程的认知,这样的患者据报告偶尔会在解释他人的梦境和挖掘他人的潜在冲动方面异常敏锐,比如隐匿的同性恋冲动。

从另一个角度看也是如此。一些顶级的精神分裂症治疗师,本身就是精神分裂症患者。在很多地方我们都能看到这样的报告,既往的患者能成为极为优秀的、充分理解病情的护理人员。这和戒酒互助协会的原理很相似。我的一些精神病专家朋友,正在通过一种类似于短暂性精神病患者那样服用LSD致幻剂或麦司卡林(一种致幻剂),来寻求对患者的参与性理解。想要与某个群体顺畅沟通,最好的办法是不妨加入这个群体。

在这方面,我们可以从精神病态人格中学到很多东西,尤其是那些"沉迷"型人格。这种人格被简要描述为没有良知、没有负罪感、没有羞耻心、没有对他人之爱、毫无禁忌并控制力极低,因此他们可以随心所欲、为所欲为。他们往往会成为罪犯、骗子、卖淫者、多配偶者,依靠取巧谋生而不是依靠踏实工作。由于自身缺陷,这些人通常不能理解他人的良知、遗憾、无私的爱、同情、怜悯、内疚、害羞或难为情带来的痛苦。人无法感知和理解自己没有的东西。这些东西无法跟你主动交流。但是人的本性迟早会暴露出来,最终,精神病患者会被视为是冷酷的、可怕的和可憎的,即使最初他们看起来是那么兴高采烈、无忧无虑、神智健全的样子。

我们又有了一个例证,尽管这种精神病态与整体沟通阻断相关,但在一些特殊领域中,患者则表现出更强敏锐性和技巧性。精神变态者在探寻其他人身上的

人性能达到的境界

精神病态因素方面异常敏锐，无论我们是多么仔细地加以掩饰。他可以发现并利用我们心中隐藏的骗子、窃贼、说谎者、伪造者和造假者，并利用这类技能来谋生。他会说："你不能欺骗一个诚实的人。"而且，他似乎对自己侦查任何"灵魂失窃案"的能力相当自信。（当然，这意味着他可以探测出没有盗窃存在，换言之，对方的神态和举止对他来说都是可见的，至少对于那些怀有强烈兴趣的观察者而言是可见的。也就是说，他会与理解他、认同他的人进行沟通和交流。）

男性气质和女性气质

内部沟通和人际沟通二者之间的密切关系在男性气质与女性气质的关系中显得尤为清晰。请注意，我没有使用"两性之间"的说法，因为我的观点是，两性之间的关系在很大程度上取决于每个人内在的男性气质与女性气质之间的关系，无论男女，每个人身上均有这两种气质。

我能想到的最极端的例子是男性妄想狂患者，这样的人经常有被动同性恋的渴望，简言之，就是有被强壮的男性鸡奸和伤害的愿望。这种冲动对其而言是极为可憎和无法接受的，所以他试图将其压抑下来。他使用的一个主要方法（投射法）可以帮助他否认自己的渴望，并将这一渴望从自身分离出去，与此同时允许他自己思考、谈论并专注于这个迷人的话题。是别人想要强奸他，而不是他希望被强奸。这些患者疑心很重，并以一种非常明显的方式表现出来，例如，他们不会让任何人站在他们身后，他们总是背对着墙，等等。

这并不像听起来那么疯狂。纵观历史，男人总是把女人当作祸水，因为男人总是受到女人的诱惑。当男人爱上一个女人时，往往会变得温柔、体贴、无私而文雅。如果他们所处的文化恰好将此视为非男性化特质时，他们就会对弱化这些特质（摒弃它们）的女性感到愤怒，并通过虚构参孙（Samson）和大利拉（Delilah）的神话来证明女人是多么可怕。他们将自己的恶意投射到神话中。他们还会责怪镜子反射出来的东西。

女性，特别是"进步的"和受过教育的美国女性，经常与她们内心深处的依赖、被动和顺从的倾向进行抗争（因为这意味着她们要下意识地放弃自我或人格）。

第四章　教　育

于是，这样的女人很容易将男人看成潜在的支配者和强奸犯，并按照这种方式对待他们，经常驾驭他们。

由于这样或者那样的原因，在大多数文化中，在大多数时代里，男人和女人相互误解，并没有真正善待对方。从现实情况来看，两性之间的沟通始终很糟糕。通常是一方主宰另一方。有时他们也设法通过强调男女性格之间的巨大差异和互相之间没有重叠来切段两性世界之间的联系，进行彻底的劳动分工。

这样的做法有助于获得某种形态的和平，但肯定不利于友谊和相互理解。关于如何促进两性之间的相互理解，心理学家提出的建议会是怎样的呢？荣格派提供了一个极为清晰的心理学解释，即两性之间的对立在很大程度上主要是人性中的男性气质和女性气质之间的无意识争斗。两性之间的和谐只有依赖个人内心的和谐才能实现。

当一个男人在内心与他自己和他的文化定义的女性气质做斗争时，他就会和外部世界中这些相同的特质做斗争，尤其是在大多数情况下，他所处的文化对男性气质的重视超过对女性气质的重视。通常情况正是如此。如果认为女性气质是情感丰富、缺乏逻辑感、有依赖性、对色彩很敏感，对儿童充满柔情，他就会害怕自己身上存在的这些特质，并与之抗争，还试图做出一些与这些特质相反的表现。在外部世界，他也会与这些特质做斗争，拒绝它们，把它们贬斥为女性特有的气质。男同性恋者在引诱或搭讪别人时，经常会惨遭他想接近的男子的毒打，这很有可能是缘于男子被他们诱惑而产生的恐惧感。殴打往往发生在同性性行为之后，这一事实无疑强化了这一结论。

在这里我们看到的是一种极端的二歧化，或者亚里士多德式的思维方式，而对于戈德斯坦、阿德勒、科日布斯基（Korzybski）等人来说这是极为危险的。从心理学家的角度来说，"二歧化意味着病态，病态意味着二歧化"。如果一个男人认为自己要么只具有完全男性化的特质，要么只具有完全女性化的特质，那他注定要在内心不断挣扎，永远疏远女人。如果他能够理解心理学上"双性体"的事实，并逐渐认识到非此即彼的二分法的武断性和病态性，进而发现二分法中两方的差异可以融合并结构化，不需要相互排斥和对立，那么在这个意义上它就会成为一个更完整的人，能够接受并享受自己内心的"女性气质"（荣格称之为"阿尼玛")。如果他能与他内心的女性气质和谐相处，他就能与外部世界的女性和谐相处，能更好地理解她们，减少对她们的矛盾心情，甚至更欣赏她们，因为他意识到，与他自身薄弱的女性特质相比，她们的女性本质要优越得多。与一个让你惧怕、憎恨并深感神秘的敌人相比，你当然更乐意和一个你欣赏和理解的朋友进行沟通和交流。要想和外部世界的某一部分交朋友，最好的办法就是先和你内心世界的那部分交朋友。

我无意在此暗示，一个进程必然先于另一个进程。它们是并行的，也可以反向而行，也可以说，在外部世界接受某事物，可以帮助实现在内部世界接受相同的事物。

初级和次级过程的认知

对于那些必须首先成功应对外部世界的人来说，他们会更不看重内心世界，反而更加青睐常识性的"现实"性外在世界。而且，外在世界越严酷，他们对内心世界的排斥就越强烈，这种为了"成功"而做出的调整就越危险。因此，对于诗意、幻想、梦境、感性思维的恐惧，男性要比女性更为强烈，成人要比儿童更强烈，工程师要比艺术家更强烈。

同样，我们还观察到另一个例子，表明了深远的西方文化倾向，抑或是人类普遍的倾向，即二分性地认为在选择中，人必须从二者之间选择其一，并对另一个给予否定，就如同鱼与熊掌不可兼得一样。

此外，还有一个更为普通的事例也能说明这一点，我们对内心世界视而不见、听而不闻，对外部世界也是同样态度，无论是趣味性、诗情、美感、原始创造力等方面，还是与之相类似的感觉。

在我看来，这个例子之所以特别重要，还有另外一个原因，对于教育学家来说，要想着手解决全部的二歧化问题，那么调和这样的二歧化思维方式便是一个最佳途径。也就是说，这可能是一个很好的、可行的开端，教导人类停止二歧化的思维方式，转而采用一种整体思维方式来思考问题。

这对那种正在积聚力量的过分自信和孤立的唯理论、唯文字论、唯科学论等论调给予了强烈的正面攻击。宏观语义学家、存在主义者、现象学家、弗洛伊德主义者、禅宗佛教信仰者、神秘主义者、格式塔式治疗师、人本主义心理学家、荣格学派支持者、自我实现心理学家、罗杰斯派支持者、柏格森派支持者、"创造性"教育学家以及其他很多学者，都指出了语言、抽象思维和正统科学的局限性，而这些曾被认为是控制人类内心深处的黑暗、危险、邪恶的手段。

但现在我们已经明确地知道我们的内心深处不仅是神经症的源泉，也是健康、快乐和创造力的源泉，我们开始谈论健康的无意识、健康的退化、健康的本能、健康的非理性和健康的直觉，同时我们也开始希望为了自己拯救这些能力。

一般的理论答案似乎都集中在一体化方面，反对分裂和克制。当然，我所提到的所有这些运动本身都很容易成为分裂势力。反理性主义、反保守主义、反科学主义、反智主义也是分裂的。如果能够被正确地定义和构思，智慧会是人类最伟大的品质之一，成为最强大的整合力量。

自律性和同律性

当我们试图理解内在与外在、自我与世界之间的关系时，我们面临的另一难题是自律性和同律性之间复杂的相互关系。我们会很容易同意安吉亚尔（Angyal）的观点，即在我们的内心有两大意向或需求，一种趋向自私，另一种趋向无私。自律性的倾向，就其自身而言，引导我们趋向自我满足，拥有战胜世界的力量，并遵从其自身法则，在我们内心日益完整地发展为独特的自我，拥有自身内在的动力，以及来自内心而非外在环境的内在法则。这些心灵法则与外在现实的非精神世界的法则是不同的，也是相互分离的，甚至是对立的。对身份的追求，或对自我（个性化、自我实现）的追求已经被成长和自我实现自我实现心理学家所熟知，更不用说存在主义者和各个学派的神学家了。

但是我们也意识到另一种同样强大的趋势，看似相互矛盾，趋于放弃自我，将自身淹没在非我之中，趋于放弃意志、自由、自我满足、自治和自主。这种病态形式将在血液、身体和本能中引发狂野的浪漫主义，导致受虐狂，导致对人类的轻视，要么是人类价值观以外的价值，要么是人类最低等的动物本性，而这两者都充满了对人类的蔑视。

在其他地方，我已经对高同律性和低同律性做出区分。在本研究中，我将对高自治性和低自治性加以区分。我希望能更好地揭示这些差异是如何帮助我们理解内部与外部之间的同构性，进而为改善人格与世界之间的沟通奠定理论基础。

情感稳定的个体和不稳定的个体，在自主性和力量上有所不同。非常宽泛而不那么精确地说，没有安全感的、不稳定的自主性和力量是与世界为敌的人格的一种强化，在一种非此即彼的二歧化中，身在其中的两者不但完全被隔离，而且相互排斥，如同敌对的双方。我们可以称之为自私的自主性和力量。在一个要么是铁锤要么是铁砧的世界中，这样的人一定是铁锤。我最初用猿猴来研究力量的不同本质的时候，我将其称之为专制或法西斯式的统治。此后在对大学生的研究中，称其为不安全的高位统治。

安全的高位统治则完全是另外一回事。具备这一特性的人充满了对世界和他人的感情，对世界有兄长般的责任感、信任感和认同感，而不是敌对感和恐惧感，因此这些个体将他们超凡的力量用于享受、爱和帮助他人。

基于种种理由，我们现在可以把这些区别说成心理健康与不健康的自律性之间的差异，也是心理健康与不健康的同律性之间的差异。同样我们还发现，这一差异让我们看到自律性和同律性是相互联系的，而不是相互对立的；随着个体更健康、更真诚的成长，高度的自律性和高度的同律性会同它们共同成长、共同出现，最后融合在一起，构成一个包含两者的高度统一体。自律性和同律性之间，自私和无私之间，自我和非我之间，纯精神世界和外部现实世界之间的二歧化现象都趋于消失，并被看作不成熟和不完善发展的副产品。

虽然这种二歧化的超越性在自我实现者中很常见，但在我们其他人身上，在我们进行内部整合以及自我和外部世界的整合的最关键时刻也能够看到，在男人与女人、父母与子女之间的最高等级的爱中，当一个人达到力量、自信和个性特征的上限，他就会随之与他人融为一体，失去自我意识，并在某种程度上超越自我和私心。

这样的超越性也会发生在创造的时刻、在深刻的审美体验中、在内观体验中、在分娩时、在舞蹈中、在运动体验中以及其他我统称为高峰体验时刻。在所有这些高峰体验中，要明确区分自我与非我已是不可能的。当一个人变得完整起来，他的世界也变得完整。当他感觉良好时，世界也感觉良好多了。以此类推。

首先，应当注意到所有这些都是经验性的陈述，而不是哲学或神学的论述。任何人都可以重复这些发现。很明显，我强调的几乎全是人类的体验，而不是超自然的体验。

其次，请注意这里暗含着与各种神学论述的分歧。在神学中，超越自我的界限意味着自我毁灭、自我否定或失去自我和个性特征。我要强调的是，我所说的超越，在普通人的高峰体验以及自我实现者中，都是自主权发展壮大的最终产物，是身份认同的实现；它们是自我超越的产物，而不是自我毁灭的结果。

最后，要注意到这是短暂的体验，而不是永恒的体验。如果将它们比作进入另一个世界，那么总会有回到平凡世界的时候。

完整的功能、自发性及存在认知

我们可以开始对更完整的人格有科学的认识，因为它会影响信息的传递和接收。例如，卡尔·罗杰斯（Carl Rogers）和同事们的很多研究都表明，当患者在治疗中有所好转时，他会以各种方式变得更融合，更"开放地体验"（更有效地感知），"功能性"更为完整（表达更诚实）。这是我们实验研究的主体。我们得出的这些普遍结论，也得到了很多临床和理论专家的相关研究结果的支持。

我自己对健康人格的直接探索（不足以称之为当代意义上的研究）从另一个角度得出了相同的结论。首先，这些探索支持融合是心理健康的一个决定性特征这一发现。其次，它们支持健康的人更主动、更善于表现自我的结论，认为它们能更轻松、更全面、更真诚地展现其行为。

最后，它们支持这一结论：健康的人有更好的感知力（对自身、对他人、对现实中的一切），尽管我曾经指出这并不是一种统一的优势。最近有个故事，神经质的人会说："2加2等于5，虽然2加2等于4，但我接受不了！"我或许想补充一点，无价值论者（一种新的病态）会说："2加2等于4。那又能怎样！"实际上，更健康的人会说："2加2等于4，这多有趣呀！"

人性能达到的境界

或者换一种说法，在约瑟夫·博瑟姆（Joseph Bossom）和我最近所做的一个实验发现，与没有安全感的人相比，有安全感的个体认为照片上的面孔往往更为热情一些。然而，这是否是一种善意的投射，或天真，还是更敏锐的感知？这个问题有待进一步研究。我们需要一个实验，让被感知的面孔的热情程度能够被划分为可认知的等级。然后，我们可能会问，那些感知或赋予更多热情的安全感知者是对还是错？或者他们对热情面孔的感知是正确的，对冰冷面孔的判断是错误的？他们看到的是他们想看到的吗？他们想要喜欢他们所看到的吗？

关于存在认知，我最后还想再说一点。在我看来，这似乎是对现实最纯粹、最有效的感知（虽然这仍有待于实验的检验）。它是对认知对象更真实、更确切的感知，因为它最超然、最客观、最少受到认知者的愿望、畏惧和需求的污染。它是不干预、不苛求、最能包容的。在存在认知中，二歧化趋于融合，分类趋于消失，感知对象是独特的。

自我实现者更倾向于这种感知。但是在我询问调查的几乎所有身上，在他们生命中最快乐、最完美的时刻（高峰体验），几乎都存在这样的感知。我现在的观点是：详细询问表明，当感知对象变得更个体化、更统一、更完整、更令人愉快、更丰富多彩时，感知者也会在相应变得更活跃、更完整、更统一、更丰富多彩、更健康。这些变化是同时发生的，并可以互为开始。例如，一个人变得越完整，世界就变得越完整；世界变得越完整，个人就变得更完整。这是一种动态的相互关系，互为因果的关系。很明显，信息的意义不仅取决于它的内容，还有赖于个人对它的反应程度。更"高深"的含义只有更"高深"的人才能领会得到。站得越高，看得就更远。

正如爱默生所说："我们是什么，我们就只能看到什么。"但是我们必须补充说明的是，我们看到的东西往往反过来使我相信它是什么和我们是什么人。人与世界之间的沟通关系是一种相互塑造、彼此升降的动态关系，这一过程我们可称之为"同构互惠"。高水平的人才能理解高层次知识；同样，高等级的环境往往会提升人的水平，而低档次的环境能拉低人的水平。它们之间相互影响，彼此变得更为相似。这些观念也同样适用于人与人之间的关系，并应该有助于我们了解人是如何相互帮助、相互造就的。

第十二节 教育及高峰体验

如果一个人选修了一门心理学相关课程或阅读了一本心理学相关书籍，在我看来，他学到的大部分内容都是无关紧要的，也就是说，非"人本主义"的。这些内容大都会将学习说成获取是联想、技巧和能力的途径，并且认为这些技能和能力是人性、人格和个体本身的外在表现。捡起硬币、钥匙、财物等类的东西，就如同捡起心理学意义上的各种强化和条件反射，那么在某种深层次意义上说，这个动作——捡拾——很快就结束了。一个人是否做出条件反射并不重要；如果蜂鸣器的声音让我产生了流口水这样的条件反射，然后又消失了，这对我来说不算什么，我并没有失去任何有价值的东西。我们几乎可以这样说，这些大量的讨论如何学习的心理学书籍是毫无意义的，至少对于人类的内心、灵魂和本质来说是无足轻重的。

新的人本主义哲学孕育了一种新的学习、教学和教育的观念。简言之，这一观念认为教育的功能、教育的目标——人类的目标、人本主义的目标、就人类而言的目标——最终设计一个人的"自我实现"，使其成为完整的人，达到人类或者特定个体所能达到的最高发展程度。通俗来讲，就是帮助一个人成为他能够成为的最好的人。

这一目标的转变与我们心理学课程的教学内容的改变有关。这不是联想式学习的问题。通常情况下，联想式学习是肯定有效的，特别是在学习那些没有真正后果的事情上，或是学习那些最终可以相互转化的方法和手段上特别有效。我们必须学会的很多东西就是这样的。如果一个人要记住一门外语的词汇，他可以使

人性能达到的境界

用死记硬背的方式。这时，联想的方法会有所帮助。或者，如果一个人想在驾驶过程中养成各种自发的习惯，诸如对红灯的反应之类的事情，那么条件反射就很重要。特别是在一个技术化的社会中，这是十分重要和有用的。但是，如果为了实现自我发展和自我实现，或者"成为一个完整的人"，最佳的学习体验就完全不同了。

在我的人生中，这样的体验远比在上课、听讲、记忆十二对颅神经分支和解剖人脑、记忆肌止端，以及在医学院，在生物课或诸如此类的课程中学到的东西重要得多。

对我而言极为重要的体验是作为父母和孩子相处。我们第一个孩子的诞生改变了我的心理学生涯。他使我从前为之如痴如醉的行为主义显得十分愚蠢，我对这种学说再也无法忍受。行为主义根本无法成立。有了第二个孩子，又使我了解到人与人之间的差异是如此之大，这种差异甚至在出生之前就已经形成了。这让我再也无法认同通过教育就能使任何人学会任何事这样的观点。约翰·华生（John B. Watson）曾有过这样的观点："给我两个婴儿，我会把一个培养成这样的人，另一个培养成那样的人。"这话说得就好像他从来没有过孩子一样。现在我们都已然非常清楚，任何父母都不可能按照自己的意愿造就他们的孩子。孩子们会进行自我塑造。当孩子们受到的压力过大时，我们能做的最好的事情就是当孩子被逼得太紧的时候，提供一些供他们反抗的对象。

另一个影响深远的学习体验就是个人精神分析，这在我看来远比我进修的任何课程或得到的任何学位更有价值。具体而言，它使我发现自己的身份和内在的自我。

另有一个更加重要的基本体验是步入婚姻。其教育意义远大于我所取得的哲学博士学位。如果一个人希望有朝一日能拥有我们都渴望的那种智慧、理解力和生活技能，那么他就必须从我所说的内在教育、内在学习角度来进行思考，也就是说，要先学着成为一个普通的人，然后成为一个更高等级的人，最终成为一个杰出的人。我现在正忙于弄明白内在教育这一概念的所有衍生表现。有一件事情是非常明确的，那就是我们的传统教育看起来确实有些糟糕。一旦你开始在这个框架下思考，你就会提出关于你在学校所学的课程的问题。"我的三角学课程如何能帮助我成为一个更好的人呢?"一个声音就会回答说,"天哪,这根本没有任何帮助的!"所以在某种意义上说,三角学对我而言是浪费时间。我幼时的音乐教育也并不是很成功,因为它使一个深爱音乐并迷恋钢琴的孩子不再去学习它。我曾有一位钢琴老师,但他实际教授给我的是想办法远离音乐。这导致我成年后不得不重新自学音乐。

请注意我一直在谈论最终目标。这是对19世纪科学和当代专业范畴哲学的革命性批判,因为它们本质上只是一种技术,而不是一种目的哲学。因此,我否定了关于人类本性、实证主义、行为主义和客观主义的理论。同样我也拒绝了科学的所有研究模式和这些模式下取得的所有成果,它们只不过都源于历史的偶然性,即对非人性、非人的物的研究,而事实上这类研究是没有结果的。物理学、天文学、力学和化学实际上是不可能有所发展的,除非它们脱离价值评价体系,采取价值中立的立场,这样纯粹的描述才有可能实现。现在我们可以清楚地认识到这一重大错误在于,这种源于对事物的研究模式被不合理地应用在对人的研究上。这种方法是可怕的、无效的。

绝大多数建立在实证模式上的,建立在科学的客观主义、联想主义、不做价值判断、价值中立模式上的心理学,如同珊瑚礁或山脉一样由无数细小事实堆积而成。当然,这种情况肯定不是错误的,但是太微不足道了。在这里我要指出的是(为了不显示出我自身的科学缺陷),虽然我们已经认识到了大量对人类而言非常重要的东西,但是我仍坚持认为我们所学到的这些东西主要是通过非物理主义的方法,通过我们变得更加有意识的人本主义的科学方法得来的。

最近在林肯中心艺术节的开幕式上,阿奇博尔德·麦克利什(Archibald Macleish)在谈及世界形势时说过这样一段话:

> 错误不在于伟大的科学发现——知识丰富总比无知好,无论这是哪种知识或是哪种无知。错误的是知识背后的信念,相信知识能改变世界。但这是不可能的。没有人理解的知识就像没有问题的答案一样毫无意义。而人类的理解只有通过艺术才能实现。正是艺术创造了人类观念,将知识在其中转变为真理……

人性能达到的境界

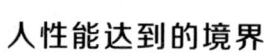

从某种意义上说，我不同意麦克利什的说法，尽管我可以理解为什么他会这么说。他想说的是，只是缺乏新式革命，缺少人本主义心理学和科学的观念。他不但否认价值中立的观点，实际上将价值发现视为必要责任和义务——通过经验发现、证实、验证人性本身所固有的价值。这项工作正在积极进行中。

麦克利什先生的观点适用于19世纪20年代到30年代，也适用于当今那些不了解当代新心理学的人。"而人类的理解只有通过艺术才能实现。"这种说法曾经是正确的。但幸运的是，如今它已不再正确了。现在我们已经有可能收集到那些有助于人类理解的知识，这些知识中蕴含着价值暗示，知识有其自身的指向性、矢量和方向信息，能引导我们获取某个更高层次的知识。

我并不赞同"正是艺术创造了人类观念,将知识在其中转变为真理"这一观点，我们最好讨论一下它。我们必须有一些标准来区分好的艺术和坏的艺术。据我所知，在艺术评论领域中还没有这样的标准。这样的标准正在产生过程当中。对此，所以我想留下一个经验性提示：有一种可能性已经开始浮现，那就是我们将会有一些客观的标准来分辨好的艺术和坏的艺术。

如果你和我面临相似境遇，那你们就会知道，在艺术方面，我们已经完全混淆了艺术的价值。

在音乐领域，人们正在试图证实约翰·凯奇（John Cage）为什么会优于贝多芬或猫王。在绘画和建筑领域，也存在着类似的问题。我们不再有共同的价值观。我不会浪费时间去阅读音乐评论，因为对我而言它毫无价值。同样，我也不再阅读艺术评论了。而且我发现书评也经常是无益的。评价标准完全陷入混乱和无序。例如，《星期六评论》(the Saturday Review) 近期发表了一篇书评，对让·热内（Jean Genet）的一本很糟糕的书给予好评。这一评论由一位神学教授所写，其内容真是一塌糊涂。评论里说，由于某种悖论，邪恶已然变成一件善事；并玩弄文字说：如果恶成为彻底的恶，那么这有可能反而是件好事。人们对鸡奸和吸毒充满赞誉之词，这对于那些花费大量时间试图将人们从这些痛苦中解救出来的可怜的心理学家来说，根本是无法理解的。一个成年人怎么能把这样的书作为道德典范和年轻人成长指南呢？

第四章 教育

如果阿奇博尔德·麦克利什说艺术作品通向真理，那么他所考虑的一定是他挑选出来的特定艺术作品，但是他的儿子可能并不赞同他的观点。这样一来，麦克利什真的没什么可说了，在这一点上他是无法说服别人的。我认为这可能是某种信号，表示我们现在正处在一个转折点，一些新的事物正在发生。观点的差异越来越明显，而这些差异并不是个人品味或主观价值上的差异，而是出于经验。这些正在被发现的新事物引发了各种关于价值和教育的主张。

一是发现了人有比本能需求更高的需求，而本能需求是他生物学特性的组成部分，例如，获得尊严的需求，被尊重的需求以及自我发展自由的需求。更高层次需求的发现带来了各种革命性的影响。

二是我曾对社会科学提出过的观点：很多人已经开始发现物理主义、机械论的模式是错误的，它会引导我们去向何方？引向原子弹，引向一种美妙的杀戮技术，如同集中营中见到的那样；引向艾希曼（Eichmann）。实证主义哲学或科学无法驳倒艾希曼这样的人物。他就是无法理解自己到底何罪之有；直到他临死的时候，他也不可能知道他错在哪里。在他看来，他没有做错任何事；他出色地完成了任务。

他确实做得很好，如果你能够忽略其结果和价值观。我要指出的是，所谓专业的科学和专业的哲学都致力于倡导忘掉价值观、排除价值观，而这必然导致艾希曼、原子弹以及没有人知道的情况的出现。

我很担心，这种倾向会把好的风格或才能与内容和结果分开，从而导致这种危险。

对弗洛伊德做出的伟大发现，现在我们可以有所添加。现在我们正在纠正他的一个大错误，那就是他认为无意识仅仅是不受欢迎的恶。但是无意识也是孕育创造性、欢乐、幸福、善良和人类伦理与价值观的根源。我们知道，健康的无意识和不健康的无意识同样存在。新心理学正在全力研究这一问题。实际上，存在主义精神病医师和心理治疗师将它用于实践。新的治疗方法也正在实践过程中。

因此，我们有好的意识，也有坏的意识；有好的无意识，也有坏的无意识。而且，在一种非弗洛伊德的意义上说，善是真实的。弗洛伊德信奉自己的实证主义。请不要忘记，弗洛伊德出身于物理主义、化学主义科学。他是一个神经病学

人性能达到的境界

家，信誓旦旦地要发展出一种可以完全还原为物理学和化学状态的心理学。这是他为之献身的事业。当然，他自己已经证明他的观点是站不住脚的。

对于我所说的我们已经发现的这种更高层次的本性，问题在于我们要如何对其进行解释？弗洛伊德式的解释是基于还原论的。用这种理论来解释的话，如果我是一个善良的人，那么我的善良就是对我的愤怒形成的一种抑制反应。在某种程度上，杀戮是要比善良更为基本的人性。善良是一种试图掩盖、抑制和防御的手段，因为我始终意识到自己在内心深处是一个真正的杀人犯。如果我是一个慷慨的人，那么这种慷慨就是针对吝啬形成的一种抑制反应。我的内心其实是吝啬的。这是一件非常奇怪的事。不知何故，这个问题现在很明显。他为什么不说呢？例如，他为什么不说杀人是对被害者的爱的一种抑制反应？这也是个合理的结论。事实上，这样的解释对某些人来说反而更为合理。

但是，让我们回到核心观点上来，回到科学中这一令人兴奋的新发展、这一新的历史时刻上来。我有一种非常强烈的感觉，我们正处于一股历史浪潮之中。一百五十年后，历史学家将如何评价我们所处的年代？真正重要的是什么？发生了什么？完成了什么？我相信那些很多上了头版头条的事件到了那个时候已经不再被人提起，而人类的"发展尖端"将会在一二百年间持续蓬勃发展，只要我们能坚持下去。历史学家将会在历史的长河中讨论这个运动，正如怀特海（Whitehead）指出的那样，当你获得了一个新的模式、新的理论框架、新的感知方式，当旧字句有了新的定义、新的含义时，突然间，你将灵光乍现、有了一种顿悟，此时你会用不同的方式看待事物。

举例而言，我刚才一直谈论的新事物所引发的后果之一，就是对弗洛伊德认为的"个人需要与社会、文明的需要之间存在着必要的、内在的对立"的断然否定。这是一种经验性的否定，并非虔诚的、武断的、先验的或一厢情愿的否定。因为事实并非如此。现在我们已经知道如何设置条件，使个人需求与社会需求协调一致而非对立，并且两者都能为了共同的目标而努力。我认为这是一种经验性论述。

另一个经验性的论述与高峰体验有关。我们对高峰体验进行了研究，并向群体和个体提出这样的问题："你生活中最快乐的时刻是什么？"或者像一个调查员那样询问："你是否有过极端快乐的体验？"有人可能会认为，在一般人那里

第四章 教育

这种问题只能招来白眼,但是我们却得到了很多答案。显然,极端快乐的体验都作为个人隐私,是没有办法在大庭广众之下谈论的。这样的体验被认为是令人尴尬的、丢脸的、不"科学"的——对很多人而言这是极端罪恶的。

在对高峰体验的调查中,我们发现有很多触发因素、很多种类的体验都能触发高峰体验。显然,大多数人,或者几乎所有人都有过高峰体验或狂喜的时刻。这个问题也可以这样问:"在你一生中最喜悦、最快乐、最幸福的时刻是什么时候?"你也可以问我上文提到过的那种问题:"在那一时刻你有什么不同的感觉?世界看起来有何不同?你有怎样的感觉?你有哪些冲动?如果你有所变化,那会是怎样的变化?"

我要说的是,获得高峰体验最简单的方式(依据经验性报告的简单统计)是音乐和性。性教育先撇开不谈,因为这样的讨论还为时过早——尽管我确信有一天我们不会再对其有所回避,而是会认真对待它,并教给孩子相关的知识,就像音乐、爱、洞察力、美丽的草坪、可爱的婴儿或者其他东西一样。通往天堂的道路有很多条,性是其中之一,音乐也是其中一条。这两条恰恰是最简单、最普遍和最易理解的途径。

为了帮助我们识别和研究高峰体验,我们应该列出一系列触发因素。但这个列表过于冗长,因此有必要进行高度概括。看起来任何真正卓越、真正完美的体验,任何趋向绝对公平正义、完美价值观的活动都能激发高峰体验。当然并非总是这样。但这是我对许多集中研究过的各种事件所进行的归纳。请不要忘记,我是以一个科学家的身份在这里讲话的。虽然这听起来不像是科学的言论,但这是一种新的科学。一篇即将发表的学术论文表明,这一人文科学已经到来,而且我认为它是自亚当和夏娃以来在生育方面产生的真正进步之一。这是一篇关于在分娩时刻经历高峰体验的专业论文,分娩可能是激发高峰体验的一个强大来源。我们知道在此过程中如何促使高峰体验的产生;我们知道用怎样的最佳生产方式能让产妇得到一种伟大而神秘的体验,你甚至可以称其为一种宗教体验——它是一种启迪、一种启示、一种醒悟。顺便说一下,这是她们接受采访时的说法——她们完全成为一个不一样的人,而在大量的高峰体验中,我所说的"对存在的认知"也随之而来。

人性能达到的境界

我必须对那些未被触及、未经研究的问题建立新的词汇表。上述"存在认知"实际上是柏拉图和苏格拉底所说的真正的认知；这几乎是一种关于幸福和纯粹的卓越、真理、善良等诸如此类的技术。那么，为什么不能是一种快乐的、幸福的技术呢？在这里我必须要补充一点，这是唯一已知的诱发父亲的高峰体验的方法。当我和妻子第一次对大学生开展这样的调查时，我们发现了很多触发因素。其中之一是女性会谈到生孩子时的高峰体验，但是男性不会。

现在我们有方法使男性也能从生孩子这件事情中获得高峰体验。简单地说，在某种意义上，男人会被改变，能够以不同的方式看待问题，能够生活在不同的世界中，能够拥有不同的认知；在一定意义上，他们中的一些人会朝着幸福生活不断迈进。现在，这些都已经被整理成数据，呈现通往各种神秘体验的途径。我想我最好忽略它们，因为它们的数量实在是太庞大了。

迄今为止，我发现这些高峰体验的报告大多来自我们所说的"古典音乐"。我还没有发现哪一个高峰体验是来自约翰·凯奇的音乐或安迪·沃霍尔（Andy Warhol）的电影，或是抽象派绘画等艺术形式。我确实没有这样的发现。那些反映了巨大的喜悦、狂喜、对另一个世界的想象，或另一种生活水平的高峰体验，都来自古典音乐——那些伟大的经典之作。我必须要说，这些体验会融化、融合到舞蹈或旋律当中。到目前为止，就这一领域的研究而言，它们之间实在没有什么区别，它们已经融入彼此。甚至，我还想补充一点，当我说音乐是通向高峰体验的道路时，其中也包含了舞蹈。以我之见，它们已然融为一体。韵律体验，即使是非常简单的韵律体验——伦巴舞，或孩子们可以用鼓敲打出的各种鼓点（我不知道你是否会把这些称为音乐、舞蹈、节奏、运动，还是别的什么）。对身体的爱、对身体的认知、对身体的崇尚——这些显然是通向高峰体验的绝佳途径。同样这些也是通向"存在认知"、感知柏拉图式的本质、内在价值、终极存在价值的绝佳途径（我并不确保如此，但统计学意义上可能如此）；这种认知还像一种治愈式的帮助，既有助于治愈疾病，又可以帮助人们实现自我、实现成长、实现完整人性。

换句话说，高峰体验往往会产生某种后果。它们会产生非常重要的后果。音乐和艺术在某种意义上也有同样的作用，它们会有一定的重叠。如果一个人能坚

第四章 教育

持正确的目标，如果他知道自己是什么样的人，如果他能意识到自己前进的方向，音乐和艺术就能与心理治疗产生同样的效果。我们当然据此讨论消除症状、消除陈词滥调、消除焦虑等，或者讨论发展自发性、增长勇气、发展奥林匹斯众神或者上帝一般的幽默、发展器官意识、躯体意识等。

更为重要的是，音乐、韵律和舞蹈是有助于发现自我身份的最佳途径。我们天生就能通过像音乐这样的诱因、这样的刺激，对我们的自主神经系统、内分泌腺、我们的感觉、情绪等产生各种各样的影响。事实正是如此，只是我们还没有足够的生理学知识来理解为什么会这样。但这是明确的、毋庸置疑的真实体验。这有点类似于疼痛这种毫无争议的体验。有些人则缺乏这种体验（很不幸大多数人都是如此），他们不知道自己内心在想什么，他们依靠钟表、日程安排、规则、法律、他人的提示来生活。对这些人来说，音乐、韵律、舞蹈是一种发现自我似的途径。这时会有来自内心的信号，有个声音会大声呼喊："天哪，这太棒了，永远不要怀疑！"这也是一条途径，一条我们试图教授自我实现和自我发现的途径。身份的发现来自冲动的声音，来自倾听自己心声的能力，来自内心的反应和感受。这还是一种实验性的教育，如果我们有时间来讨论这一问题的话，它将引导我们进入另一个平行的教育体系，另一种教育流派。

数学也能像音乐一样美妙，一样能引发高峰体验；当然，有一些数学教师则致力于阻止这种情况的发生。我从来没有想过可以把数学当作美学来研究，直到我30岁时读到一些相关著作后才意识到这一点。历史学、人类学（从学习另一种文化的意义上说）、社会人类学、古生物学或科学研究也是如此。这里我想再次提出我的论据。如果一个人和伟大的创造者、伟大的科学家、创新型科学家一起工作，他就会发现那就是他们的交流方式。科学家的形象必然改变，取而代之的是创造型科学家的形象——他们是依靠高峰体验生活的。这样的人是为那些光荣时刻而生的，当一个问题获得解决时，当他在显微镜下突然发现事物极为不同的表现时，他便拥有了启示、启发、豁然开朗、心领神会、极度狂喜的时刻。这对他而言至关重要。

科学家们会对这样的体验感到极为害羞、极为尴尬，并拒绝在公众场合谈及此事。要通过一种非常精心设计的诱导才能让他们说出这些东西，庆幸的是我成

人性能达到的境界

功让他们开了金口。如果一个人能让一个有创造力的科学家相信，他不会因为这样的体验而受到他人的耻笑，那么该科学家就会羞涩地承认他确实有过强烈的情感体验，比如一个至关重要的相关性最终得到证实的时刻。科学家们仅仅是不愿说出这些感受，至于那些教你如何进行科学研究的教科书，就更不可能描写这一感受了。

我认为如果我们能充分意识到我们在做什么，或者说如果我们有足够的哲学见地的话，我们或许就可以对那些极易产生狂喜、启发、经验的经历加以利用。我们还可以将其作为一种模式来重新评估历史教学或其他学科的教学方式。

最后，我想谈谈我想努力解决的一个问题，这个问题涉及艺术教育中的每个人，对他们而言也是非常重要的：有效的音乐教育、艺术教育、舞蹈和韵律教育，本质上要比通常意义上的"核心课程"更接近我们所讨论的那种将学习个人身份作为基本教学任务的内在教育。如果教育不能做到这些，那它就是无用的。教育是学习如何成长，学习找到成长的方向，学习分辨好坏，学习什么是值得的、什么是不值得的，学习选择什么和不选择什么。在这个内在学习、内在教学和内在教育领域中，我认为艺术，尤其是我曾经提到过的那些艺术，是非常接近我们的心理学和生物学核心的，非常接近自我身份，特别是生物学身份的，因此不应把这些课程当作不必要的生奶油或者奢侈品，它们必须成为教育中最基本的体验。我的意思是，这种教育可以窥见无限和人类的终极价值。这种内在教育可以很好地将艺术教育、音乐教育和舞蹈教育作为其核心（我想我会将舞蹈作为孩子们的第一选择。对于2岁至4岁的孩子，舞蹈只是一种简单的节奏）。这样的体验可作为一种模式，很好地帮助我们把学校课程的其余部分从价值脱离、价值中立、缺乏目标的无意义状态中解救出来。

第十三节 人文教育的目标与内涵

在奥尔德斯·赫胥黎（Aldous Huxley）去世之前，他正处于巨人突破的边缘，即将创造出一个集科学、宗教和艺术于一体的伟大综合体。他的很多思想在他最后一部小说《孤岛》（Island）中有所阐述。虽然《孤岛》不是一部突出的艺术作品，但是它作为一篇讨论人能变成什么样子的作品意义非凡的。其中最革命性的思想与教育相关，在赫胥黎的乌托邦中其教育体制的目标和我们社会中教育体制的目标有本质的不同。

如果观察一下我们社会的教育，我们会注意到两种截然不同的因素存在。一种，是绝大多数的教师、校长、课程设计者、学校管理者，他们致力于教授孩子们生存在这个工业化社会中所需要的那些知识。他们并没有什么特别的想象力和创造力，他们也不会经常质疑为什么他们要教授这些东西。他们最关心的是效率，要用最少的时间、费用和精力，向尽可能多的孩子灌输尽可能多的事实性知识。另一种是少数具有人本主义倾向的教育家，其教学的目的是培养更好的人，或者用心理学的术语来描述，就是帮助学生自我实现和自我超越。

课堂教学往往有其不言而喻的目标，即获得奖励或取悦老师。在传统课堂上，孩子们很快就领悟到创造力是要受到惩罚的，而背诵要求记忆的内容会得到奖励，于是他们把注意力放在老师让他们说什么，而不是对问题的理解上。由于课堂教学的核心是行为而不是思想，孩子们学到的是如何去表现，同时将自己的想法隐藏起来。

事实上，思想往往对外在学习是有害的。宣传、灌输和操作性条件反射的影

人性能达到的境界

响都会随着洞察力一起统统消失。以广告为例,对其最简单的解药就是真相。你可能会担心潜意识广告和动机的影响,但是你只要掌握了一条能够证明某个品牌的牙膏有异味的证据,从此以后你就不会再受这个世界上任何广告的影响了。真相对外在学习破坏性影响的另一个例子,是一个心理学班级的学生对他们的教授开的一个玩笑,当教授在讲授条件反射的课程时,学生们暗中对其进行条件操作。这位教授并没有意识到这一点,开始越来越频繁地点头,讲座结束时他还在不断点头。然而,当同学们告诉教授真相后,他便不再点头了,当然此后无论学生们再怎么微笑也不能再让教授点头了。真相使这样的学习作用消失了。从这点出发,我们应该问问自己,有多少课堂学习实际上是由无知支撑的,有多少又会被洞察所摧毁。

当然,学生们已经完全沉浸在外在学习态度中,他们对成绩和考试的反应如同黑猩猩对扑克筹码的反应一样。在美国最好的大学之一中,一个男孩正坐在广场上读书,他的一个朋友走过他身边问他为什么读那本没有被指定的书。阅读一本书唯一的理由竟然是它可能带来的外在奖励。在这所大学的充满扑克筹码的环境中,这是合乎逻辑的。

有一个关于厄普顿·辛克莱(Upton Sinclair)的故事,可以阐明大学教育中内在与外在方面的差异。当辛克莱年轻时,他发现无法攒够上大学的学费。辛克莱仔细阅读了大学规章,发现有这样的规定:如果某个学生一门课程不及格,他将不能得到这门课程的学分,必须用另一门课程的学分进行替代。而学校不会收取这名学生修读第二门课程的学费,因为学生已经为他的学分付过一次费用了。辛克莱利用了这一政策,通过挂掉每门课程,获得了免费教育。

"赚个学位"这一说法概括了外在取向教育的弊端。学生在学校里投资若干个小时,称之为学分,之后就可以自动获得学位了。在大学里学习的一切知识都以学分形式标明了"现金价值",这种价值在学习的各门学科之间很少或完全没有差别。例如,一个学期的篮球训练和一学期的法国哲学赚得一样的学分。因为只有最后的学位才被认为是真正有价值的,所以在毕业之前离开大学会被社会看成浪费时间,被父母当作一场悲剧。你们都听到过某位母亲哀叹她的女儿在完成大学四年学业之前就辍学结婚的愚蠢行为,因为这个女孩白白"浪费"了她本来

第四章 教育

可以得到的教育。前三年的大学学习价值已然完全被遗忘了。

在理想的大学里，既没有学分、没有学位，也没有必修课。一个人可以学习想学什么就去学什么。我和一位朋友为了将这一理想付诸行动，我们在布兰迪斯大学组织了一系列研讨会，并称之为"新生研讨会——智慧生活入门"。我们宣布这门课程不设必读或必写的作业，也不给学分，无论讨论什么题目都由学生自己选定。并且，我们还表明了我们的身份——一个心理学教授和一个精神病学执业医生，我们希望通过对研讨会和我们研究方向的描述帮助学生自主选择是否加入。参加那次研讨会的学生都出于自愿，并对研讨会的成败承担一定的责任。而传统教学的情况恰恰相反——它是强制性的，学生们总是被迫这样或那样做。

在理想的大学中，任何人都可以如愿以偿地得到内在教育——因为任何人都能进步和学习。这里的学生可以包括有创造力的、聪明的儿童和成人，也可以包括白痴和天才（因为即使是白痴也能进行情感和精神方面的学习）。这样的大学将无处不在，也就是说，不局限于特定的建筑物或特定的时段，教师是任何有知识并愿意与他人分享的人。这样的大学将是一种终身教育，活到老，学到老。甚至死亡也可以是哲学启发性的，成为一种富有教育意义的体验。

理想的大学应该是一种让你从中发现自我的教育场所，在这里，你能找到你喜欢和你想要的东西，找到你擅长和不擅长的事情。人们可以学习各种科目，参加各种研讨会，虽然不能确定他们要走哪条路，但已经开始寻找自己的使命，一旦找到了它，他们就能很好地利用他们所接受过的技术教育。换言之，理想大学的主要目标是帮助人们发现自我，并随之发现自己的使命。

我们所说的发现自我，就是找出你真实的愿望和特质，并选择一种能让它们表达出来的生活方式。经过学习，你会真诚和忠实地让你的行为和言谈成为你内在感受的自然流露。我们大多数人已经学会了逃避真诚。你也许正处于一场争吵中，你的五脏六腑正因愤怒而痛苦地纠结着，但假如此时电话铃响起，你还是会拿起电话亲切地打声招呼。真实就是将虚假还原至零点。

有许多传授真诚的方法。感受能力训练小组是一种尝试，让你认识到真实的自己，展现你对他人的真实反应，给你一个诚实的机会来分辨出你内心真实的感受，而不是表面回应或礼貌性回避。

人性能达到的境界

那些我们描述为健康、强壮、目标明确的人，似乎比多数人更能清晰地聆听到他们内心感受的声音。他们知道自己需要什么，也同样清楚他们不需要什么。他们内心的喜好告诉他们一种颜色和另一种颜色不相配；他们不需要羊毛衣服，因为羊毛材质会使身体发痒；或者他们不喜欢肤浅的性关系。另一些人则恰恰相反，似乎很空虚，不了解自己内心的信号。他们的吃、喝、拉、撒、睡都是按照时钟的提示，而不是他们身体的内在需求。他们做任何事情都以外在标准为依据，从选择食物（"这对你有益"）和服装（"这很时髦"）到价值和伦理学问题（"我爸爸告诉我的"）都是如此。

我们非常善于让我们的孩子混淆自己内心的呼声。一个孩子可能说："我不想喝牛奶。"而他的妈妈会回答："为什么？你知道你需要喝点牛奶。"或者这个孩子说："我不喜欢菠菜。"但妈妈告诉他："人人都喜爱菠菜。"自我认识的一个重要部分是有能力听清这些来自内心的信号，但妈妈让这些信号混淆不清，这对孩子是不会有什么好处的。母亲总是会说出"我知道你不喜欢菠菜，但是因为某种原因你必须吃掉它"之类的话。

具有审美天赋的人在颜色选择、装饰搭配和选择合适的样式等问题上，似乎比多数人有更清晰的冲动声音。智商高的人在理解真理，分辨某些关系的真伪上似乎有同样强烈的冲动，正如有审美天赋的人能看出这条领带适合这件夹克而不适合那件夹克。现在有很多有关儿童的创造力和高智商之间的关系的研究。有创造力的孩子的内心似乎有更强烈的冲动声音告诉他们什么是对的，什么是错的。而没有创造力的高智商儿童似乎丧失了冲动的声音，变得循规蹈矩，总是期待着父母或老师给予指导或启发。

健康的人在伦理和价值的问题上似乎也拥有清晰的冲动声音。自我实现的人在很大程度上已经超越了他们文化的价值观。他们不仅仅是美国人，而更应该说是世界公民，更重要的是，他们是人类这一物种的一员。他们能客观地看待人类社会，喜欢它的某些方面，不喜欢另一些方面。如果教育的终极目标之一是自我实现，那么教育就应该帮助人们超越他们所在的文化强加于他们的条件而成为世界公民。这里有一个技术性问题，即如何克服文化适应。你将如何在一个小孩身上唤醒他对全人类的情谊，使他在成年后憎恨战争并且尽最大努力地避免战争？

美国教堂和主日学校谨慎地回避了这一任务，取而代之的是向孩子们讲授丰富多彩的圣经故事。

我们的学校和教师应该追求的另一个目标是帮助人们发现自身使命和宿命。了解你是什么样的人，能够倾听你内心声音的一部分，就是发现你想要怎样的生活。找准自己的身份几乎等于找到自己的事业，揭示一个人将为之献身的圣坛。寻找一生的事业有点像寻找自己的人生伴侣。

不少年轻人有一种"脚踏两只船"的习惯，即在婚前接触很多对象，闹出一两次风流韵事，也许来一次认真的试婚。通过这样做，他们才能发现喜欢或不喜欢什么样的异性。当他们越来越能意识到他们的需要和愿望时，那些能很好了解自己的人最终能彼此发现并相互结识。当你找到你的职业、你的终生事业的时候，会发生非常相似的事情。它让你感觉很好，突然你会发现一天24小时不够用了，你开始抱怨人生短暂。然而，在我们的学校里，有些职业顾问并没有意识到人类可能的生存目标，甚至不懂什么是基本的幸福需要。所有这类顾问所考虑的只是社会对航空工程师或牙科医生的需要。从来没有一个人提到，如果你不喜欢你的工作，就丧失了自我实现的一种重要手段。

综上所述，学校应该帮助孩子们审视自己，并在这种自我认识中衍生出一套价值观念。然而，我们现在的学校并不教授这样的价值观。这可能是宗教战争的遗留物，因为在战争中，教会与国家分离，统治者认为价值的讨论应该由教会负责，而世俗的学校应当关注其他问题。也许由于学校严重缺乏一种真正的哲学和经过严格训练的教师，因此不教授价值倒成了值得庆幸的一件事情，就像他们因为同样的原因不进行性教育一样幸运。

人本主义哲学教育产生的诸多后果当中，有一种不同的自我观念，这是一个非常复杂的概念，很难简单描述，因为几个世纪以来教育第一次讨论本质、内在本性、物种性质和物种本质。这与欧洲的存在主义，特别是萨特（Sartre）的观点截然不同。萨特认为，人完全是其自身设计的产物，完全或几乎是其自身主观的、独立意志的产物。对于萨特及受其思想影响的人而言，个人的自我成为一种专断的选择，一种自愿成为某人或者去做某事的命令，而没有任何关于好、坏、善、恶的指导标准。萨特已经完全放弃了任何绝对的或至少是物种概念上的价值。

人性能达到的境界

这非常接近强迫性神经官能症的人生哲学,你可以在其中发现我称之为"体验空虚"的特征,即缺乏内部的冲动声音。

美国的人本主义心理学家和存在主义精神病学家大都更接近精神动力学家而不是萨特学说。他们的临床经验使他们认为人拥有一种从属于某个物种的生物学本质。很容易发现将揭示疗法解释为帮助个体发现其自我身份,他真实的自我,简言之就是他的主观生物学属性,他可以继续去实现,去"造就自我",进行"选择"。

问题在于,人类是唯一很难归纳其本能属性的物种。例如,猫就是猫,不存在质疑。很容易被理解,它们不存在什么复杂的、矛盾的、有冲突的内在问题,也没有迹象表明它们渴望变成狗。它们的本能是非常明显的。但是我们就没有这样明确的动物本能。我们的生物学本质,我们的残余本能是微弱而微妙的,是很难把握的。外在学习远比我们内心深处的冲动更为有力。这些人类最深层次的冲动几乎已完全丧失,它们非常脆弱,极度微妙精细,需要深入挖掘才能找到,这就是我所说的自省生物学、生物现象学。这意味着要使用必要的方法来寻找自我身份、寻找自我,寻找自发性;自然地闭上眼睛、摒除噪声、杂念,放下一切凡尘琐事,用一种道家的、接纳的方式使自己放松下来(类似于在精神分析师的沙发上使用的方式)。接下来的做法就是等待,看看会发生什么,会想到什么。这也是弗洛伊德所说的自由联想、注意力的自由浮动,而不是什么定向性任务。如果你在这方面的努力获得成功并学会如何去做,你将忘记外部世界及其噪声,开始聆听来自内部的细小微妙的冲动声音,这是来自你的动物本性的暗示。这不仅来自普遍的种属本性,也来自你自身的独特本性。

然而,有一个非常有趣的悖论。一方面,我们在谈论揭示或发现你的特异品质,你和这世界上其他人的不同之处。另一方面,我们又说到你的种族性、你的人性。

正如卡尔·罗杰斯(Carl Rogers)所说的那样:"为什么我们越更深入地挖掘自己的独特之处,寻求自己的个人身份,就更能发现人类整体的特性。"这难道不会让你想起拉尔夫·沃尔多·爱默生(Ralph Waldo Emerson)和新英格兰先验论者吗?在足够深的层次上发现你的物种身份,将会使它与发现你的自我性相融合。成为(以及学会如何成为)完满的人意味着两者要同时进行。你正在学习(主

第四章 教育

观体验）你的独特之处：你何以是你，你的潜能是什么，你的风格是什么，你的节奏是什么，你的品味是什么，你的价值观是什么，你身体的走向如何，你个人的生物学特质会给你什么样的引导，你和他人有什么不同。与此同时，这也意味着你要和其他人一样学会成为人类这个物种的成员，比如意识到你和别人有什么相似之处。

教育的目标之一应该是教人懂得生命是宝贵的。如果生活中没有乐趣，那生活就没有了价值。不幸的是，很多人从未体验过生活的快乐，很少体验过我们所说的高峰体验。弗洛姆（Fromm）谈到过那些经常能体验到生活快乐的向往生命的人，以及那些几乎从未体验过快乐时刻，对生活的掌握非常脆弱而又向往死亡的人。后者会冒各种愚蠢的风险，仿佛他们希望用一次意外事件将他们从自杀的倾向中解救出来。在逆境中，例如在集中营里，那些认为生命中每时每刻都很珍贵的人会为了生存而斗争，而另一些人却任由自己毫无反抗地走向死亡。通过调研锡南浓戒毒中心这样的机构，我们开始发现，对于那些正在进行慢性自杀的吸毒者来说，如果你能为他们提供更有意义的生活来替代现在的生活，他们将很容易戒除毒瘾。心理学家曾认为酗酒者陷入了"彻底的抑郁"，对生活感到厌倦，把自己的生活描述成一片没有起伏、没有尽头的平地。科林·威尔逊（Colin Wilson）在他的著作《新存在主义导论》中也指出，生活必须拥有意义，必须有充满激情的时刻，这样我们才能证明生命价值之所在。否则，有价值的就只剩下死亡的欲望，因为谁愿意忍受无休止的痛苦和无尽的烦恼呢？

我们知道孩子们能实现高峰体验，而且这类体验经常发生在儿童时期。现代的学校制度是粉碎高峰体验并禁止其出现的一种极其有效的工具。不惧怕看到孩子们天真玩乐的景象，并本能地尊重孩子的教师，在课堂上是难得一见的。当然，在传统的教育模式下，一个教室里有 35 个孩子，教师要在一定时间内教授完某一课程，这就迫使教师更关注秩序与安静，而不是让孩子感觉到学习是一种快乐的体验。但是现在我们的官方教育哲学和师范学校似乎有一种隐含的假设，即孩子玩得开心是很危险的。实际上，即使是学习阅读、算术这种在工业社会必不可少的困难任务，也可以被改善得使人感到快乐。

学校能做些什么来抵消幼儿园时孩子们的死亡愿望，强化小学年级时的生活

人性能达到的境界

愿望？也许它们能做到最重要的事情是让孩子有一种成就感。孩子们在帮助比他们幼弱的孩子完成某件事情后，会得到极大的满足感。孩子们的创造力可以通过避免严格控制来进行鼓励。由于孩子们会模仿教师的态度，因此可以鼓励教师成为一个快乐的、自我实现的人。虽然家长会把自己扭曲的行为模式传递给孩子，但是如果老师的行为模式更为健康、更加强大，孩子们则会转而模仿老师们。

首先，跟目前采用讲师、调节者、激励者和老板的教师模式不一样，道家式的辅导者（或称为"师傅"）善于接受而不是给予干预。曾经有人告诉我，在拳击界如果年轻人觉得自己很不错并想成为一个拳击手，他可以到拳击馆找一个经理人告诉他："我想成为专业拳手，在你的俱乐部训练，我想请你来管理我。"在拳击界经典的做法就是对他进行考验。一个优秀的拳击经理人会选一个他麾下的职业拳手并对他说："带他上擂台，好好较量较量，看看他怎么样，让他把本事都使出来，看看他有多大本事。"如果证明这个拳手是有希望的，他是"天生"的好苗子，那么一个优秀的经理人要做的就是挖掘他的潜力，把他培养成一个优秀的拳击手。这就是说，好的经理人会充分尊重和利用拳击手原有的风格，并在此基础上培养他，而不是一切从头再来，也不会说："忘掉你所学的，按新的方式来做。"这就好比说："忘掉你有什么样的身体。"或"忘掉你所擅长的。"经理人会认可年轻拳手的天赋，并在此基础上将他培养成乔·多克斯（Joe Dokes）那样的一流拳击手。

我有一种强烈的感觉，这种做法在世界上大部分教育领域都能发挥有效作用。如果我们想成为辅导者、顾问、教师、指引者或心理治疗师，那么我们必须接纳我们所面对的人，并帮助他们认识到他们是何种类型的人，即他们有什么样的风格、什么样的天赋，能胜任什么、不能胜任什么，拥有什么样的先验基础、优秀资源和良好潜质。我们将提供一个没有威胁的气氛，接受孩子们的天性，同时将恐惧、焦虑和防御的氛围降到最低。重要的是，我们要关心孩子，也就是说，欣赏他们、他们的成长和自我实现。所有这些听起来很像罗杰斯提出来的"无条件积极关注"、和谐、开放和关心。事实上，现在确实有证据显示这种"激发出孩子天性"的方法，允许孩子们表达、行动、尝试甚至是犯错误，能够让他们发现自我。在这点上给予适当的反馈，如同在感受能力训练小组或基本的"遭遇"型小组，以及非定向咨询中做的那样，帮助孩子发现自己的本质。我们必须懂得珍视孩子在学校中的"突出表现"，他的魅力、全神贯注、目瞪口呆的惊讶和酒神般的狂热。至少，我们可以珍惜他稀释了的狂喜，他的兴趣和爱好等。这对他益处颇多，尤其是它们可以让孩子们努力工作、持之以恒、专心致志、富有成效、富有教育意义。

相反地，我认为有可能把高峰体验、敬畏、神秘、惊奇或圆满完成任务的体验，也都看作学习的目标和奖励，看作学习的终点和起点。如果对于伟大的历史学家、数学家、科学家、音乐家、哲学家诸如此类的人来说，这样的经历都是如此的话，那么为什么我们不能将这样的学习经历扩大化，作为儿童高峰体验的来源呢？

我必须说明的是，无论我的建议所依赖的知识和经验是多么有限，这些建议都来源于聪明和有创造力的孩子们，而不是智力迟钝、贫困或患病的孩子们。然而，我也必须说明的是，在锡南浓戒毒中心感受能力训练小组、Y理论企业、伊莎兰式教育中心、致幻剂研发集团中，更不用说在莱恩型精神病患者研究中心的那些经历，与那些被认为是"前途无望"的成人打交道的经验，告诫我永远不要提前放弃任何人。

内在教育的另一个重要目标是满足儿童的基本生理需求。一个孩子只有在他对安全、归属感、尊严、爱、尊重与自尊的需求都得到满足时，才能达到自我实现。从心理学的角度来说，孩子是不会焦虑的，他知道自己是可爱的，并在被爱中得到归属感，他知道自己属于这个世界，有人尊重并需要他。来到锡南浓戒毒中心的大多数吸毒者此前都经历过一种任何需求都得不到满足的生活。锡南浓戒毒中心创造了一种氛围，让他们感觉自己似乎是四岁大小的孩子，他们在这种氛围中渐渐成长，他们的基本需求也一个接一个地得到满足。

教育的另一个目标是不断更新意识，使我们不断感受到生活的美丽和奇妙。当下的文化往往让我们变得不敏感，以至于对很多事情视而不见、听而不闻。劳拉·赫胥黎（Laura Huxley）有一个小巧的立方形放大镜，你可以往里面插入一朵小花，当它被立方体侧面的灯光照亮时，你就可以看到这朵花。很快，观察者就会沉浸在全神贯注的体验中，并由此产生幻觉，似乎能看到一个事物的绝对具体性和它存在的美妙，使日常体验保持清新的一个很不错的技巧即是想象你快要死了，或者和你相伴的其他人即将死去。假如你真的受到死亡的威胁，你将会以一种与平常不同的方式感知死亡，会对它更为密切地关注。如果你知道某人即将离世，你将会以更亲切的方式看待他，而不是按照日常经验听之任之。你必须和刻板印象做斗争，永远不要让自己对任何事情产生某种惯性。从本质上说，无论课程是数学、历史还是哲学，最好的教学方法是让学生意识到其中蕴藏的美。我们需要教授孩子统一的观念，也就是像禅宗那样在同一事物中能同时看到短暂和永恒，神圣和世俗。

我们必须再次学会控制我们的冲动。弗洛伊德治疗过度压抑者的日子早已过去，如今我们面临的问题恰恰相反——迫不及待地表达每一个冲动。

有必要告诉人们的是，控制并不一定是压抑。自我实现者有一套阿波罗式控制系统，在这套系统中控制和满足同时发挥作用，让满足带来更大的愉悦感。例如，他们知道，如果能坐到一张摆放得很得体的餐桌旁，桌面上摆满精心烹制的美食，那么你的进餐将会更加惬意，尽管在准备食物和整理餐桌时需要更多的控制。性生活也是如此。

真正教育的任务之一是超越伪命题，并设法解决生命存在的严重问题。所有的神经质问题都是伪命题。然而，邪恶与痛苦的问题是真实存在的，每个人迟早都要面对。痛苦能引发高峰体验吗？我们发现高峰体验包括两个组成部分——狂喜的情感体验和睿智的智慧体验。两者并不一定同时出现。例如，性高潮可以使人得到极大的满足，但不能以任何方式给人启迪。正如玛格哈妮塔·拉斯基（Marghanita Laski）在她的小说《欢乐》（*Ecstasy*）中指出的那样，当面临痛苦和死亡时，可能会出现一种非快感的启示。现在我们有相当多的关于死亡的理学的文献，很明显，有些人在接近死亡时确实体验到启示并获得了哲学上的洞察力。赫胥黎在他的著作《岛》中阐明一个人如何能在和解与接受中死去，而不是以一种不体面的方式离开人世。

内在教育的另一个方面是学习如何成为一个优秀的选择者。你可以教会自己如何进行选择。在你自己面前放两杯葡萄酒，一杯廉价，一杯昂贵，看看你更喜欢哪一杯。尝试一下你能否闭上眼睛分辨两种香烟的不同。如果你不能说出差异，那就是没有区别。我发现我可以分辨出昂贵的雪利酒和便宜的雪利酒的差别，所

第四章 教育

以我现在会花钱买贵的雪利酒。另外，我却分辨不出高档的杜松子酒和低廉的杜松子酒，所以我买便宜的杜松子酒。既然我喝不出区别，那为什么还要买价格昂贵的酒呢？

我们所说的自我实现的真正含义是什么呢？我们希望在理想的教育体系中实现什么样的心理特征呢？自我实现者处于良好的心理健康状态，他们的基本需求得到了满足，那是什么动机促使他们成为这样一个忙碌而能干的人呢？

首先，所有自我实现者都有其坚定的信仰和为之献身的事业。他们说"我的工作"时，他们指的是人生使命。如果你问一个自我实现的律师，他为什么进入法律界，什么能够补偿那些日常琐事带来的劳累，他最终会这样说："好吧，当我看到有人利用别人时，我就很生气，这是不公平的。"公平对他来说是一种终极价值；他无法告诉你他为何重视公平，就如同艺术家不能告诉你他为何珍视美一样。换言之，自我实现者之所以这样做是因为实现他们的终极价值，而终极价值似乎又是为了捍卫有内在价值的原则。他们保护并热爱这些价值，如果这些价值受到威胁，他们会义愤填膺，采取行动，往往会做出自我牺牲。这些价值对自我实现者来说并不是抽象的，它们像骨骼和血管一样是他们身体的组成部分。自我实现者的动机是永恒的真理、存在的价值、纯真与完美。他们超越两极，试图看到潜在的统一性；他们试图整合一切，使其更加全面。

下一个问题是，这些价值是本能的吗？它们就像对爱和维生素的需求一样是生命所固有的吗？假如你将饮食中所有的维生素 D 剔除出去，你就会生病。出于同样的道理，爱也是这样的一种需求。假如你剥夺了你的孩子们全部的爱，那将会杀死他们。医护人员发现，得不到爱的婴儿会因伤寒而夭折。我们对真理的需求也是如此吗？我发现假如我被剥夺了真理，我会染上一种特殊的疾病——我将变得偏执，不相信任何人，怀疑每一件事情，寻找每个事件背后暗含的意义。这种慢性疑心病肯定是一种心理疾病。因此，我要说的是剥夺真理会导致一种病态——超病理状态。超病理状态是一种会导致存在价值被剥夺的疾病。

对美的剥夺也能引发疾病。那些审美方面非常敏感的人在丑陋的环境中会变得抑郁不安，并有可能会影响月经，导致头疼等症状。

我分别在美丽和丑陋的环境下进行了一系列实验来证明这一点。让实验对象

人性能达到的境界

在丑陋的房间中评判所看到的人脸照片时，他们会认为这些人是精神病、偏执狂或危险分子。这表明在丑陋的环境中所看到的面孔以及对其本人的推断都是不好的。

丑对你的影响有多大，取决于你的敏感性和你是否能轻易将自己的注意力从令人不快的刺激上转移开。更进一步而言，生活在不愉快的环境中，和你讨厌的人相处，是一种致病的因素。如果你选择与优雅得体的人共度时光，你会发现你感觉很好并能有所提升。

公正是另一种存在价值。大量历史事实告诉我们，人们被长期剥夺公正会发生什么。例如，在海地，人们学会不相信任何事情，批判地对待每一个人，认为一切事物背后都隐藏着腐败。

我对那种无用的超病理状态非常感兴趣。我认识很多满足自我实现标准的年轻人，他们的基本需求已得到满足，能力运用方面表现良好，也没有出现明显的心理病征。

然而，他们感到十分困扰。他们不相信所有的存在价值、所有三十岁以上的人所信奉的价值观，并且认为真理、善良和热爱这样的字句完全都是空洞的陈词滥调。他们甚至对自己能创造一个更美好世界的能力失去了信心，他们能做的只是以一种毫无意义和破坏性方式进行抗议而已。如果你的人生没有价值，你也许不会变得神经质，但是你会受到有认知和精神上的折磨，因为你与现实的关系在某种程度上被扭曲和干扰。

如果存在价值像维生素和爱一样是必不可少的，如果它们的缺失会让你生病，那么人们讨论了几千年的宗教的或柏拉图式的或理性的生活似乎是人性基本的组成部分。人拥有不同层次的需求，生物性需求在底层，精神性需求在顶层。然而，与生物性需求不同，存在价值本身以及它们之间是不分层次的。每种存在价值都同样重要，每一种都可以依据其他的价值来定义。例如，真理必须是完整的、唯美的、全面的，不可思议的是，它必须具有奥林匹斯神一般的趣味。美必须是真实的、美好的、全面的，等等。由于存在价值是可以彼此定义的，我们通过因子分析就可以知道，它们都是由一些一般因子（用统计术语来说就是一般因素）构成的。存在价值并不是一堆相互独立的木棍，而是一颗宝石的不同切割面。献身

第四章 教育

于真理的科学家和献身于公正的律师一样,两者都献身于同一使命。他们中每一位都发现,在一般价值中最适合他们自己的方面,正是他们在终生事业中运用的那一方面。

存在价值的一个有趣的方面是它们能超越许多传统的二歧化,例如自私与无私、肉体与精神、宗教与世俗。假如你在从事你热爱的工作,献身于你最崇尚的价值,你将尽可能地自私,而同时又是无私和利他的。如果你把真理当作一种价值,让它像你的血液一样成为你身体的一部分,那么无论谎言出现在世界的任何地方,你都会如芒在背,一定要去揭穿它。从这个角度来说,你自身的边界将远远超越了你个人利益的范围,扩展到了整个世界。如果在保加利亚或者中国的某个人受到了不公正的对待,那么你就会觉得自己同样也遭受了不公正待遇。虽然你可能从未见过这个人,但是你能对他的背叛感同身受。

让我们再以"宗教"和"世俗"的二歧化为例进行阐述。我童年时接受的宗教仪式似乎过于可笑,以至于我完全失去了对宗教的兴趣,毫无"寻找上帝"的欲望。然而,我宗教界的朋友,至少是那些超越了认为上帝有什么样的皮肤、什么样的胡子的农民式认知水平的人,会像我谈论存在价值一样谈论上帝。现今神学家考虑的首要问题是诸如宇宙的意义和宇宙是否有发展方向之类的问题。追求完美和坚守价值观是宗教传统的本质。许多宗教团体已开始公开宣布宗教的外在仪式(如周五吃素)是不重要的,甚至是有害的,因为它们混淆了宗教的本质,并开始在实践和理论上尊崇存在价值。

那些享受并力挺存在价值的人,会更加享受基本需求的满足,因为他们会让这种需求变得神圣。对于那些从存在价值和满足需要的角度来看待彼此的情侣来说,性爱变成了一种神圣的仪式。要体验精神生活,你不需要在柱顶打坐十年。能够生活在存在价值中,在某种程度上可以使身体及其欲望变得神圣。

如果我们将存在价值的唤醒和实现视为一个主要的教育目标,即便这只是自我实现的一个方面,我们将迎来一种新的文明的巨大繁荣。人们会变得更强壮、更健康,并在更大程度上掌握自己命运。随着人们对自己的人生负起更大的责任,以及随着一套合理的价值观被建立起来用于指导个人的选择,人们便开始积极改变自己所生活的社会。心理健康运动也是推进精神安宁和社会和谐的运动。

第五章

社 会

第十四节 社会与个人中的协调作用

我希望将本章献给鲁斯·本尼迪克特,作为对她的纪念。她于1941年在布林莫尔学院所作的一系列演讲中首次提出并发展了"协同作用"这一概念。这一概念未能被人所熟知,只是因为她的手稿遗失了。当我首次读到这些讲稿时,我震惊地发现她给我的这份复印件已是仅存的孤本。我很担心她不会将它出版——她看起来似乎并不十分在意它是否被出版。我还担心它会遗失,事实证明,这种担心是有道理的。她的女经纪人玛格丽特·米德翻遍了她的所有文件和文稿也没有找到那份手稿。我让人尽可能多地将复写本中的内容整理出来,这些摘录将会很快出版。① 在本章中我将只引用其中的几段。

协同作用的提出与定义

鲁斯·本尼迪克特在晚年曾试图克服并超越文化相对论,因为她的名字被错误地与这一学说联系在一起。在我的印象中,她对此非常恼火。她认为她的《文化模式》本质上是一篇整体论的论文,书中传达的观点是整体而非原子主义的,她试图用自己诗意的方式来描述社会,用一种感觉、一种味道和一种基调来描述社会。

---

① 鲁斯·本尼迪克特(1887—1948)是哥伦比亚大学的人类学教授,也是一位诗人,笔名安·辛格顿。她主要的兴趣是研究美国印第安人。在第二次世界大战期间,她研究过日本文化,为同盟国的宣传提供过基本资料。她的著作有《文化的类型》《种族、科学与政治》和《菊与刀》。——H.L.安斯巴赫编注

第五章　社　会

我在1933—1937年研究人类学时，发现各种文化都有其独特的气质。没有任何科学的方法可以掌握它们，也无法对其进行概括。每种文化都是独一无二的。你只有从其内部对其展开挖掘。本尼迪克特锲而不舍地努力完成一项比较社会学研究。她所坚持的观点就像是一位女诗人那样以一种直觉的方式获得的。作为一名科学家，不宜在公众场合公开说这些话，因为它们是模式化的、晦涩的，而不是冷静客观的，这样的词汇能在酒后说说，但不能印成文字。

提出。正如她所描述的那样，她曾用大幅新闻纸写下她所了解的关于四组文化的一切。之所以选择这四组文化，是因为她认为它们彼此不同，值得研究。她有一种直觉，一种感觉，并且用不同的方式将其表述出来，对此我已在之前的注释中曾经提到过。

在每一组文化中，有一种是焦虑型的，另一种则不是。一种是乖戾的（显然这不是一个科学用语），生活在这种文化之中的人性格乖戾，她不喜欢。而另一种文化环境中生活的都是友好的人。她提到，当战争威胁来临的时候，不同的文化会呈现出士气低落和士气高涨两种截然不同的情况。在同一组文化中，一种文化充满了仇恨和攻击，另一种文化却显得包容和友爱。她喜欢或不喜欢的四组文化分别都有什么共性呢？她尝试着将它们分为安全的文化和不安全的文化两类。

那些她认为优秀的、安全的、她喜爱的、有吸引力的文化，包括祖尼人、阿拉佩什人、达科他人以及因纽特人的一个分支（我记不清了是哪一支了）。在我自己的实地研究（未发表）中，在安全文化分类中增加了北方黑脚人。那些令人生厌的、粗暴的、令她颤抖、战栗的是楚科奇人、奥吉布瓦人、多布人和夸扣特尔人。

她不断尝试使用当时常用的所有标准逐一概括这些文化。她依据种族、地理、气候、大小、财富、复杂性等各方面对它们进行比较研究。

然而这些评价标准都没有发挥作用，即在那些安全的文化中各方面都是相通的，那些不安全的文化中各方面都缺乏可比性。在这种缺乏逻辑、无法分类的情况下，她根本无法对它们进行整合。她曾提出这样的问题，哪些文化易出现自杀，哪些文化不会？哪些文化是允许一夫多妻的，哪些文化则不允许？哪些文化是母系的，哪些文化是父系的？哪些文化倾向于全家一起住在大房子里，哪些文化青

人性能达到的境界

睐小家庭分散居住？这些分类原则都没能发挥作用。

最终发挥作用的是我所说的行为功能，而不是外显的行为本身。当她意识到行为不是答案时，她不得不求助于行为的功能、行为的意图、行为试图表达的东西，以及其表现出的性格结构。我认为正是这一跳跃才是人类学理论和社会学理论中的一次革命，进而为比较社会学奠定了基础，它提供了一种社会比较的方法，将各种社会放在一个连续的体系中进行研究，而不是将每一个社会都看作独立的、个体的。下文引自她的手稿：

> 我们以自杀为例。自杀一再被证明与社会环境有关；自杀率在一些条件下会下降，而在另一些条件下却又会上升。在美国，自杀是心理灾难的一个标志，因为它被认为是一个人不能够或不愿意应对某些境况时的索性与其一刀两断的行为方式。但是，被列为各种文化共同特性的自杀行为，在某些文化中十分普遍，这些文化中的自杀行为可能具有完全不同的意义。在古代日本，自杀是武士战败后的光荣行为；它是一种把荣誉看得比生命更为重要的行为——在武士道中，荣誉简直就是武士们的一切。在原始社会，自杀有时是妻子、姐妹和母亲在过度哀伤时尽节尽情的殉情行为。这一行为再次确认了至亲之爱比生命中任何事情都更可贵，当挚爱已逝，生命也变得毫无价值。在以此为最高道德准则的社会中，自杀是理想的最终肯定。从另一方面来讲，在某些部落中，自杀更像中国式的自杀概念，如他们所说死在某人的"家门口"。这意味着自杀被认为是一种向虐待过死者或死者所怀恨的人进行报复的行为。在存在这种自杀行为的原始社会中，它可能是最有效的，有时甚至是对他人能采取的唯一的行动，这种行为的累积作用甚至能与其他文化中的法律相提并论，它与我们以上所述的各种自杀行为都不相同。

定义。 最终本尼迪克特选择了"高度协同"和"低度协同"这样两个概念，替代了"安全"与"不安全"，这是因为前者较少模式化，更客观，也不太容易受到个人理想和喜好的投射影响。她对这些术语做出如下定义：

是否存在与高攻击性相关的社会条件或者低攻击性相关的社会条件呢？我们的初步计划所能达到的程度，取决于它们的社会形式所能提供多大的互惠领域，能在多大程度上消除集体中损害他人利益的行为和目的……从所有比较材料料得出的结论显示，在社会秩序良好的非侵犯型社会中，个人得以通过同一行为，同时为其自身和所在群体的利益服务……在这些社会中，非侵犯行为的发生并不是因为人们不自私，将社会责任放在个人愿望之上，而是因为社会的安排使两者在目标上达成一致。从逻辑上考虑，生产——无论是种植山药还是捕鱼——都符合总体利益的要求，如果没有人为的制度歪曲这一事实，那么每一次收获、每一网鱼都会增加村庄的食物供应。一个人可以是一个好园丁，同时又是一个有益于社会的人。他和他的伙伴们都能受益……

我想谈谈低度协同文化，那里的社会结构能助长彼此对立和对抗的行为；同时我也要谈谈高度协同文化，那里的行为则是相辅相成的……我曾谈到过，在一些高协同性社会，其社会制度确保了从事不同行业的人们能让彼此获益；在一些低协同性社会中，一个人的利益往往需要靠征服他人来获得，而大多数没能获胜的个体则必须尽最大可能进行转变。

这些高度协同的社会中，社会制度的建立超越了自私与无私的对立，超越利己与利他的对立。在那里，单纯的自私也必然有所收获。而高度协同的社会是一个以德报德的社会。

我想谈谈高度协同和低度协同的一些表现和不同方面。我用的内容来自我25年前的笔记；事先我得说声抱歉，因为我已经无法分辨哪些是本尼迪克特的思想，哪些是我自己的观点。多年来，我以不同方式使用着这一概念，并且将这两个观点进行了某种程度的融合。

原始社会中的高度协同与低度协同

财富的分流与汇聚。关于经济制度，本尼迪克特发现，但凡是公开的、肤浅的、表面价值之类的东西（比如社会是穷是富等）都不重要。真正重要的是安全的、高度协同社会中有她所说的财富分配的虹吸系统；反之，而不安全的、低度协同文化中拥有她所说的财富分配的漏斗机制。我可以用比喻的方式简要概括漏斗机制：这是一种社会安排，旨在确保财富吸引财富，对于富有的再给予，对于贫穷的再剥夺，使贫穷者更贫穷，富有者更富有。相反，在安全的、高度协同社会中，财富趋向于分散，像通过虹吸管那样从高处引流到低处。它总是以某种方式由富有流向贫穷，而不是由贫穷流向富有。

虹吸分流机制的一个实例是我所见的北方黑脚印第安人在太阳舞仪式上的"散财"。在这个仪式上，全族的圆锥形帐篷围成一个大圆圈。部落中的富人（富有意味着努力劳动而拥有较多积累）会堆积起毯子、食物及各种成捆的物品，以及一些非常悲情的东西——我印象中有成箱的百事可乐。富人们将在过去一年中所积攒的财物都堆积于此。

我想起当时看到的一个人。在仪式中某一时刻，按照平原印第安人的传统，他昂首阔步，炫耀着他的成就："你们都知道我曾做过些什么，你们也都知道我是如何做到这些的，大家都知道我是如何精明能干，多么擅长饲养牲畜、多么擅长种植庄稼，因此，我已积累下巨大的财富。"然后，他以一种非常高傲的姿态，一种非常骄傲但不会让人感觉受辱的姿态，将这些堆积的财富散发给寡妇、孤儿、盲人和病人。当太阳舞仪式结束的时候，他的财富散发殆尽，他站在那里，除了身上的衣服之外一无所有。

他以这种协同的方式（我不能说这是自私或是无私，因为，显然这已然超越了极限）散掉了他的一切，但是，在这一过程中他已经证明他是一个完美的人，多么能干、多么聪明、多么坚强、多么勤劳、多么慷慨，因而也是多么富有。

我记得我刚进入这个社会时的困惑，那时候我试图找到最富有的人，却发现最富有的人一无所有。当我询问一位居留地的白人行政长官谁是这里最富有的人时，他提到了一个当地印第安人都从未提起的人，这是一个在账面上拥有最多积蓄，最多牛羊、马匹的人。当我回到我的印第安线人那里，询问关于吉米·麦克修和他所有的马匹情况时，他们轻蔑地耸耸肩："他不过是个守财奴。"由此看来，他们从未认为他是富有的。在他们眼里，受爱戴的酋长即使一无所有，也是"富有"的。那么美德会以何种方式得到回报呢？在部落中，这种在形式上表现得大方慷慨的人，是最受钦佩、最受尊敬和最受爱戴的。这些人是造福部落、让他们引以为豪的、温暖他们心灵的人。

换个角度来说，如果备受爱戴、慷慨大方的酋长偶然发现了一个金矿或获得一笔意外之财，部落里的每个人都会因为他的慷慨大方而感到非常高兴。如果他是一个吝啬的人（这种情况在我们的社会中很常见），那么情况就会像我们的朋友突然获得一大笔财富那样，我们之间很容易因此而对立起来。在这种情况下，我们的制度会滋生妒忌、猜疑、怨恨和疏远，最终可能发展成真正的敌视。

在本尼迪克特列出的财富分配的虹吸分流机制中，这种赠予形式只是其中的一种。另一种形式是礼仪上的款待，在很多部落中，富有的人会邀请他所有亲属前来做客，好好款待他们。此外，还有慷慨相助、互利互惠的关系，分享食物的合作方式，等等。在我们的社会中，我认为我们的分级所得税和财产税也是分流机制的一个实例。理论上而言，如果一个富人财富增加一倍，这对大家都有好处，因为其中会有大部分进入国库（我们暂时设想这些财富会用于公共利益）。

漏斗汇聚机制的实例有高昂的租金、高利贷利率（在我的记忆中，夸扣特尔人的年利率是1200%；与之相比，滨海区的利率就显得微不足道了）、奴役和强迫劳动、剥削劳工、超高利润、对穷人比富人征税更多，等等。

我想你们能够理解本尼迪克特关于这个制度的目的、效果和机制等方面的观点。赠送钱财本身是一种毫无意义的行为。我认为在心理学层面上也是如此。很多心理学家没有意识到，行为既是对心理的一种防护，也是一种心灵的直接表达。行为是一种隐藏动机、情绪、意图和目的的方式，也是揭示它们的一种方式，因此绝不能只看表面现象。

使用权与所有权。我们也可以看看财产的所有权与实际使用权之间的关系。我有一名翻译，他的英语很好，曾在加拿大上学，受过高等教育，因此他也是富有的，因为在这样的部落中，智慧与财富密切相关，这种观点即使在我们看来也是如此。他是在那个部落中唯一拥有汽车的人。由于我们大多数时间都在一起，因此我能看到他几乎不怎么使用他的这辆汽车。人们会来找他说："泰迪，你的车钥匙呢？"于是，他就会把车钥匙递过去。据我所知，对他来说拥有这辆车，

人性能达到的境界

意味着支付油费、修理和安装轮胎,并帮助那些在居留地中不会驾驶的人出车,等等。这辆车属于任何需要它并提出要求的人。显而易见,他拥有整个部落唯一的一辆车的事实是值得骄傲的,给他带来的是自豪、愉快和满足,而不是招致妒忌、恶意和敌对。其他人会因为他有车而高兴,如果是五个人有车而不是一个人有车,大家也会很高兴的。

给人安慰与令人畏惧的宗教。在协同作用方面的区别也适用于宗教机构。你会发现在高度协同的社会中,与上帝、诸神、鬼怪或超自然有关的人都是相当仁慈的、乐于助人的、友善的,有时甚至会以一种我们社会中的一些人称之为亵渎神灵的方式行事的。例如,在黑脚印第安人中,每个人都拥有一个自己专属的私人神灵,那是一个他可能在山顶上见到的幻象,是一个可以在牌局中显灵的神明。这些个人的神灵给人以极大的安慰,以至于一个人完全有理由在拿到同花顺时要求暂停牌局,并到角落里和他的精灵商量是否叫牌。另一方面,在不安全或低度协同的社会中,神、鬼和超自然的东西一律都是残忍的、可怕的。

1940年左右,我以一种非常不正式的方式和布鲁克林学院的一些学生探讨了这种关系。我设计了一份问卷,在一些学生中检验这种关系。我询问有正式宗教信仰的人一个问题:假设你一觉醒来,发觉上帝正以某种方式来到你的房间或正在注视着你,你会有什么样的感觉?有安全感的人倾向于回答感到慰藉和安全;而缺乏安全感的人则会感到恐惧。

往大一点来说,你可以发现在安全或不安全的社会中,情况也大抵如此。西方观念中复仇之神与仁爱之神的对立指出,西方的宗教文献是由一种你可以称之为安全和不安全的宗教混合构成的。在不安全社会中,拥有宗教权利的人通常会用其为自身谋取某种私利,我们可称之为自私的目的;而在安全社会(如在祖尼人的社会)中的宗教权利则会被用于求雨或祈求庄稼丰收,给整个社会带来好处。

这种心理意图和结果的对比,可以通过祈祷方式、领导风格、家庭关系、男女关系、性的表达方式,以及情感纽带、亲情、友情的风格等加以区分。如果你对这种差异有感觉,你就应该能够准确预测出你能在这两种社会中收获什么。我想再附加一件事,这对于我们西方思想来说会有些出人意料。高度协同的社会都有方法消除羞辱,低度协同的社会则无法这么做。在后一种社会中,生活是羞辱的、尴尬的、受伤的，并且必然如此。在本尼迪克特所说四种不安全的社会中，羞辱引发的怨恨持续存在，并由于某种原因从未断绝；然而在安全社会中，有方法可以结束你的羞辱，还清你的债务，从而让你得以解脱。

当今社会的高度协同与低度协同作用

现在，你一定意识到，我们自己的社会是一个混合协同的社会。我们既有高度协同的制度，也有低度协同的制度。

例如，在美国慈善事业中，高度协同作用广泛存在，这是在许多其他文化中完全没有的。我们的社会有一种非常慷慨的文化，并以一种非常美好、非常安全的方式表现出来。

另一方面，我们的社会中也显然存在一些制度让我们彼此对立，注定成为竞争对手，将我们置于一种不得不为有限的利益而争斗的境地。这就像是零和游戏，一方获胜，另一方必然失败。

也许我可以用一个简单常见的例子加以说明，如大学中常用的评分制度，特别是曲线评分系统。我曾遇到过这样的情况，让我很清楚被置于跟我的兄弟们对立的境地是什么感觉，他们受益就意味着我受到了伤害。假设我的名字是以 Z 开头的，成绩按照字母顺序开始，假设我们所有人的成绩中只能有六个 A。这然，我只能坐在那里，希望在我前面的人会得低分。每当有人得 A，都对我不利，因为这会降低我得 A 的概率。所以这种情况下很容易让人说出"我希望他成绩不及格"这样的话。

这种协同原理非常重要：它让比较社会学有了开辟一种超现实价值体系的诱人可能性，通过它，我们就能评价一种文化及其相关的一切事物；不仅因为它为乌托邦理论提供了科学基础，而且为其他领域更技术性的社会现象提供了科学基础。

在我看来，心理学家，尤其是社会心理学家大多还没有意识到，在一个连名字还没起好的领域内，正在发生伟大而重要的变革——这一领域我们暂且称之为组织理论或组织理论或工业社会心理学，又或者是企业、商业理论。大多数对这

人性能达到的境界

一领域感兴趣的人认为麦格雷戈（McGregor）的著作《企业的人性面》（*The Human Side of Enterprise*）是一部入门之作。我建议你们可以看看他所说的社会组织的Y理论，并将其作为高度协同的一个例子。它说明了无论是在商业中、在军队中，还是在大学中安排这种社会机构的可能性，在这样一种组织中，每个成员相互配合，就必然成为同事或队友，而不是对手。

在过去几年中我曾对这样的商业机构进行研究，我可以向你保证，至少在某种程度上它是高度协同的或安全的社会组织。我希望这些新型的心理学家能尝试应用本尼迪克特的概念，来仔细对比两种组织管理模式，一种是上述高度协同性的，另一种是信奉资源有限理论的，即"好的东西是有限的""我多得，你必然少得"。

我还想向您推荐一下利克特（Likert）的新作《管理的新模式》（*New Patterns of Management*），这本书对我们称之为工业组织管理协同作用的各个方面进行了广泛而细致的研究。在这本书中利克特甚至讨论了他所说的"影响力饼状图"，他试图阐释一个他认为难以理解的悖论，即优秀的工长、优秀的领导和在现实中影响力越高的人，实际上比其他人更容易放弃权力。你将如何解释你越放权，你就越有权这样的事实呢？利克特对这一悖论的处理十分耐人寻味，因为你会看到一种西方的思维在一个不太"西方"的概念中挣扎。

我想说，如果知识渊博的人不与协同的概念和平相处，那么今后就不可能构建乌托邦。在我看来，任何乌托邦或优心态社会（我认为这个名称更合适），都必须建立一种高度协同机制作为其基础之一。

个体的协同作用

自居作用。协同概念也可以应用在个体层面上，应用在两个人之间的人际关系上。我给了深深相爱的关系下了一个非常好的定义，把这种爱为"存在之爱"（见《存在心理学》）。爱的定义千姿百态，例如你的兴趣就是我的兴趣，或两个人的基本需要合二为一，你的脚上长了鸡眼我的脚也会不舒服，或你幸福我才会幸福等。大多数爱的定义都隐含着这种自居作用。但这也是高度协同的概念的一个很好的例子，即两个人通过某种方式安排他们之间的关系，形成一种一人受益另一人也受益的模式，而非一人受益另一人受损。

最近对美国和英国的低收入阶层的性生活和家庭生活方面的一些研究描述了他们所谓的剥削关系，这显然是一种低度协同关系。在这样的家庭里总是有很多问题，如谁当家、谁说了算、谁爱得更多，结论是爱得更多的人就会上当受骗或注定受到伤害，等等。所有这些都是低协同性的描述，暗示了好处是有限的，而不是无限充足的。

我认为"自居作用"这一概念不仅来自弗洛伊德和阿德勒，还有其他发起人站在这一新的基础上并将其发扬光大。也许我们可以将爱情定义为自我、个人和身份的延伸和扩展。我想当我们和孩子、妻子、丈夫，或是很亲近的人在一起的时候，都曾有过这种体验。特别是对于幼小无助的孩子，你宁愿夜里受凉咳嗽的是你，而不是你的孩子。孩子咳嗽比你自己咳嗽更让你难受。你更强壮，因此，如果咳嗽的那个人是你，情况就要好很多。很明显，这是两个实体之间心理层面的融合。我认为这是"自居概念"的另一个方面。

自私与无私二分法的融合。在这里我想跳过本尼迪克特。她似乎经常在谈论一个直线统一体，一个极性，一个自私和无私的二分法。对我而言显而易见的是，她分明暗示了一种对严格的二分法的超越，在格式塔的意义上创造了一种高级的统一，这似乎证明了二分法实际上是只不过还没有发展到足够程度的统一体。对于高度发展、精神健康、自我实现的人——随便你怎么称呼他们——来说，你会发现他们在某些方面是非常无私的，但在其他一些方面确实也很自私。那些能理解弗洛姆关于健康自私和不健康自私的研究，或阿德勒的社会责任感学说的人，会明白我的意思。在某种程度上，极性、二歧化和一方多得另一方就少得的假设，都将消失，它们将会彼此融合，形成一种单一的概念，一个我们现在还没有合适称谓的概念。从这个角度来看，高度协同可能代表了一种对二歧化的超越、将对立的事物融合成一个单一的概念。

认知和意指的整合。最后，我发现"协同"概念有助于理解人的精神动力学。有时这种作用是非常明显的，例如把人体内部的整合看作高度协同，而把普通病理学意义上的的精神分裂看作低度协同，就像一个撕裂和反抗自己的人。

人性能达到的境界

在各种针对动物和婴儿的自由选择的研究中，我认为可以借助协同学说进一步提高理论表述水平。我们可以说，这些实验证实了认知和意指存在协同作用或融合。在这种境况下，我们可以说，头脑和心灵、理性和非理性都说着相同的语言，这时我们的冲动把我们引向一个明智的方向。这也适用于坎农（Cannon）的体内平衡学说，他称之为躯体的"智慧"。

在某些情况下，特别焦虑、缺乏安全感的人倾向于认为他们想要的东西必然是对他们不利的。好吃的东西可能会让人发胖。明智的、正确的或应该做的事，很可能是你必须强迫自己去做的事。我们不得不强迫自己那样做，因为我们很多人中都有一个根深蒂固的想法，认为自己希望的、渴求的、喜爱的和好吃的东西，很可能是不明智的、不好的和不正确的。但是食欲实验和其他自由选择实验的结果则恰恰相反，我们更有可能享受对我们有益的东西，至少在相当好的条件下，相当好的选择者会这样做。

最后，我将以弗洛姆的一句令我印象深刻的话来结束我的论述："疾病本质上就是渴望得到对我们不利的东西。"

第十五节 规范社会心理学家的问题[①]

请注意，研讨会需要的是实用、实际的成果，而不是梦想、幻想或愿望。为了强调这一点，你们的论文中不仅要描述出你们认为的良好社会的特征，而且要详细阐述实现它的方法，比如政治体制。下一学年，这门课程的名称将改为"规范社会心理学"。这是为了强调本课程的实证主义态度。这意味着我们将从等级、百分比、证据的可靠性、需要补充的信息、必要的调查研究和可能的情况等方面展开讨论。

我们不会在二歧化、非黑即白、非此即彼、完美无缺、高不可攀和不可避免（没有什么是不可避免的）等方面浪费时间。我们假设改革是可能的，进步与改进也是可能的。但在未来某一时刻，为了实现一个完美的理想而必然取得某种进展，这几乎是不可能的，我们也不会浪费时间去讨论它（退化和灾难也是可能的）。通常情况下，仅仅反对某一事物是不够的，反对的同时还应该提出更好的替代方案。我们假定，对个人和整个社会进行改造，要采取整体性的办法。此外，我们假设两者的改变不必一前一后进行，例如先改变人后改变社会。我们假设它们可

[①] 1967年春季为布兰迪斯大学高年级学生和研究生开设了为期一个学期的研讨班，这一章是根据开班讲话的要点整理而成的。除了为阅读和论文任务提供假设、规则和问题的统一背景之外，我还希望这些提示能帮助研讨班的学生在实践和科学的领域中持续奋斗。

该研讨班的学习规划中指出："乌托邦社会心理学：面向心理学、社会学、哲学或其他社会科学专业的研究生之研讨会。讨论选定的乌托邦和优心态社会著作。研讨班将关注经验和现实的问题：人性允许建立的最好的社会是怎样的？社会能造就的最好人性是怎样的？哪些人性特征是被允许的和可行的？哪些不被允许且不可行？"

人性能达到的境界

以同时发生改变。

假设只有当我们对个人目标有了一定的认识时，规范性的社会思维才有可能存在，比如，先确定自己想要成为怎样的人，并以此为标准去判断社会的合理性。我进一步设想，美好社会，以及任何试图改善自身的社会的直接目标，是社会中所有个体的自我实现，或一些与此相近的目标或标准。（在存在的层面上超越自我——那些被认为拥有强大而自由的身份的人最有可能实现这一点，例如那些自我实现的人。这必然会涉及社会安排、教育等方面的考虑，这些都使超越得以实现）这里的问题是：我们是否对健康的、令人向往的、超越的或理想的人拥有值得信赖的、可靠的概念呢？而且，这一规范思想本身也是有争议的，是值得商榷的。如果我们连被改进的个体都不了解，怎么有可能去改善社会呢？

我认为我们还必须有一些关于自主社会需求的概念（这不依赖心灵内部，或个体的心理健康或成熟）。我认为，个人的改进不是社会问题切实可行的解决方案。即使是最优秀的个体，身处在不好的社会和制度环境下，也会做出不当的行为。人们可以建立一种社会制度，使人与人互相残杀；也可以营造一种社会环境，鼓励个体之间相互协作。也就是说，人们可以创造出一些社会条件，使一个人获益，另一个人也获益，而不是受损。这是一个基本假设，是值得讨论的，并应该是可以被验证的。

1. 规范是全世界的（对全人类而言）、国家的（拥有政治和军事主权）、亚文化的（在某一民族或国家的较小群体内），或家庭和个人的吗？ 我认为只要存在独立和主权的国家，就不可能有普遍的和平。鉴于现今世界上可能出现的那种战争（我认为只要有国家统治权存在，这就是不可避免的），任何规范社会哲学家都认为，从长远来看必须限制国家主权，就像世界联邦党人所提倡的那样。我认为规范社会思想家始终都在自发地为实现这一目标而奋斗。可是一旦假设成真，那么接下来的问题就是如何改善现存的国家民族状况并进行细分，就像美国国内各州之间的划分，或者对犹太人、华人等美国亚文化群体的划分一样。最后，还有在单个家庭中创造出幸福美满的环境的问题。这个问题甚至不会排除单个的人如何使自己的生活和自己的环境变得更为美好的问题。我假设所有这些都有可能同时发生，它们在理论上和实践上并不相互排斥。（我建议以我在《优良态管理》

中提到的"社会改良论：渐进革命理论"为讨论的基础。）

2. 精选或非精选的社会。关于我对"优良心态"文概念的阐述，请参阅《动机与人格》，也可以参阅拙作《优良心态，美好社会》，该文发表在《人本主义心理学杂志》，我的《优心态文化管理》中也有章节可供参考。我对优心态文化的定义是一种精选的亚文化，它仅由心理健康的、成熟的或自我实现的人及其家庭组成。在乌托邦学说的历史上，这个问题有时被正视，有时被忽略。我认为这总是需要有意识地做出决定。在你们的论文中必须详细阐明你们所讨论的是未经选择的整个人类物种还是经过筛选的、有特定入选条件的小群体。如果你选择了一个乌托邦式的群体，你就必须解决驱逐还是同化个别破坏者的问题。一旦个体被选中或出现在于某一社会中，那么他们是否要一直待在这一社会中呢？或者你是否认为需要制定一些诸如流放、监禁之类的规定，对犯罪、作恶者等实施处罚？（根据你们对精神病理学、心理治疗学、社会病理学等方面的知识基础，以及对乌托邦尝试历史的了解，我认为你们应该知道任何非精选的群体都可能受到病态或不成熟个体的破坏。但是，由于我们的选择技术还远不成熟，我的观点是那些想要尝试成为乌托邦或优心态社群的群体，必须能够驱逐那些不遵守筛选规则的反乌托邦个体。）

3. 多元化。承认并利用体质与性格中的个体差异。在很多乌托邦中，所有的人似乎都是一样的，是可以相互替换的。我们必须接受这一事实，即个体之间的智力、性格、体质等方面存在差异。对个性、特质或个人自由的许可，必须明确要考虑到个体差异的范围。在幻想的乌托邦中，没有弱智、疯子，没有老年人等特殊人群。此外，就我们对人类本性变化范围的实际了解而言，一些隐蔽的内在规范已显得过于狭隘。各式各样的人怎么可能都适用同一套规则或法律呢？你是否愿意认可一种广泛的多元化，例如，衣服鞋子的风格和款式等？在美国，人们在食物的选择有很大空间，但在服装款式方面的选择余地却十分有限。例如，傅立叶（Fourier）将他的整个乌托邦计划建立在充分接受各种宪法差异的基础上。而柏拉图的理想国只考虑三种人。那么，你的乌托邦中需要多少种？存在一个没有特例的社会吗？自我实现的概念是否使这个问题过时了？如果你能接受最广泛的个体差异与性格和才能的多元性，那么，这个社会实际上就能接受大部分

人性能达到的境界

（或全部）人性特征。自我实现实际上意味着对特质或另类的认可吗？这是多大程度上的认可？

4. 支持工业还是反工业？ 支持科学还是反科学？支持知识还是反知识？许多乌托邦都是梭罗式的、田园化的、以农业为本的（如博尔索迪的生活学校）。很多乌托邦式的群体远离并反对城市、机械、货币经济、劳动分工等。你同意这样的观点吗？发展分散化、田园式的工业有多大可能？如何实现道家提倡的与周围环境的和谐相处？建立花园城市或花园工厂吗？抑或住所就在附近，不用通勤奔波？现代技术一定要奴役人类吗？世界各地必然会有一小部分人回归农业生产，当然这对于小群体而言是可行的，但这对全人类是否可行呢？但是也有些社区是刻意围绕着制造业建立的，而不是农业和手工业。

在反技术、反城市的哲学中，有时候会出现一种隐藏的反智主义、反科学、反抽象的思想。在有些人看来这些都是使基本的具体存在世俗化，并与之脱节，是没有血性的、与美丽和情感对立的、不自然的，等等。

5. 中央集权的社会、计划社会主义社会或权力分散的无政府主义社会。 计划在多大程度上是可行的？计划必须要顶层设计吗？它必须是强制性的吗？大多数知识分子对哲学无政府主义知之甚少或一无所知（此处我建议参阅《马纳斯》）。马纳斯哲学（Manas philosophy）的一个基本层面是哲学无政府主义。它强调权力下放，而不是中央集权，强调地方自治、个人责任，不信任任何类型的大型组织机构、任何形式的权力集中。它不相信武力是解决社会问题的方法。它与自然和现实等的关系是生态的和道家式的。在一个团体中需要怎样的等级制度，例如在基布兹公社（以色列的集体农场）、弗洛姆式工厂，又或是某个集体共有的农场或工厂中，等等？命令是必要的吗？凌驾于他人之上的权力、执行多数人意志的权力、惩罚他人的权呢？这些也都是必要的吗？科学界可以被视为一个无领导的优心态主义"亚文化"的例子，它是非集权的、基于自愿的，但又是合作的、富有成效的，并有强大有效的道德准则（在起作用）。这可以与锡南浓亚文化（高组织化，等级层次分明）形成对比。

6. 邪恶行为的问题。 在许多乌托邦中，这个问题根本不存在。人们要么希望它消失，要么忽视它。这里没有监狱，没有人会受惩罚，没有人会伤害其他人，没有犯罪,等等。我接受这样一个假设,就是必须有意识地面对和管理不良行为、心理病态的行为、恶行、暴行、嫉妒、贪婪、剥削、懒惰、罪恶、怨恨等问题。大卫·利连索尔(Devid Lilienthal)曾说:"如果相信某处有某种事物可以消除冲突、斗争、愚蠢、贪婪、个人的嫉妒,那将是通向绝望和屈服的捷径。"有关罪恶的问题必须从个人心理和社会安排两方面予以解决,比如心理层面和社会层面(这也包括历史层面)。

7. 不切实际的完美主义的危险。我认为完美主义,也就是寻求理想和完美的解决方案的思维方式是危险的。乌托邦的历史上显示出很多这样的不切实际、遥不可及、非人性的幻想。(例如,让我们都彼此相爱,让人们都平等地分享一切,所有人在各方面都受到平等对待,任何人都不能凌驾于他人之上,使用武力永远都是邪恶的,"没有坏人,只有得不到爱的人"。)一个常见的结果是,完美主义或不现实的期望导致不可避免的失败,导致幻灭、冷漠、沮丧,或对所有理想和所有规范的强烈的敌对情绪。也就是说,完美主义往往(甚至全是)倾向于导致对规范性希望的强烈抵制。当完美被证明是不可能的时候,改进也往往被认为是不可能的。

8. 如何处理侵犯、敌意、战斗、冲突?这些行为能被消除吗?攻击性和敌意从某种意义上说是本能吗?哪些社会制度会助长冲突?哪些会弱化冲突?假设战争在一个分裂成主权国家的人类物种中是不可避免的,那么在一个统一的世界中,武力是否可以被认为不再需要了呢?这样的世界中,政府会需要警察或军队吗?(为了更好地讨论,我建议参阅我写的《动机与人格》的第十章"破坏性是类本能的吗?"和本书的附录四)我得出的一般结论是:在精神分析领域,侵略、敌对、争吵、冲突、残忍、虐待肯定都是广泛存在的,甚至是随处可见的,即使在幻想中、在梦境中也都存在。我认为攻击性行为作为一种现实或一种可能,在每个人身上都会发生。当我看到某人完全不反抗,我倾向于怀疑他存在压抑、压制或者自我控制。我认为当一个人从心理不成熟或神经质(施虐、残忍或刻薄的行为是攻击性不发达、神经质或不成熟的人的表现)走向自我实现或成熟的时候,其攻击性的性质会有非常显著的改变。当这样的个体走向成熟和自由时,这种攻击性行为的性质将转变为反抗性的或正直的愤怒,转变为自我肯定,反抗剥削和

人性能达到的境界

统治、对正义的热情,等等。

我还认为成功心理治疗会从第二个方向改变攻击性的性质,也就是说,将残忍转变为健康的自我肯定。此外,我也认为攻击性语言的增加能使实际的攻击性行为减少。我认为社会制度可以考虑建立在这样的基础上,即使任何性质的攻击性更可能发生或者更不可能发生。我认为年轻男性比年轻女性更需要一些发泄暴力的途径。有没有一些方法或者技巧能教会年轻人如何明智地、以一种令人满意的方式,同时又不伤害他人的方式来处理和表达他们的攻击性呢?

9. 生活应当简单到何种程度? 如何以一种理想的方式限制生活的复杂性?

10. 社会能允许个人、孩子、家庭保留多少隐私? 一个人可被允许参加多少家庭聚会、社区活动、联谊活动、社交活动、社区生活?又有多少隐私可以不被干涉和打扰?

11. 社会的宽容度如何?每件事情都会得到原谅吗?什么是不能容忍的?什么是必须受到惩罚的? 一个社会对愚蠢、虚伪、残忍、精神变态、犯罪行为等的宽容能达到什么程度?必须建立的社会保障,例如对智力缺陷、衰老、无知、残疾等,应当达到什么程度呢?这也是非常重要的问题,因为它提出了一个过度保护的问题,这种过度保护可能会对不需要保护的人造成妨碍,也有可能导致对自由的思想、讨论、实验、偏好等的阻碍。它也提出无菌环境的危险性问题,乌托邦作家们大都倾向于以某种方式清除所有危险和所有邪恶。

12. 可以接受公众怎样的口味?对于你不认同的事物有多高的容忍度?能在多大程度上容忍堕落、诋毁价值和"低级趣味"?又能在多大程度上容忍吸毒、酗酒、滥用药品、吸烟呢?人们对于电视、电影、报纸的品位又是怎样的? 据称这是公众的需求,统计数据似乎也支持这一说法。你会在多大程度上干扰对公众需求的统计呢?你是否打算平等地投票给优秀者、天才,有才干的、有创造力的、有能力的人,乃至意志薄弱的人呢?你怎么看英国广播公司(BBC),它应该总是说教吗?它在多大程度上反映了尼尔森评级?对于不同类型的人应该设置三个频道,还是五个频道?电影、电视节目等是否有责任教育公众和提高公众的品位?这应该是谁的责任?或者这不关任何人的事?举例来说,对同性恋、鸡奸者、裸露狂、虐待狂、受虐狂,我们应当做些什么呢?我们能允许同性恋者养育孩子吗?

假如一对同性恋在完全私密的空间进行他们的性生活，社会还需要对此进行干涉吗？假如一个虐待狂与一个受虐狂在私下里满足彼此，这属于公共事务吗？能够允许他们堂而皇之地彼此告白吗？应该允许异装癖者进行公开展示吗？暴露狂应该受到惩罚、限制或监禁吗？

13. 关于领导者（及其追随者）、有能力者、优秀者、强壮者、老板、企业家的问题。人们是否有可能做到全心全意地钦佩和爱戴那些比我们"高"的人呢？是否会是又爱又恨呢？如何保护他们免遭妒忌、怨恨和"恶眼相看"呢？如果所有的新生儿都能得到完全平等的机会，那么在他们的一生中，所有在能力、才干、智力、力量等方面的个体差异就会显现出来，应该如何应对这种局面呢？对于那些更有天赋、更有用、更多产出的人，是否应该给予更多奖励、更多报酬、更多特权呢？"幕后操纵者"的想法在哪里起作用呢？比如，付给位高权重者的钱比付给其他人的更少，而他们得到的报酬可能并不是金钱，而是需求的满足，例如，允许其自由、自主和自我实现？对于像领袖、首领这样的人来说，如何兑现安于贫穷、保持节操（或者至少是过简单的生活）的誓言呢？企业家、有更高成就需求的人、组织者、创始者、对管理有兴趣的人、愿意领头、善用权力的人，可以享受多少自由呢？如何赢得自愿的服从？什么人来回收垃圾？强者和弱者之间如何相处？能力强者怎样与能力较差者相处？掌权者（警察、法官、立法者、父亲、队长等）如何获得爱戴、尊敬和感激呢？

14. 是否能得到永恒的满足？可能得到即刻的满足吗？ 我建议参阅本书第十八节"关于低级怨言、高级怨言和超级怨言"之内容作为讨论的基础，也可以参阅科林·威尔逊（Colin Willson）撰写的关于他称之为"圣·尼奥特边缘"（St. Neot margin）的诸多论著，还可以参阅《人的工作和本性》（*Work and the Nature of Man*）。可以这样认为，满足对于几乎所有的人来说都是一种暂时的状态，这与社会条件无关，因此寻求永恒的满足是毫无价值的。将天堂、涅槃等观念与从财富、休闲、退休等所带来的预期收益相比，就可以发现：解决"低级"问题带来的满足感远不如解决"高级"问题和"高级"抱怨带来的满足感那么多。

15. 男性和女性之间应如何彼此适应、彼此欣赏、彼此尊重？ 大多数乌托邦是由男性书写的。女性对于理想社会是否会有不同看法呢？大多数理想主义者也同时是父权主义者，不是公开的就是隐蔽的。不管怎样，纵观历史，女性在智力、执行能力、创造能力等方面都被认为是逊于男性的。现在，至少是在发达国家中，女性已经获得解放，她们也有可能自我实现，这将如何改变男女之间的关系呢？男性必须发生什么样的改变，才能适应这样的新女性呢？是否能够超越简单的支配与从属的等级关系呢？在自我实现的男性和女性之间的优心态主义的婚姻是怎样的呢？女性在优心态社会中应当发挥什么样的作用，承担什么样的责任，从事什么样的工作呢？他们的性生活将会发生怎样的变化呢？应当如何定义女性气质和男性气质呢？

16. 制度化的宗教、个人化的宗教、"精神生活"、价值生活、超物化生活等问题。 所有已知的文化都拥有某种形式的宗教，而且一直以来都是如此。非宗教的、人文主义的或非制度化的个人宗教第一次成为可能。在优心态文化或某一小型优心态社区中，会存在何种宗教、精神或价值生活呢？如果宗教团体、宗教机构、历史宗教持续存在，它们会发生什么样的变化呢？和过去相比，它们会有哪些不同呢？应当如何培养和教育孩子，使他们走向自我实现和超越那些价值生活（精神、宗教等），发展为心态文化中优秀的一员呢？我们能否从其他文化、民族学文献以及高度协同文化中学习呢？

17. 亲密团体、家庭、兄弟关系、兄弟会、伙伴等关系的问题。 人们似乎需要一种根深蒂固的归属感，需要在群体中面对面自由地表达喜爱和亲密之情。很明显，这种群体的人数很少，必然不能超过五十或一百人。

在任何情况下，数以百万计的人之间不可能存在亲密感情。因此，任何社会必须以"某种亲密的群体"为起点，自下而上地组织起来。在我们现代社会中，这是指由血缘维系的家（至少在城市中是如此），也有宗教教友会、妇女联合会、兄弟会。训练小组和遭遇小组练习坦率、反馈、坦诚相待、努力寻求友谊、表情达意和亲密关系。有可能让类似的事情习惯化吗？工业社会往往是高流动性的，即人员的流动性很大。这是否必然会切断某人的根基或与其他人的联系呢？或者这样的团体必须是跨越两代人的吗？或者他们可以是同一辈的人？儿童和青少年似乎是不能完全自治的（除非专门培养他们）。是否有可能让一些未成年的同龄人群按照他们自己的价值观生活，也就是说在没有父亲、母亲或没有长辈指导的情况下生活？

问题：有可能存在没有性行为的亲密关系吗？

18. 有效的帮助者，有害的帮助者；有效的非帮助者（道家式的不干涉），菩萨。假设在任何社会中，强者都希望去帮助弱者，或在任何情况下都必须这样做，那么什么才是帮助他人（那些更弱小、更贫穷、能力较差、不太聪明的人）的最佳途径呢？什么是帮助他们变得更加强大的最好方法？如果你是强者或长者，那么怎么做才是明智的，不至于越俎代庖呢？如果你是富人，你将如何帮助那些穷人呢？富国应该如何帮助穷国？为了便于讨论，我暂且对"菩萨"这样定义：（1）愿意帮助他人；（2）当他成为更成熟、更健康、更完整的人时，他会是一个更好的提供帮助者；（3）他知道何时应当采取道家式的不干涉的方法，即不给予帮助；（4）他愿意随时为他人提供帮助，但该帮助是否被接受会尊重他人的意愿；（5）他认为帮助他人是实现自我成长的好方法。这就是说，如果一个人想要帮助他人，那么达到这一目标最为可取的方法就是自己先成为一个更好的人。

问题：一个社会能同化多少不提供帮助的人，即那些寻求个人救赎的人、隐士、虔诚的乞讨者、洞穴中的冥想者、回避社会独善其身者，等等？

19. 性与爱的制度化。我猜想先进社会的发展方向会是，性生活几乎开始于青春期，没有婚姻或其他索求及牵绊。在一些"原始"社会中有类似的情况发生。也就是说，婚前的全面滥交和婚后的一夫一妻制，或接近一夫一妻制。在这些社会中由于性是可以自由获得的，因此婚姻伴侣的选择不是出于性，而是出于个人品位和文化，例如，为了养育孩子，为了经济分工，等等。这是一个合理的猜想吗？这意味着什么呢？性冲动和性需求方面存在很大的差异，尤其是对于女性而言（在美国文化中），认为每个人都有同样强烈的性欲是不明智的。在一个良好的社会中，如何接受人们在性欲方面的广泛差异呢？

如今在世界的很多地方，包括一些乌托邦式的社区中，性、爱、家庭习俗现在出现了非常快速的转变，例如，团体乱交、群体婚姻、"交换俱乐部"、非法婚姻，等等——可参看罗伯特·李默（Robert Rimmer）的小说。现在人们已经提出多种解决方案并已付诸实践。这些"实验"的数据目前还不得而知，但总有一天它们会被认真对待。

20. 最佳领导人的选择问题。在我们社会中，有很多群体，例如，青少年，他们往往喜欢坏的而不是好的领导人。也就是说，他们会选择那些将引领他们走向毁灭和失败的人——失败者而不是胜利者——偏执的人、精神变态的人、健忘的人。任何优秀的社会想要发展必须能够选择优秀的领导者，即那些实际上最适合工作需求、确有才华和能力的个体。如何才能提高选择的水平？什么样的政治结构更能将一个偏执狂推上权力的宝座？什么样的政治结构能减少或阻止这种情况发生？

21. 什么样的社会环境最有利于人性发展为完满人性？这是一个人格文化研究的规范性表述。社会精神病学的新文献、精神卫生和社会卫生运动的新文献、还有正在实验的各种形式的团体治疗，如优心态主义教育团体（如伊沙兰学院），都与此有关。由此带来的问题是，如何使中学、大学和一般教育课堂更倾向于优心态化，然后再扩展到每个社会机构。优心态管理（或Y理论管理）是这种规范社会心理学的一个范例。在这一理论体系中，被定义为"好"的社会制度帮助人们实现更完满的人性，而被定义为"坏"的或者"会导致心理疾病"的制度会削弱人性。毫无疑问，社会病理学和个人病理学也要从这一角度进行探讨，就如同从其他角度探讨一样。

22. 健康促进组织本身能成为自我实现的途径吗？（可参阅优心态工厂、锡南浓、理念村等相关资料）有些人认为个人利益必然与集体利益、机构利益、组织利益、社会利益甚至文明本身相对立。宗教的历史显示，那些依据各自得到的启示起来反抗教会的神秘主义者之间存在着某种分裂。教会能促进个人发展吗？学校和工厂呢？

23. "理想主义"是如何与"实用主义""唯物主义"以及"现实主义"产生联系的？我认为低级的基本需要要优先于高级需求，而较高的需要又优先于超越性需要（内在价值）。这意味着唯物主义优于"理想主义"，但它们又是同时存在的，是心理现实，任何优良心态主义或乌托邦思想必须加以考虑。

24. 很多乌托邦被设想为一个完全由理智、健康和富有成效的公民组成的世界。即使社会最初只选择这样的个体，但其中有些人还是会生病、衰老、虚弱或丧失能力。那么谁来照顾他们呢？

第五章 社　会

25. 我认为社会不公正的消除会导致"生物学不公正"的显现，即基因、产前和出生的不平等被凸显出来。 例如，一个孩子生下来有一个健康的心脏，而另一个孩子生下来就有一个不健康的心脏——这当然是不公平的。一个人比另一个人更有才华或更聪明、更强壮、更美丽，也是不公平的。生物学上的不公平可能比社会的不公平更难以忍受，因为社会上的不公平更有可能找到托词。一个良好的社会对此能做些什么呢？

26. 无知、错误信息、隐瞒真相、审查、盲目性是社会或其组成部分所必需的吗？某些真理是留给统治集团的吗？ 无论仁慈与否，独裁似乎都需要掩盖某些真相。例如，对于年轻人而言，什么样的真理是危险的？杰弗逊式的民主政治需要完全了解真相。

27. 许多现实的和幻想的乌托邦都有赖于一位智慧的、仁慈的、精明的、强大的、卓有成效的领袖，一位哲学家国王。但这样的人是有指望存在的吗？——可参阅斯金纳（Skinner）的小说《沃尔登第二》（*Walden Two*）中的弗雷泽（Frazier）。谁能挑选出这样的领袖？谁能保证领导权不会落入暴君之手？这样的担保是否可行？当优秀领袖去世时将会出现什么状况？对于每一个个体、每一个群龙无首的团体而言，无人领导、权力分散的状态能否长久持续下去？

28. 无论过去还是现在，至少一些成功的乌托邦社区，例如，布鲁德霍夫（Bruderhof）共识社区已经在文化中建立了坦诚的机制，可以私下与公开的忏悔、相互讨论、以诚相待、真实和反馈。 如今，锡南浓的感受能力训练小组（"遭遇"小组）和优心态（Y理论）工厂或企业中的锡南浓式的团体，以及各种类型的治疗小组等都是如此。请参看《伊莎兰手册》《隧道背后：锡南浓》，我写的《优良心态管理》《吃柠檬食者》以及已出版的《应用行为科学杂志》和《人本主义心理学杂志》的最后几页等。

29. 如何将热情与怀疑现实主义结合起来？ 如何将神秘主义与良好的实践和现实检验相结合？如何将理想主义的、完美的以及由此产生的无法企及的目标（但这一目标可以用来指引方向）与宽容地接受不可避免的方法缺陷结合起来？

第十六节 锡南浓和优良心态文化①

首先,为了不引起误解,我必须承认自己一直过着一种非常闭塞的生活。我对这里正在发生的一切几乎一无所知,我到这里来的原因是想从另一个角度看看不像我这么闭塞的人是如何生活的。我想知道我能学到些什么。我能对你们有用也正是因为我无知。对你们而言,某个人正在观察你们习以为常的事情,他或许能注意到一些仅仅是因为你们太过熟悉而忽略的东西。也许我能给予的帮助只是简单地告诉你们,我对这些事物做出的反应,以及我能感觉到一些问题。

我是一名从事理论研究的心理学家。我过去曾经从事过临床心理治疗,但是那时的情况和这里极为不同,使用不同的方法,面对不同的人群——比如大学生和特权人物。我花了一辈子时间学习小心谨慎地待人,温文尔雅,就像他们是脆弱的瓷器一样易碎。第一件让我感兴趣的事情是在这里发生的,有证据显示,也许我过去的态度完全是错误的。我所读到过的关于锡南浓的知识,以及我昨晚和今天下午的亲眼所见,都表明把人看成脆弱的茶杯那样有可能出现裂纹或断裂,以及你不能对任何人大声说话,因为这可能会伤害他;或认为如果你朝别人大吼他们就会大哭、崩溃、自杀或发疯——也许这些想法早已过时了。

你们的团体的看法与我的这些想法则完全相反,你们认为人是非常顽强的而不是脆弱的。人们的承受力极强。最好的方法是直截了当地纠正他们,而不是转

---

① 这篇文章原为 1965 年 8 月 14 日马斯洛在纽约州斯塔滕岛戴托普村所做的一次演讲,讲稿由亚瑟·沃默斯(Arthur Warmoth)编辑发表。锡南浓是一个由成功戒毒者经营的社区,吸毒成瘾者到这里来寻求治疗。

第五章　社　会

弯抹角地、委婉地或试图从身后包抄式地纠正，应该立即直击要害问题。我建议称这种方法为"无废话疗法"。它的作用就是清除世界上的防御、掩饰作用、借口和世俗的礼貌。你可能会说这个世界是半盲的，而我在这里看到的是视力的恢复。在这些团体中，人们拒绝接受常用的面具。他们将面具扯下来扔到一边，并拒绝采取任何形式的废话、借口或遁词。

好吧，我一口气提出了很多问题，并且也被告知这一设想目前运作良好。有人曾经自杀或出过什么精神问题吗？没有。有人在这种粗暴对待下发疯了吗？有。昨晚我亲眼见证了这一点。这是一种非常直率的谈话，并且效果很好。这与我一生所受的训练相矛盾，对于我这样致力于发现人类普遍本性的理论心理学家来说，这是极为重要的。它提出了一个关于整个人类本性的现实问题。人到底能有多坚强？他们到底能有多大的承受力？一个关键的问题是人们能承受多少诚实？这对他们有什么好处吗？又有什么坏处？我想起 T.S. 艾略特（T. S. Eliot）说过的一句话："人类无法承受太多的现实。"他认为人不能直接承受现实。然而，你们在这里的经验表明，人不仅能承受诚实，而且它可能非常有用，治疗效果非常显著。它可能让事物更快地运转，即使诚实会对你造成伤害。

我有一个朋友对锡南浓非常感兴趣。我曾听他说过，一个吸毒成瘾的人在接受过这样的治疗后，生命中第一次体验到真正的亲密关系、真正的友谊、真正的尊重。这也是这位吸毒成瘾者第一次经历诚实和坦率，一生中第一次感觉到他能做他自己，而也不会因此毙命。这是非常令人愉快的：他越是保持自己的本性，人们越是喜欢他。他说了一些对我触动很大的话。他想到了一个自己非常喜欢的朋友，他觉得这位朋友也能从这样的生活中受益。他还说了一些听起来很疯狂的事情："可惜他不是个瘾君子，否则他就能来这个美妙的地方了。"从某种意义上说，这里是一个小乌托邦、一个世外桃源，在这里你能得到真正的坦率、真正的诚实和诚实中隐含的尊重，以及作为一个真正的团队一起工作的体验。

在此我又有了另一个想法：难道这不正是良好社会的某些要素吗？不正是将疯狂排除在外了吗？多年前，我对北方黑脚印第安人做过一些研究。他们是非常好的人。我对他们非常感兴趣，和他们在一起生活了一段时间，并逐渐开始了解他们。然而，我有一个有趣的体验。当我进入保留地的时候，我有这样一种印象：

人性能达到的境界

这些印第安人就像被摆在架子上的蝴蝶标本一样。后来，我慢慢地改变了我的想法。那些生活在保留地的印第安人是非常体面的人；但对村里的白人了解越多，我就越感到困惑，因为他们是我见过的讨厌的一群浑蛋。收容所在哪里？谁是看守，谁是被收容者？在这个小而美的社会中，一切都被搞混了。这不像是在创建拐杖，而像是在创建一个沙漠中的绿洲。

我们午餐时的对话让我又有了一个想法。我们提出了一个基本问题，那就是：人的普遍需要究竟是什么？在我看来，有大量证据表明，人类最基本需要只有几种而已，并不十分复杂。第一，他们需要被保护感和安全感，在他们年幼时需要得到照顾，这会让他们有安全感。第二，他们需要归属感，比如属于某个家庭、部族、团体或者他们感觉自己应该属于并且有权属于的群体。第三，他们必须拥有他人对自己的情感，觉得他们是值得被爱的。第四，他们必须得到尊重和尊敬。大体就是这样的。你还可以谈论心理健康、成熟和坚强、成长和创造，这些大都是心理医学的结果——如同我们日常摄入维生素一样。

如果事实真是如此，现在，大多数美国大众都患有这种维生素缺乏症。虽然人们用各种精心编织的花招来掩盖真相，但事实是，一般的美国公民在这个世界上没有一个真正的朋友。只有很少的人拥有心理学家所说的真正的友谊。从理想的意义上说，婚姻也大都不美满。你可以讨论我们所面临的各种公开的难题——无法抵制酗酒，无法抵制吸毒，无法阻止犯罪，无法抵制任何坏事——而这一切都是由于缺乏这些基本的心理满足造成的。问题在于，戴托普村是否能提供这些心理维生素呢？当我今天早晨围绕村庄漫步时，我产生了这样一个印象：它是可以提供的。请记住这些基本需要：首先，安全感，没有焦虑，没有恐惧；其次，归属感，你必须归属于一个群体；再次，情感，你必须拥有喜欢你的人；最后，尊重，你必须得到他人的尊重。戴托普之所以有效，难道不正是因为它提供了这样一个可以满足这些需求的环境吗？

有很多印象和想法涌上我的心头。我曾经提出过成百上千个问题，尝试成百上千种想法，但这似乎都只是这个问题的一部分。让我这么说吧：你是否认为这种坦率的诚实，这种有时听起来近乎残酷的直言不讳，为安全、情感和尊重奠定了基础？它让人觉得心痛，而且也必然会造成伤害。你们每个人都有过这样的经历。你认为这是一个好主意吗？刚才，这里有一个事先约好会面，借机旁听了一下。那真是剑拔弩张，毫无亲切可言，非常坦率、非常直接、非常生硬。那么，你认为这样的方式会对你起作用吗？我非常想要听到这个问题的答案。另一个问题是，这种每个人都聚集在一起，所有的事情都由团体进行关照的特殊群体是否也能提供一种归属感呢？你们以前是否曾经缺失过这种情感的呢？这种近乎残忍的诚实，不是一种侮辱，而是一种尊重。你可以相信你所看见的一切，因为事实本来的面目正是如此。这是尊重和友谊的基础。

记得很久以前，我曾听一位分析师谈到过这种诚实，那时还没有团体治疗。当时他所说的话听起来似乎很愚蠢，好像这是件非常残忍的事情。他说："我把治疗的重点放在让病人承受最大的焦虑负荷上。"你知道那意味着什么吗？他给予患者的治疗就是让他们尽量多地承担这样的负荷，因为病人承担得越多，他们发泄得就会越多，疗程进展得就越快。从戴托普的经验来看，它似乎并不那么愚蠢了。

这就引出了一种教育理念，可以把戴托普当作一个教育机构。它是一个绿洲、一个小型的良好社会，它所提供的东西是所有社会都应该提供但并未提供的。从长远来看，戴托普提出了一个教育和社会文化如何利用教育的问题。教育并不仅仅意味着书籍和文字。戴托普的课程是一种更广义的学习，即教导人们如何成为一名优秀的成人。[①]

关于戴托普和自我实现理论。原则上，每个人都能达到自我实现。如果每个人都未能达到，那一定是因为发生了什么事情打乱了这一过程。在这里需要添加的数据资料已经超出了我既往的认知，对成熟、责任和美好生活的追求是如此有力，以至于可以承受你们所提供的所有这些粗暴的东西。至少对某些人来说是这样的。这些人必须在这里努力克服痛苦、尴尬等等；我能感觉到，人们对自我实现的需求远比想象中的更为强烈。当然，这里的人是能够承受这种痛苦的人。不能承受这一切的人又将如何呢？有多少人因为过于痛苦而拒绝了这样的诚实呢？

---

① 编者注：此处开始了一场讨论，在马斯洛博士和戴托普居民之间有了一次生动的互动。不幸的是，居民们很多有趣的言论没能录在磁带上。所以这段转录文字中只记录下了马斯洛博士的观点，但博士的发言本身就是广泛而完备的，没有上下文的语境也不难理解。

人性能达到的境界

关于责任感的提高。看起来培养成人的一种方法是赋予他们责任，相信他们是能够承担责任的，并让他们为此奋斗、流汗。让他们自己解决问题，而不是过度保护他们、纵容他们，或为他们包办代替。当然，另一种方法是完全忽视他们，但这就是另外一个问题了。据我了解，这里发生的正是这种意义上的责任感的提高。你从任何人那里都听不到一句废话，假如你必须做某事，那你就不得不去做。在这里似乎找不到任何借口。

我可以举一个黑脚印第安人的例子说明我的意思。他们是一些性格坚强、有自尊心的人，而且他们是最勇敢的战士。他们都是硬汉，敢于承担责任。如果你仔细观察他们是如何发展成这样的，我认为这是因为他们懂得尊重他们自己的孩子。我可以给你们举几个例子。我记得有一个蹒跚学步的小婴儿，他试图打开通向小屋的门，但是他打不开。这扇门又大又沉，他不停地推来推去。当然，要是美国人就会走过来帮他打开这扇门。而黑脚印第安人可以坐在那里半个小时看着孩子使劲推门，直到他自己把门打开。这个孩子满头大汗、气喘吁吁，而这时每个人都会称赞他，因为他自己完成了任务。我想说的是黑脚印第安人比美国的观察者更尊重这个孩子。

另一个例子是关于一个我很喜欢的小男孩泰迪。他七八岁，通过近距离观察我发现，在黑脚印第安人的眼里他是一个有钱的小孩。他名下有几匹马和几头牛，并且他还拥有一捆价值不菲的药材。有一个成人找到他，想要买走这些药材——孩子最贵重的财产。我从他父亲那里得知，当小泰迪知道这个消息后做了些什么——请记住他只是一个七八岁大的孩子——他走进旷野中独自沉思。他外出了两三天，在野外露营，自己思考。他没有向他的父亲或母亲征求意见，他们也没有给他任何建议。他回来时便宣布了他的决定。我能想象同样的情况下，我们普通美国人会对一个七八岁的孩子做些什么。

关于新的社会疗法。这是一个可能会成为你职业兴趣的想法。现在有一种新的工作出现在你们面前，那就是行动主义者从事的工作，它更需要实际经验而不是书本上的培训。这是一种老式牧师和教师的结合。你必须关注人本身；你必须喜欢直接与他们合作，而不是与他们保持距离；你必须对人性有尽可能多的了解。我建议把这种工作称作"社会疗法"。而这似乎是在近一两年内逐渐发展起来的。

第五章　社　会

在这方面工作最出色的人不是那些得到博士学位或类似的人，而是一些曾经深入街头，完全依靠他们自己的能力掌握这些方法的人。举例来说，他们知道什么时候应该全力以赴，什么时候应该放松。

美国三分之一的人口、世界其他地方98%的人口可以说是"无特权"的人。在这些人群中有很多工作要做，比如教会文盲阅读，运用精神疗法帮助人们变得成熟并勇于承担责任等，但就目前而言，这种工作已经出现了非常明显的人员短缺。事实证明，一般的学术培训可能对一些人有所帮助，但这还是不够的。现今，这些工作中的很大一部分正被推到了社会工作者手中；而普通的社会工作者，就我对他们所受的训练的了解，通常他们并不知道应该如何去做，也就是说缺乏实际的经验。因此，在所有这些新的机构中，最好至少让一部分通过获得经验（而不是教育）而变得熟练的人担任管理工作。而戴托普令人感兴趣的事情之一就在于，它是由经历过实际考验的人管理的。这里的人知道如何与处境相同的人谈话。这是一份工作，也可能会成为一个新的职业。

关于当前的社会革命。我可以用半个小时的时间来举例说明这一革命目前的情况。所有的教会都正在发生变化，宗教也在变化，一场革命正在发生。有些地方的发展速度要比其他地方更快一些；但是它们都在朝着相同的优心态主义方向发展，也就是朝着更完满的人性方向发展。这是让人们强大、富有创造性和快乐的方向，也是心理和身体健康的方向。我们可以谈谈优心态宗教以及它的发生。我曾写过一本名为《优良心态管理》（*Eupsychian Management*）的书，里面讨论了工作环境、职责、工厂等问题。在那里这些领域也正在进行一场革命。在有些地方整个工作环境的设置是有利于人性的发展的，而不是有害的。这些规程能使人性得到发展而不是被削弱。

有些书籍、文章和调查研究也以同样的方式在探讨婚姻、爱情和性。它们都指向某种理想，告诉我们前进的方向，使人类尽可能高达，让人性尽可能充分发展，最终实现完满。

现在，实际情况是大多数社会依旧是死气沉沉的。但是，也存在一些增长点，它们出现在一些不同的地方，你可以称之为"时代的浪潮"。你们知道的，这里并不是世界上唯一对这些事情津津乐道的地方，还有很多地方都在进行这样的讨

人性能达到的境界

论。我们很少听说它们的情况，因为它们都是独立发展的。假如我和你同时有了新的主意，而且我将自己的这个主意发展成了一个美好的理念并将其付诸实施，那我相信你也能将你自己的主意很好地实施下去。这是一种对正在发生的事物的反应，越敏感的人反应越迅速。

这样的革命也同样发生在教育领域。我认为，如果我们共同努力把所有好的和坏的经验都汇集在一起，我们就有可能剥下这该诅咒的教育体制的外皮。甚至有可能直接重建教育体制。我们提出一个很好的建议——我们应该有一个真正的教育体制。当然，这是一次爆炸性的提议，因为它对人类的现实、人类的需要、人类的发展是有所需求，而不再拘泥于一千年前留下的各种传统。

很难说优心态主义教育到底是什么样子的。我认为你们会对这一思想有所贡献，我建议你们把它当作一项开拓性的实验。做起来吧，你们要表现得好像全世界都在看着你们的努力究竟会换来什么样的结果：什么是有效的，什么是无效的，什么是好的，什么是坏的，什么是成功的，什么是失败的。

我们这样做的部分原因是美国是这个世界上最富有的国家。我们能围坐在这里，而不是必须在田间劳作，挖一些稻米或者别的什么来填饱肚子。我们可以坐下来连 Tina，虽然这看起来并不奢侈，但地球上并没有几个社会可以让你花这么多的时间聊天而不会饿死。从这种意义上讲，我们是在进行一项开拓性的实验。你可以把你的经验当作一堂实物教学课，或像一位生物学家所谈论的某种植物的生长锥那样。当你感到乐观的时候，你可能会说它是在不断增长的。当然，当你感到悲观时，它看起来就像大多数社会一样死气沉沉。它是传统的、守旧的、过时的。我们得到的各种各样的道德教育在 1850 年那个时候还是有效的，但现在就未必如此了。在某种程度上，你对你的体验的看法要取决于你的心情。但是我觉得你不应该只将它看作一潭死水，也许它是人类成长的生长锥。

关于"交心"心理治疗小组。请让我告诉你们一些事情。我昨晚第一次参加了一个"交心"心理治疗小组。我简直无法想象，如果我在这个小组待了很长时间，我会做出什么样的反应。在我一生中从未有人如此直言不讳地对待我。这与传统的社会、大学教授的社会形成鲜明的对比。教职员会议肯定与这些"交心"小组不同。那样的会议往往是无趣的，如果可以，我总是尽可能地规避一切客套——

那里没有一个人会说一声"嘘！"我记得有这么一位教授，即使狗屎粘到了他的脖子，他也决不会说"狗屎"这两个字。当然，昨晚完全不同，它使我感到震惊。在我生活的那个社会中，每个人都彬彬有礼，因为他们都想避免针锋相对。你周围总有很多谨小慎微的"老姑娘"——我指的是有男子气概的"老姑娘"。我想如果你们有可能参加一次我们的教职员会议并展开一次真正的交锋，那将是一件非常美妙的事情。整件事情将会得到彻底的颠覆，并且我觉得这个主意再好不过了。

一个重要的研究问题。这里出现了一个问题，我想提出来请大家思考一下。这是一个很重要的问题，我猜想你们并没有真正的答案。这个问题就是，为什么有些人会留下来，而有些人则不会？这个问题的意思是：假如你们把它当作某种教育机构，那么它到底能给多少人带来多大的好处？你们希望有多少人会愿意接受这种教育？又有多少人会不愿意？你们是知道的，那些从未来过这里的人是不能作为失败案例来计算的。

你们这里的人克服了障碍，克服了恐惧。那么，你们如何看待对于那些不能克服这种恐惧的人呢？他们和你们之间有什么不同？这是一个很实际的问题，因为你们将从这里"毕业"，未来你们会在其他地方兴办类似的机构。那时你们必须面对的问题是，如何让更多的人留下来？

关于心理治疗。你们看，对于心理分析和个体的心理治疗来说，存在的问题都是一样的。心理治疗通过自己的经验得出的理论认为：正是因为这种直率，才使患者远离治疗。他们所做的就是非常温和地对待患者，在真正开始触及实质问题前往往要花几个月的时间铺垫过渡。他们试图先建立一种关系，然后再施加一一点压力。那种方法与这里的完全相反，在这里没人会等上六个月，强化治疗会立即开始。问题是哪种方法效果最好？对什么样的人更有效？在多大程度上更为有效？与常规的心理分析过程相比，这里的治疗进程似乎要快得多。

这让我想起另一件事情。我从小到大接受的理论，以及我在治疗中使用的理论都告诉我，直接告诉人们真相并没有多大好处，我们所要做的就是帮助他们发现关于自己的真实情况。这需要花费很长时间，因为事实往往不那么美妙。患者必须逐渐面对它。但现在我要告诉你们的是，与这种正统的治疗过程相比，你们

人性能达到的境界

这里则是将真相和盘托出,直接推到你们面前。没有人会坐等八个月,直到患者自己发现自己的真相。至少那些留下的人是能够接受这种疗法的,但这和整个精神病学理论是相矛盾的。

关于自我认识和治疗小组。顺便提一句,出于某种原因,治疗小组确实起到了帮助治疗的作用,不过我们并不知道发挥作用的机制是什么。我对此有深刻的印象,但还没有进行分析研究。我还不知道其中的原理是什么,因为这需要时间来认真思考。通过昨晚的一席谈话,我有一种非常明确的感受,治疗小组能反馈给你的东西,是你一个人在那做一百年精神分析也不能获得的。谈论别人在你眼中的形象和你在别人眼中的形象,然后由另外的六个人对你提出的印象表示赞同与否,这样的活动很有启发性:除非你也能够得到来自外部世界的、对你真实形象的描述,不然你根本不可能形成对自我形象的真实认知。当然,这是一个新的设想。在精神分析中还没有提出过这样的设想。你在别人眼中的印象是无关紧要的,想要对自我形象有准确的认知,你只能通过了解你自己的内心、了解自己的梦想和幻想来实现。

我有一种感觉,如果我和这个治疗小组长期待在一起,我会听到很多以前从未听到的事情。就好像是一台摄像机在不停地拍摄我,然后把我在别人眼中的形象真实地呈现给我看——而这正是我想要的。我可以慢慢揣摩这个形象,仔细思考,问问自己:他们的看法是对还是错?其中有多少是真实的?我感觉这肯定能让我更多地了解我自己,帮我形成自我认知,进而形成身份认同。

如果你能克服痛苦,形成真实的自我认知,这终究是件非常好的事。知道某件事情的真相总比怀疑它、揣测它要好得多。"也许他不和我说话是因为我不好,也许他那么对待我是因为我不好。"对普通人而言,生活仅仅是一连串的"也许"。他不知道为什么人们对他报以微笑,也不知道为什么人们不朝他微笑。不用去猜测会给人一种坦然舒适的感觉。能够自知是件好事。

第十七节 优良心态管理

　　一个基本的问题是：什么样的工作环境，什么样的工作，什么样的管理，以及什么样的奖励或报酬有助于人性健康成长，以达到更加完满和臻于至善的境界呢？也就是说，什么样的工作环境最有利于实现个人成就？我们还可以反过来问，如果有一个相当繁荣的社会和相当健康或正常的人民，他们最基本的需求如衣、食、住等都能得到保障，那么如何让这些人最大化地为某个组织机构的目标和价值服务呢？如何以最合理的方式对待他们？在什么条件下他们的工作最有成效？什么样的奖励（无论是货币或非货币形式）能让他们最卖力地工作？

　　优良心态主义的工作条件通常不仅有利于个人价值的实现，也有利于组织机构的健康和繁荣，以及这个机构生产的产品或提供的服务的质量的提高。

　　管理问题（在任何组织机构或社会中）都可以用一种新的方法来处理：考虑如何在任何组织机构中设立条件，让个人目标与该机构的目标相一致。在什么时候这是可能的？什么时候是不可能的？或是有害的？促进社会与个人协同的力量又是什么？另一方面，什么力量会增加社会与个人之间的敌对？

　　这样的问题显然会触及个人和社会生活中最深层的问题，触及社会、政治和经济理论，甚至一般哲学中最深刻的问题。例如，我在《科学心理学》中指出，人本主义的科学有必要也有可能超越价值脱离、机械形成论和科学等自我强加的限制。

　　而且还可以假设，基于不充分的人类动机理论之上的古典经济学理论，也可以通过接受更高级的人类需要的现实，包括对自我实现的冲动和对最高价值的热

人性能达到的境界

爱而发生彻底变革。我相信在政治科学、社会学，在整个人类、社会科学和专业中，也都有类似的情况发生。

所有这些都是在强调这不是某些新的管理技巧，或某些"噱头"，或肤浅的技术，不是为了更有效地操控他人以达到并非他们所愿的目标。这并不是某种剥削指导。

更确切地说，这是一套与正统的价值观有明显相对抗的一种更新的价值体系，这一体系宣称它不但更有效而且更真实。新体系引出了一些革命性的结论，即人性被低估了，人有一种高级本性，它和低级本性一样是"类本能的"。高级本性包括对从事有意义的工作的需要、对责任感的需要、对创造力的需要、对公平和正义的需要、对有值得做的事情的需要以及想把它做得更好的需要。

在这样的框架中，仅仅从金钱的角度来考虑"薪酬"显然已经过时了。的确低级需求的满足是可以用金钱购买到的，但是，当这些需求已然得到满足时，人们就只会被高级"薪酬"激励了，例如，归属感、情感、尊严、尊重、欣赏、荣誉以及自我实现的机会和最高价值的培养——真理、美、效率、卓越、正义、完美、秩序、合法性等。

这里显然有很多问题需要思考，不仅马克思主义者或弗洛伊德主义者需要思考，政治或军事的独裁者、"专横"的老板、自由主义者也都需要进行思考。

第十八节 关于低级怨言、高级怨言和超级怨言

所有事物发展的一般原理大致是这样的：人们能够生活在不同水平的动机层次上，也就是说，人们既可以过高品质的生活也可以过低品质的生活，他们能在丛林中仅能维持生存的水平上生活，也能幸运地在一个优心态主义的社会中生活。只要所有基本需求都得到满足，他们就可以生活在一个更高的水平上，把时间用在思考诗歌的本质、数学或类似的事情上。

判断生活动机水平有各种不同的方法。举例来说，你可以通过人们对何种形式的幽默发笑方式来判别他们所在的水平。生活在最低需求水平上的人们往往觉得充满敌意和残酷的幽默非常有趣，例如，被狗咬到的老妇人，或是被其他孩子折磨的流浪儿或者低能儿，等等。亚伯拉罕·林肯（Abraham Lincoln）式的幽默（富有哲理、具有教育意义的幽默）可以引起微笑而不是捧腹大笑，它与敌意或征服无关。生活在低需求水平上的人根本无法理解这种较高层次的幽默。

投射实验也能作为判别我们生活动机水平的一种方法。在投射实验中我们的动机水平可以通过各种征兆和行为显露出来。罗夏墨迹测验（the Rorschach test）可以用来揭示被测试者正在积极追求什么，他的愿望、需要和渴求是什么。

所有已得到完全满足的基本需求往往被个人遗忘，并从意识中消失。从某种意义上说，已满足的基本需求已经不复存在，至少是在意识中是这样。因此，一个人所渴望的、想要的和所希望的，往往是动机层次上能展现在他面前的东西。对于某种特殊需求的关注表明所有的低级需要都已得到满足，同时也意味着高于这个人所渴望的需求还没有进入他的现实生活，所以他还不会去考虑那些需求。

人性能达到的境界

这可以从罗夏墨迹测验中判断出来。同样，这也可以从过梦境和梦境解析当中判断出来。

同样，我认为抱怨的程度，也就是说，一个人满足需要、实现渴望和愿望的程度，可以作为这个人生活的动机水平的指标；如果我们在工业环境中对抱怨水平进行研究，那么它也可以用来衡量整个组织机构的健康水平，特别是当拥有足够多的样本的情况下。

例如，生活在专制的丛林工业环境中的工人，往往存在对贫困甚至是饥饿的恐惧，这决定了他们对工作的选择、老板的行为方式以及工人接受恶劣待遇时的顺从程度等等。这些充满抱怨、牢骚满腹的工人，往往无法满足较低层级的基本需求。在这一最低水平上产生的怨言是对于寒冷、潮湿、危及生命的险情、疲劳、简陋的栖身之地，以及所有这些基本的生存需求的匮乏的抱怨。

当然，在现代工业环境中，如果你遇到了这样的怨言，就表明这个组织机构中的管理极其糟糕，生活水平极其低下。即使是在普通的工业环境中，这样的抱怨，这样的低级怨言也是很少见的。从积极意义上讲，这种抱怨的出现也意味着它所代表的渴望与需求也处在同样的低水平上。例如，墨西哥工人就可能出于积极的目的而抱怨安全与保障问题，如被任意解雇，由于不知道工作能持续多久而不能规划家庭预算。他还可能会抱怨完全没有就业保障，抱怨工头的蛮横，抱怨为了保持工作不得不忍受的各种侮辱，等等。我认为我们可以将那些来自生物学和安全层面的抱怨称为低级怨言，或许也可以包括来自群居性层面和非正式的社交群体的抱怨。

更高层次的需要主要表现在尊重与自尊这一层面，涉及的问题包括尊严、自主权、自我尊重和来自他人的尊重；还有自我价值感，以及因自己的成就而得到称赞、奖励和信任等。这种程度的怨言可能主要涉及尊严的丧失，或是自尊和威望受到的威胁。现在，就超级怨言而言，我能想到的是在自我实现的生活中存在的超越性动机。更明确地说，可以概括为存在价值。这些对真、善、美、正义、公平等的超级需求也会在工业环境中表现出来，例如经常出现的对效率低下的抱怨（甚至是在对抱怨者的钱包没有影响的情况下）。实际上，这是抱怨者对他所生活的世界中的不完美进行评论（这不是一种自私的抱怨，甚至可以说是一种非

第五章 社　会

个人的和利他主义的哲学家式的抱怨）。或者他可能会抱怨没有获知全部真相、所有事实或是自由沟通中的其他阻碍。

这种对真相、诚实以及所有事实的偏爱是一种超级需求而不是一种"基本"需求，能发表这种水平的奢侈怨言的人，必然拥有很高水平的生活。在一个由盗贼、暴君或卑鄙的人统治的社会里，在一个愤世嫉俗的社会中，人们不会听到这样的抱怨——只会存在较低水平的抱怨。对于正义的抱怨也属于超级怨言，我在管理良好的工厂的工人会谈记录中看到过很多这样的抱怨。他们往往对不公正充满怨言，即使这是不利于他们经济收入的。另一种超级怨言是对某种美德没有得到奖励的抱怨，对恶行反而得到奖励的抱怨，也就是对有失公正的愤慨。

换言之，上述一切都强烈表明，人总是会抱怨的。没有伊甸园，没有天堂，没有极乐世界，除了一两个短暂的幸福时刻。因此，无论人得到了怎样的满足，都无法想象他们会完全满足。这本身就是对人性能达到的最高境界的否定，因为这意味着在达到最高境界之后就不会有进一步提高的余地了——这样的话当然是无稽之谈。我们无法想象百万年的不断发展带给我们的如此成就：人类总能尽情地享受他们所能得到的任何满足、幸福、好运。这些幸福将会给他们带来片刻的欢乐。然后，一旦他们适应了这样的幸福之后，他们会将其忘记，并开始寻求未来更高的幸福，他们发现永远都会有比他们现在所拥有的一切都更美好的事物。在我看来，这似乎是不断进入无限未来的永恒过程。

因此，我非常关注并强调这一点，因为我在管理文献中看到了大量的失望和幻灭，以及个别放弃整个开明管理哲学而回到专制管理的案例，因为即使条件已经有所改善，抱怨之声仍不绝于耳，这会让管理层感到非常失望。但是，根据动机理论，永远都不要指望怨言会终止；我们只能期望这些怨言会越来越多，也就是说，它们会从低级怨言发展成越来越高级的怨言，最终达到超级怨言。原则上，这与我所说的人类动机论是一致的，即动机是没有尽头的，仅仅是随着条件的改善不断向越来越高的水平发展。这也符合我对挫折程度的理解。也就是说，我不认为挫折必然都是坏事；在我看来挫折也是有层次的，从低级挫折向高级挫折的发展是幸福、幸运、良好的社会环境和良好的个人成熟度的标志。例如，抱怨我所居住的城市的花园设计不完善，引发了妇女委员会的委员也加入热烈讨论，一

人性能达到的境界

起抱怨公园中的玫瑰花坛没有得到妥善管理。这本身就是一件美妙的事，因为这标志着抱怨者们正生活在一个较高的水平上。你能够抱怨玫瑰花坛，说明你吃得饱、住得暖，你不用害怕黑死病，不用害怕暗杀，警察和消防队尽职尽责，政府亲民高效，教育机制完善，地方政治昌明，许多其他先决条件已然得到满足。关键是，不能像对待任何其他抱怨那样简单地对待高级别的抱怨，必须将它视为一种标志，即从理论上来讲，只有在所有的先决条件都已经得到满足的情况下，这种高级别的抱怨才有可能出现。

如果一位开明而睿智的管理者能够深刻理解上述一切，那么这样的管理者就会期望条件的改善会提高抱怨的水平和挫折水平，而不是期望条件的改善会让所有的抱怨消失。这样一来，他们就很少因为克服困难、花钱费力地改善了工作条件，抱怨仍不绝于耳这样的事情而深感幻灭和愤怒了。我们必须学会观察：这些抱怨是否在动机水平上有所提高？这是真正的考验，当然，所有这些都是可以预期的。而且，我认为这也意味着我们必须学会对怨言水平提升这样的事情深感愉快，而不仅仅是感到满足。

这里确实出现了一些特殊的问题。其中一个问题就是如何理解正义与非正义。这肯定会有很多琐碎的抱怨，比如拿别人和自己进行比较，例如某人的台灯更亮、座椅更舒适、工资更高等诸如此类的事情。这些事情会变得极为琐碎，甚至有人会计较办公桌的大小或花瓶中放有一朵花还是两朵花之类的问题。通常，我们不得不在特定意义上进行一种特殊的判断，这究竟是在公平水平上的超级需求，还仅仅是统治等级的表面迹象，是向上奋进的需要还是获取名望的阶梯。道尔顿（Dalton）的书中有很多这样的例子，从情境因素来看，这显然涉及安全的需求。例如，我所记得的一个案例表明，如果老板的秘书对某人的态度较友好，对另一个人的态度较冷淡，那意味着后者将会被解雇。换言之，一个人必须依据其遭遇的特定的情况来推测其动机水平。

另一个问题可能更难解释，即尝试从动机的角度来分析金钱的意义。金钱能够代表动机层次的任何问题。它能代表低级、中级或高级价值，也能代表超越性价值。当我试图明确它们所代表的特定需求水平时，我发现有些案例的评估是不正确的。当遇到这样的情况时，我只能将它们忽略不计，认为它们是不能评估的，并放弃在动机等级中尝试对它们进行评估。

除此之外,还有另外一些情况也很难评估。或许最慎重的做法就是不对它们进行评估,把它们当作无用的数据放在一边。当然,如果正在进行一项大规模的、细致的、个性化的研究,你也可以回访有关人员,以便确切地了解,他们的某一怨言在动机水平上究竟意味着什么,例如,关于金钱的抱怨。但在目前的研究中这是不可行的、不可能的,甚至是没有必要的。尤其是当我们对用于实验目的两家企业(管理良好的工厂和管理不善的工厂)使用同一评级标准时,这一点尤为准确。

真正不良条件的意义。请让我们记住什么样的不良条件是最为糟糕的。在管理文献中我们没有发现任何真正不良条件的案例,但这对于任何临时工和非专业的劳动者来说情况已经相当普遍,那里条件之恶劣已使工人接近罢工的边缘。也许我们可以用战俘营、监狱或集中营之类的地方来作为例证。又或者在我们可以拿美国国内仅有一两个工人的企业为例,这种企业经常处于高度竞争和勉强维持的境况中,在那里五分和一角的硬币都很重要;那种情况下,老板只能依靠榨干员工的血汗来维持生存,直到工人们最终绝望地放弃;他试图尽可能长久地依赖员工,在他们被迫离开之前榨取最大的利润。让我们不要陷入这样的幻觉,认为在一个管理欠佳的大公司拥有"糟糕的条件"——那根本算不上有多糟糕。让我们记住,大约有 99% 的人宁愿花费几年的时间在我们国家管理最差的大型公司中谋得一个职位,因此我们必须有更宽泛的比较尺度。我认为对于这样的研究而言,从我们自己的经历中找出一些非常糟糕的例子,可能更为可取。

另一个复杂的情况。目前,良好条件的一个特征首次引起人们的注意,当我第一次了解到这一情况时,我确实感到很惊讶。这个特征就是良好条件对于大多数人来说会有积极的促进作用,但是对某小部分人来说,却是有一种不好的,甚至是灾难性的影响。例如,给予独裁主义者自由和信任,只能助长这些人的劣迹恶行。自由、放任和责任会使依赖成性和处处被动的人陷入焦虑和恐惧的深渊。我对此了解还不够深入,因为我关注它仅有几年的时间。但是牢记这方面的问题是有好处的。在我们尝试提出任何理论和开展任何实验之前,我们应当收集更多的实际案例。这样说吧:有相当一部人存在精神病理方面的问题,例如,有些人

人性能达到的境界

非常容易经不住诱惑去偷窃，但是他们可能从来没有意识到这点，因为他们一直在被监视的环境下工作，这使偷盗的诱惑几乎从未进入他们的意识之中。假设一家银行突然走向"自由化"，撤销一切管控措施，并且信任其员工，那么，肯定有十分之一或二十分之一的员工（我不太清楚实际的比例会有多高），在他意识的生活中会受到突如其来的偷盗诱惑。一旦有了可以不被发现的侥幸心理，他们中的一些人可能会屈服于这样的诱惑。

在这里重要的一点是，不要认为良好的条件必然使所有的人不断成长、成为自我实现的人。某些形式的神经症是不会有这样的反应的，某些类型的体质或气质更不可能做出这样的反应。最终，当一个人受到信任，并完全依据个人荣誉感等行事时，那隐藏的一点点偷盗、虐待狂，以及其他你在这个地球上几乎任何人身上都能发现的罪恶，都可能被这些"良好条件"召唤出来。这让我想起1926年到1927年我在康奈尔大学就读时荣誉系统的运作方式。我估计有95%（或更多）的学生因为这一系统而感到荣幸和高兴，这一系统对他们非常有效。但是非常令人惊讶的是，总有1%、2%或3%的人，不但制度对他们不起作用，他们反而利用这些有利条件进行抄袭、说谎、在考试中作弊，等等。荣誉制度在诱惑过大和有严重利害关系的情况下还不能普遍应用。

以上所有的想法和方法，原则上也能应用于许多其他社会心理学境况中。例如，在大学的环境中，我们可以通过教师、行政人员和学生的抱怨程度，来对大学社区生活的开明程度做出判断。在同一种情况下可能会有不同层次的抱怨和满足感同时出现。同样的道理也适用于婚姻之中，也就是说，你可以通过婚姻中抱怨和牢骚的程度，来判断婚姻是否美满、是否健康。一位妻子抱怨她的丈夫有一次忘了给她买花，或是在咖啡里放了太多的糖之类的事情，当然与另一位妻子抱怨她的丈夫打破了她的鼻子，打掉了她的牙齿或损毁了她的容貌之类的事情，这两种抱怨肯定处于不同层次。一般来说，孩子们对父母的抱怨，或是对学校或老师的抱怨，也是如此。

我想我能由此得出一个普遍性的结论：任何包含人际关系的组织机构的健康状况或发展水平，在理论上都可以通过评估抱怨和牢骚的层级这样的方法加以判断。必须牢记的一点是，无论婚姻、大学、中小学校、父母有多好，都仍然有进一步提高的空间，也就是说，总会有抱怨和牢骚的出现。我们应当理所当然地认为，有必要将这样的抱怨和牢骚分为正面的和负面的，人们对于任何基本需求的剥夺、威胁或危害，都会做出快速而尖锐的抱怨，即使当这些需求很容易得到满足时，他们也不会在意这样的满足感，或者完全把它们当成是理所当然的。比如，如果你问某人他所处的环境好在哪里，他是不会想到和你说他的脚不会弄湿，因为地板并没有被水浸泡，或是没有虱子和蟑螂，等等。他会认为这些都是理所当然的，而不会认为这些是优越条件。但是如果所有这些理所当然的条件都消失了，这时你一定会听到他们的哀号。换句话说，这种满足不会带来赞美和感激，纵然在它们被剥夺时会引发强烈的抱怨。然而在相反的层面上，我们必须对积极的抱怨、牢骚或建设性意见进行研究。这些抱怨大都是与在动机层次中处于更高等级、就在眼前且马上有希望实现的愿望有关。

我认为，原则上我们要扩展这样关于抱怨的研究。一个简单易行的方法是：首先，收集极端意义上的坏老板和恶劣条件的实例。例如，我认识一个家具商，他恨死了他的老板，但又找不到另一份更好的工作，因为在这个行业中没有更好的工作可找。他的老板从不称呼他的名字，而是以口哨的方式来代替。这种侮辱是长期的、故意的，几个月来让他越来越恼怒。另一个案例是我的亲身经历。读大学的时候，我曾在酒店餐厅和饭馆打工。大概是1925年，我在一家度假酒店申请了一份暑期侍应生的工作，然后自己掏了路费赶到酒店，结果却派去当杂工，工资低了很多，而且没有任何小费。我完全被骗了——我已经没有返程的路费，而要找到另一份暑期工作已为时过晚。老板答应我很快就会让我当服务生，我相信了他的话。作为一个得不到消费的勤杂工，我的月工资水平是10美元到20美元。这份工作需要每周工作7天，每天工作14小时，也没有休息日。此外，老板还要求所有的员工承担额外任务，即加班准备所有的沙拉，他告诉我们做沙拉的厨师要晚一两天才能到岗。就这样做了几天额外的工作之后，我们问他做沙拉的厨帅在哪里，他推说第二天就到。这样的事持续了大约两周的时间，很明显，老板只是在欺骗大家，他想从通过这一伎俩多榨取我们一两美元。

后来，到了独立日假期，酒店里有三四百个客人，我们头天晚上大半夜被要求留下来准备一些花式甜点。那些甜点看起来非常精美，但做起来非常耗时。所

人性能达到的境界

有员工聚在一起，毫无怨言地接受了这一工作；但是独立日当天上完正餐第一道菜后，所有员工离开餐厅，辞掉了这份工作。当然，对于我们所有员工来说，这是非常大的经济损失，因为这个时候已经不大可能找到什么好工作了，就是随便什么工作也很难找到，然而，仇恨和报复的欲望是如此强烈，以至于在35年后的今天，一想起这件事，我仍然感到十分满足。这就是我谈及那些真正的不良条件和餐厅内部矛盾的意义。

好吧，不管怎样，收集这种待遇、这种类型的实例，并可以以此为基础列出一份清单，可以使良好管理条件下的工作者更加意识到他们的幸福（他们通常是不会意识到这种幸福的，他们会认为这是理所应当的）。也就是说，与其让他们主动产生抱怨，不如列出一个真正恶劣条件列表，并以此为标准请他们与实际情况进行对照，例如，是否有虫子，是否太冷、太热，环境是否太吵、太危险，是否有腐蚀性的化学药品溅在他们身上，是否受到人身伤害或者攻击，是否对危险机器设备采取了安全措施，等等。任何一个人在拿到这样一份列有二百种不良条件的对照清单时都会认识到，没有这二百种恶劣条件的存在本身就是一件好事。

第六章

存在认知

第十九节 单纯认知简释

"suchness"是日语"sono-mama"的同义词,这一点在铃木大拙(Suzuki)撰写的《神秘主义:基督教与佛教》一书中已有描述。从字面的意思上看,"suchness"是指事物的"本来状态"。它也可以用英文的词缀"-ish"来表示,例如"tigerish"的意思是像老虎,一样,"nine-year-oldish"是指像九岁一样,"Beethovenish"是像贝多芬一样,德语中的"amerikanisch"是指像美国人一样。这些都指的是定义对象的整体性质或者整体特征,还其本来面目,赋予它独特的个性,将它与世界上的一切其他事物区分开来。

传统的的心理学术语"quale"与"suchness"的意思相同,与感觉有关。"quale"指的是一种无法描述或定义的本质,它使红色与蓝色区别开来。可以说,红色的特质或是或者红色的"suchness"与蓝色的"suchness"是不同的。

在英语语言中,当我们说到一个特定的人时,我们也有这样带暗示含义的词汇,例如,当我们说某人,"他会如何如何",这对我们来说意味着某些符合此人本性的预期,这符合他的本性,与他的特质相一致,是他所独有的特性。

铃木在他所著作的第99页中首次将"sono-mama"定义为"本质"(suchness),并且进一步解释这与"统一的意识"含义相同,与"生活在永恒之光中"意思相同。他援引威廉·布莱克的诗句"将无限掌握于手中,在瞬间把握永恒"来暗示"sono-mama"。铃木在这里非常清晰地说明,"suchness"或"sono-mama"与存在认知是一回事,而且,他还指出"以 sono-mama 的态度看问题",从事物本质的角度看事物,与具体感知的意思相同。

第六章 存在认知

戈尔德斯坦对于那些脑部受损的人的描述（例如，在描述视觉时，他们的颜色视觉如何被还原为具象，而抽象性描述的能力则已经丧失了）与铃木对"suchness"的描述高度相似。脑损伤患者看不到一般的绿色或蓝色，他们看到的是每种特定颜色自身的"suchness"，这与其他任何事物无关，不存在任何形式的连续性，不比任何事物更多或更少、更好或更坏、更深或更浅，仿佛它就是世界上独一无二的颜色，没有任何事物能与之相比较。这就是我所理解的"suchness"的一个要素（无可比拟性）。如果我这样的解读是正确的，那我们就要非常小心谨慎，不要把戈尔德斯坦所描述的还原为具象化的感知，与正常人的新鲜的、具体的、非具象化的感知能力相混淆。而且我们必须把各种形式的存在性认知区分开来，因为存在性认知不仅可以是具体的本质（suchness），也可以是各种感官词汇的抽象理解，更不用说是对整个宇宙的认知。

同样，将上述体验与高峰体验本身或者铃木所描述的禅悟（satori）体验区分开也是可取的。例如，存在认知总是在个人达到高峰体验时出现，但在没有高峰体验的时候也有可能出现，有时甚至可能在经历一次悲惨经历之后出现。然后，我们还要区分两种高峰体验和两种存在认知。首先是巴克（Bucke）的宇宙意识或各种神秘主义者的观点，在这种意识中，整个宇宙都能被感知到，其中的任何事物（包括感知者本人在内）之间都存在着相互联系。我的研究对象曾将其描述为："我能看到我属于这个宇宙，并且我能看到我在宇宙中身处什么地方；我能感觉到我当时有多么重要，但同时我也能感觉到自己是多么卑微和渺小，因此，这让我觉得自己很谦卑，但又让我感觉自己非常重要。""非常肯定的是，我绝对是这个世界必不可少的一部分。可以说，我身处一个大家庭中，是其中的一分子，而不是站在外面的旁观者，没有和整个世界隔离开来，不是站在悬崖上看向悬崖的另一边，而是在事物的中心。我是一个大家族中的一员，我从属于这个大家族，不是一个孤儿，不是一个被收养的孩子，不是一个站在透过窗户向内看的外人，也不是从外面向屋子里面窥探的路人。"

这是一种高峰体验，一种存在认知，与另一种能引发迷恋的体验的认知完全不同。后者会将意识极端地缩小到特定的认知对象，例如，某张脸、某幅画、孩子或树木等事物。此时，认知对象是如此让人着迷，以至于世界其他一切事物完

人性能达到的境界

全被遗忘了，一种超然的感觉油然而生，或者至少是自我意识的消失，甚至是自我和整个世界一起都不复存在了。这意味着认知对象已变成了整个宇宙。这个认知对象看起来就像是整个世界。此时此刻，它是唯一存在的事物。因此，所有用于观察整个世界的认知法则，现在都在用于观察这个我们为之着迷、将我们与这个与世界分隔的、已然成为整个世界的对象。这是两种不同的高峰体验，两种不同的存在认知。铃木在他的书中也进一步阐述了这两种体验，但他并没有对它们加以区分。在书中，他谈到有时在一朵小野花中看到整个世界；而在另一些时刻，他又以一种宗教和神秘主义的方式谈论对上帝、天堂，或整个宇宙的禅悟。

这种微缩、狭隘的魅力非常类似于日本人的"忘我"（muga）概念。在这种状态中，你会全心全意地做任何事情，不考虑任何其他的事情，没有任何犹豫，没有任何形式的非难、怀疑和限制。这是一种纯粹的、完美的、完全自发的行为，没有任何形式的阻碍。只有当自我被超越或遗忘后，才有可能进入这种状态。

这种忘我状态经常被人们提及，也一直被认为与禅悟状态相同。很多禅宗文献将忘我状态描述为一个人心无旁骛地做任何事情的状态，例如，劈柴时的全身心投入。但是修禅的人也同样认为这似乎与一种跟宇宙合二为一的神秘感觉相同。很显然，这两种说法在某些方面非常不同。

同样，我们也应该批判一下禅宗对抽象思维的攻击，他们似乎认为只有具体的本质（suchness）才是有价值的，抽象只能是一种危险。当然，这样的说法我们是不能同意的。这是一种自愿的将自我还原到具体认知的行为，戈尔德斯坦已经明确指出了这样做的不良后果。

出于某些因素的考虑，我们心理学家显然不能接受把具体感知当作唯一的真理或唯一的善的观点，而且我们也不能接受抽象只是一种危险的观点。我们一定要记住，对自我实现者的描述，要根据具体情境的不同既要能够具体也要足够抽象才行，而且我们必须记住它们两者可以兼顾。

从铃木书中第100页开始，有一个极好的例子能够很好地说明这一点。人们能看到一朵小花的本质（suchness），把它看作上帝一样，全身散发着天国的光辉，挺立在永恒之光中。显然，这这朵小花不仅被看作单纯的具象本质，也被看作将其他一切事物排除在外的整个世界，或者是以一种存在认知的方式将它看作整个世界的象征——它是一朵存在之花，而不是一朵缺失之花。当这朵花被视为存在之花时，显然，关于永恒和存在的神秘、天国的光辉等，以及存在领域内所见的一切都是真实的。也就是说，看着这朵花，就好像是透过它窥见整个世界一样。

接下来，铃木又批评了丁尼生（Tennyson），因为在他的诗中，丁尼生采摘了这朵花，对它进行了思考并将它抽象化，甚至还可能对它进行了解剖。铃木在书中认为这是一件坏事。他用日本诗人对同样体验的处理与之做了对比。日本诗人不会采摘那朵花，也不会肢解它。他会把它留在原处。引用铃木书中第102页中的描述："他没有把它从周围的整体环境中分离出来，他对它的忘我状态凝神思考，不但是思考它本身，而且会思考它所处的环境——在尽可能广泛和深远的意义上的环境。"

在书中的第104页，铃木援引了托马斯·特拉赫恩（Thomas Traherne）的说法。第一段引语很好地阐明了统一意识，即存在领域与缺失领域的融合，同一页中的第二段引语也同样不错。但是，在第105页，当铃木谈到了纯真状态时，问题就出现了。他认为纯真状态与统一意识相类似，二者都是短暂与永恒的融合，在某种程度上类似于特拉赫恩在105页的脚注中描述的那个孩子的状态，他拥有原始的天真。铃木说这是重访伊甸园，重获天堂，在那里，知识之树还没有结出果实。

"正因为我们吃了知识的禁果，所以才养成了理性思考的习惯。但是系统地说，我们从未忘记原初的纯真居所。"铃木把这种《圣经》上的纯真，这种基督教意义上的纯真观念等同于"忘我状态"，就如同看到事物的本质一样。我认为这是个非常大的错误。基督教对知识的恐惧，如同在伊甸园的寓言中所描述的"知识是亚当和夏娃堕落的原因"，基督教一直保持着这种反智主义，一种对智者、对科学家的畏惧，同时还伴随着一种感觉，认为像阿西西的圣弗朗西斯（St. Francis of Assisi）那样纯真的信仰、虔诚、单纯，要比某种理性的知识更好些。基督教传统中的某些方面甚至有一种看法，认为这两者是相互排斥的，也就是说，如果你知道太多，你就不可能有一种简单、纯真的信仰，而拥有信仰肯定要比拥有知识更为重要。最好不要学习太多知识、上太多学，或成为一名科学家。我所知的所有"原始"教派，当然也都是反智主义和不信任学习和知识的，就好像这是

人性能达到的境界

"仅仅属于上帝而不是属于人类"的事情。①

但是，无知的纯真与智慧或老练的纯真是不同的。而且，儿童的具体感知能力和认识事物本质的能力，显然和自我实现的成人是不同的。至少在这个意义上来讲，二者是完全不同的。儿童还不能主动将其还原为具象，也没有发展出具象。他的纯真出自他的无知。这与我所说的那些智慧的、自我实现的、年长的成人的"第二纯真"或"第二天真"是非常不同的，这样的成人了解整个缺失领域，了解整个世界，了解世界中所有的罪恶、竞争、贫困、争吵和眼泪，并能超越它们，能在统一的意识中看到存在领域，能在罪恶、竞争、贫困、争吵和眼泪之中，看到整个宇宙之美。通过缺陷，或在缺陷之中，他能看到完美。这与特拉赫恩所描述的那种无知儿童的幼稚纯真非常不同。孩子们的纯真状态与圣人、智者、经历过缺失领域并与之战斗、忍受它所带来的痛苦并最终超越他人所达到的纯真是截然不同的。

这种成人的纯真或是"自我实现的纯真"，可能与统一的意识相互重叠，甚至有可能是同义的，在这种统一意识中"B"（存在领域）与"D"（缺失领域）相互融合在一起。这是一种可以区分出健康、务实、知识渊博和人类的完美的方法，事实上，强壮、有力、自我实现并对缺失领域充分认识的人，或多或少可以达到这种完美境界。这与儿童的存在认知大不相同，儿童对这个世界一无所知，因而最好称之为无知的纯真。这也不同于某些宗教人士的幻想世界，包括特拉赫恩的幻想世界，在那里他们会以某种方式拒绝整个缺失领域（从弗洛伊德的观念上说）。他们凝视它，却对它视而不见。他们也不愿意承认它的存在。这种不健康的幻想似乎只能感知到"存在"，而不能感知到任何"缺失"。它不健康是因为它仅仅是一种幻想，或是因为它是建立在否认、无知的童真之上，建立在缺乏知识或经验的基础之上。

这相当于将区分高度涅槃与低度涅槃、向上统一与向下统一、高级退化与低级退化、健康退化与不健康退化。对某些宗教人士来说，诱惑在于对天堂的认知，

---

① 我猜测有这样的可能性，传说中的"知识"也可能是指旧时"两性"意义上的"知识"，也就是说，吃苹果可能意味着发现了被禁止的性欲，失去了这方面的纯真，而不是传统的解释所说的那样。因此，这或许是传统的基督教禁欲的原因。

或是对存在世界的认知退化到童年期或无知的纯真状态，要么就是回到偷食知识禁果之前的伊甸园，这几乎都是一样的情况。这就好像是说，只有知识才能让你痛苦："变得愚蠢和无知，就能让你永无痛苦。""你将进入天堂，你将回到伊甸园，你就不再对这个充满眼泪和争吵的世界有所感知了。"

但是，有一个普遍的原则是"你是不可能再回到出生之地了"。你不可能真的退化，从严格意义上说，成人是不可能变回孩童的。你不可能"删除"知识，你不可能真的再次变得纯真；已经映入你眼帘的事物，你便再也无法将它删除。知识、感知和认识都是不可逆的。从这个意义上来说，你无法回到初生之时。你不可能真的退化，即使完全放弃你的理智与力量，那也是不可能的。你不能渴望有什么神话中的伊甸园，如果你已成年，你也不能渴望童年，因为你根本不可能再得到它。对于人类来说，唯一可能的选择是理解继续前进的可能性，继续成长，继续成熟，继续前进以获得第二天真，进入成熟的天真、统一的意识，理解存在性认知，以便在缺失的世界中继续成长。只有依赖真知、依赖成长、依赖完满的成年时代，才能超越缺失的世界。

因此，非常有必要强调以下几种对事物本质认识之间的区别：（1）还原到具象认知的人，包括脑损伤患者；（2）发展出抽象认知能力之前的儿童的具体感知；（3）健康成人的具体感知，与他们的抽象认知能力相得益彰。

这样的说法同样也适用于华兹华斯的自然神秘主义。儿童实际上并不是自我实现的好主体，不是存在认知的好主体，也不是具体感知、忘我状态、感知本质的好主体。这是因为他们还没有超越抽象，甚至还没开始进行抽象。

对梅斯特·艾克哈特（Meister Eckhart）、铃木和其他一些宗教人士来说，他们定义统一意识的方式，即永恒与暂时的融合，是通过对暂来实现的完全否认来实现的（例如，铃木在其著作第八章引用了艾克哈特的说法，在这里铃木谈到了现在）。这些人徘徊在否认世界现实性的边缘，只愿意将神圣的、永恒的和神一般的世界当作现实来对待。但是我们必须在暂时中看永恒，必须在世俗中并通过世俗看到圣洁，必须通过缺失领域看到存在领域。我还想补充一点，除此之外没有其他的观察途径，因为并没有任何存在领域处于地理学意义上的彼岸某处，或是与我们所在的世界完全不同，是某种世外之物，抑或是亚里士多德所说的非现

人性能达到的境界

世之物。只有我们所在的世界，只有这个世界，致力于将"存在"与"缺失"融合的问题，也就是能够在这个世界中同时保持"缺失"和"存在"两种态度。如果我们不采用这样的态度，我们就会陷入另一种"极乐世界"的陷阱，终结在"云端天堂"的寓言中，那里就像你拥有的另一个家、另一个房间，我们能看到的、能感觉到的、能触及的东西，在宗教中变成了超脱凡俗的和超自然的东西，而不是现世的、人文的和自然的。

由于所谈论的"存在"领域和"缺失"领域可能会被误解为现实的物理空间和物理时间中两个分立的领域，或是误解为两个彼此分离、彼此独立的领域，因此我最好强调一下，谈论"存在"领域和"缺失"领域实际上是谈论对同一世界的两种感知、两种认识和两种态度。可能讨论"统一的态度"要比讨论"统一的意识"更恰当。如果我们将"存在"认知和"缺失"认知仅仅看作两种不同的感知态度或方式，这样就能消除上述易混淆概念。在铃木的书中有这样一个例子，他认为有必要谈谈轮回、转世、再生、灵魂等概念。这是由于把这些态度实体化为真实的、客观的事物。如果我们认同这两种认知是两种态度，那么轮回这类事物就完全不适用于这种新的感知形式。比方说，一个学习过音乐结构课的人，在听完一场贝多芬的交响乐后产生的新认识就属于这种感知，这也意味着贝多芬的交响乐的意义或结构在上课之前就已经存在，只是感知者已不再盲从。现在，他已经可以感知到了，现在他有了正确的态度，知道该寻求什么和如何寻求，可以感知到音乐的结构和内涵，感知贝多芬想要表达什么，想要传递什么，等等。

第二十节 认知再释

表20-1 存在认知和缺失认知的特征对比[1]

存在性认知	缺失认知
1.将世界视为整体的、完整的、自给自足的、统一的。要么是宇宙意识（巴克），即宇宙被感知为一个单一的事物，个人自身也从属于它；要么是所看到的人、物，或所见世界的一部分被视为整个世界，即世界的其他部分被遗忘掉了。综合的整体性感知。世界或事物的统一性感知	1.将世界视为部分的、不完整的、非自给自足的、依赖其他事物的
2.排他的、全面细致的关注；全神贯注的、入迷的、重点的关注；完全关注。倾向于对于图形和背景不加区分。有丰富的细节；全方位的观察；以"关切的态度"，全面地、强烈地、彻底地投入关注中。全身心地投入。相对于重要的变得不重要；各方面都变得同样重要	2.对于所有相关因素都给予同等的关注。图形和背景的显著区分。视为世界的一部分，与世界的所有其他部分有内在的联系。被仪式化；仅从某方面进行观察；选择性地关注或不关注某些方面；偶然性的观察，仅从某些观点看问题

---

[1] 由《存在心理学探索》第六章改编而来。可参考第七章"高峰体验时存在认知者（对自我）的特征"。

人性能达到的境界

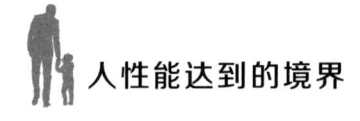

续表:

存在性认知	缺失认知
3.没有比较性(从多罗西·李的意义上说)。在自身中,通过自身看到自身。不与任何事物竞争。同类事物的唯一成员(从哈特曼的意义上说)	3.置身于一个连续的系统或某个系列之内;需要比较、判断、评价。看作某类事物的一个成员,作为一个实例、一个样本
4.与人类无关	4.与人类相关;例如,它有什么好处,它能用来做什么,它对人是有益还是有害等
5.重复的体验使人有更丰富的感受。感知越来越深刻。"事物内部的丰富性"	5.重复的体验让人感觉贫乏、缺乏丰富性,缺乏兴趣和吸引力,丧失了为人所需求的特征。熟悉导致厌烦
6.被视为是非必需的、无目的的、无欲求的、无动机的感知。这种感知与感知者本身的需求无关。因此,能看作独立的,有其自身存在的权利	6.有动机的感知。感知对象被视为是需求的满足品,是有用的,或者是无用的
7.以感知对象为中心。忘我的、超越自我的、无私的、公正的。因此,是以它为中心的。感知者与被感知对象的统一与融合。于是,全神贯注地投入体验之中,使自我消失,这样一来,所有的体验会汇集在感知对象的周围,使其成为一个中心点或结合点	7.以自我作为结合的中心点,这意味着自我投射到感知印象中。感知的不仅仅是被感知对象,而是它与感知者自我的融合
8.允许感知对象就是它本身。谦恭的、善于接纳的、被动的、无选择的、不强求的、道家的,对于感知对象和知觉不予干涉,顺其然地接受	8.感知者会积极塑造、组织和选择感知对象。他改变它,重新安排它。围绕着它不停忙碌。这肯定要比存在认知让人疲惫,而后者或许还能够消除疲乏。尝试、追求、努力、意志、控制

第六章 存在认知

续表：

存在性认知	缺失认知
9.视为目的本身，自我验证。自我肯定。由于其本身缘故而令人感兴趣。有内在价值	9.一种手段，一种工具，没有自身价值，只有交换价值，或是为其他事物而存在，又或是到达其他地方的门票
10.独立于时间与空间之外，被视为是永恒的、普遍的。"一分钟就是一天；一天就是一分钟。"感知者在时间与空间中迷失，意识不到环境的存在。感知与环境无关，也无关乎历史	10.在时间与空间之内，是暂时的、是局部的。存在于历史之中，存在于物质世界之中
11.存在的特征被感知为存在的价值	11.缺失价值是手段价值，即实用性，是否可取，就某一目的而言是否合适。评价、比较、谴责、赞成或不赞成，并进行评判
12.绝对性（因为没有时间和空间，因为脱离地面，因为作为它本身来看待，因为世界的其他地方和历史都已然被遗忘）。这与过程中的和改变的认知相符合，知觉中存在活跃的组织性——但是知觉也是严格的	12.与历史、文化、性格学、局部价值、人的需求和兴趣有关。你可以感觉到它的传递。这有赖于人的现实性；如果人消失了，那么它也会消失。作为一个整体，从某一行为特征转变为另一行为特征，即现在有这一行为特征的表现，又有另一行为特征的表现
13.二歧化、两极性和冲突的解决。矛盾双方同时存在，并被认为是合理的、必要的，即被看作一种高级的统一或整合，或从属于一个超越分歧的整体	13.亚里士多德的逻辑，即分离的事物被认为是肢解的、切割开的，彼此完全不同的，相互排斥的，在利益上是敌对的

人性能达到的境界

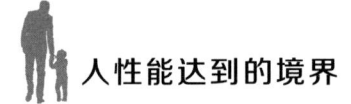

续表：

存在性认知	缺失认知
14.具体地（和抽象地）感知。各个方面同时被感知。因此，是不可言喻的（用普通的语言）；稍许能用诗歌和艺术等描述，但即使是这样，也只有那些有相同经历的人才能理解。基本上的审美体验（从诺思罗普的意义上说）。非挑选性的喜爱或分选。能看到它的本质（与年幼的儿童、不成熟的成年人、脑损伤患者的具体感知不同，因为这需要与抽象能力共存）	14.只有抽象的、分类的、图示的、标签化的、分等级的。"还原到抽象"
15.有个性特征的感知对象；具体的、独特的实例。无法分类的（除了抽象方面），因为它是此类的唯一成员	15.法规性、普遍性、统计的合法性
16.增加内部世界与外部世界之间的心物同态。当世界存在的本质被个人所感知，同时这个人也就会更接近他自身的存在本质；反之亦然	16.心物同态减少
17.被感知对象往往被认为是神圣的、至善的、"非常特殊的"。它"要求"或"召唤"出敬畏、尊敬、虔诚、惊叹	17.被感知对象是"正常的"、日日可见的、平凡的、熟悉的、没有什么特别、"习以为常，司空见惯的"
18.世界和自我经常（但不总是）被看作有趣的、好玩的、喜剧式的、幽默的、滑稽式的、可笑的	18.如果有幽默的话，也是幽默的低级形式。与有趣事物完全不同的严肃问题。敌意的幽默、毫无幽默感、庄严肃穆
19.无法互换，不可替代。没有其他什么可以做到	19.可以互换，可以替代

单纯认知（存在认知的一个方面）

对于单纯的人来说，每一件事都朝着同样可能的方向发展，一切都同样重要，一切都同样有趣。想真正了解这一点的最佳方法就是通过儿童的眼睛来看待事物。例如，对儿童来说"重要"这一词一开始并没有什么意义。那些能吸引眼球、闪亮的或者偶然映入眼帘的事物和其他事物是一样重要的，似乎只有基本的结构和环境的分化（有些会作为"图形"凸显出来，有些作为"背景"消融入整个环境之中）。

如果一个人对任何事情都无所求，如果一个人没有期盼或忧虑，那么从某种意义上说他就没有未来，因为儿童的各种行为都处于"当下"状态中，既没有惊喜，也没有失望。这件事与那件事一样有可能发生。这是一种"完美的等待"，没有任何人旁观，没有对某件事情是否发生的要求，没有任何预见性。没有预见就意味着没有担心、焦虑、恐惧或不祥的预感。例如，任何孩子对疼痛的反应都是完全的，没有抑制，没有任何控制的，整个机体都陷入痛苦和愤怒的怒吼。在一定程度上，这可以被理解为对"当下"的具体反应。这是有可能的，因为没有对未来的期望，因此也就没有迎接未来的准备，没有预演，也没有期待。当未来是不可知的，也就不会有任何急切的心情（"我不会再等待"），当然也不会出现不耐烦。

在孩子身上，有一种无论发生什么事情都会无条件地全盘接受的特性。这是因为他们很少有相关的记忆，也很少依赖过去，因此他们几乎没有把过去带到现在或未来的倾向。这样的结果是，孩子完全活在当下，或者也可以说是纯粹天真无邪，抑或是完全不考虑过去和未来。这些都是进一步细化的具体感知、（儿童的）存在认知，以及老练的成年人达到"第二次天真"的存在认知方式。

这一切都和我对于"创造性人格"所持的观点相符，拥有这样人格的人完全生活在当下，他的生活不用考虑过去和未来。另一种说法是："有创造性的人是天真的人。"天真的人可以定义为一个依旧可以像孩子一样去感知、去思考、去做出反应的成年人。正是因为这种天真在"第二次天真"中被恢复，或许我可以称这是那些恢复了孩子般天真的能力的睿智老人的"第二次天真"。

天真也可以被看作对存在价值的直接感知。就像安徒生童话中的那个男孩，当所有成人都被愚弄，认为国王穿着衣服时，这个男孩能看出皇帝没有穿衣服（就像是阿希实验中显示的那样）。

行为上的天真，是在专注或着迷时表现出的自发性非自我意识，即自我意识和自我的丧失或超越。然后，行为完全是由对自身之外的有趣世界的迷恋组织起来的，这就意味着"不试图对旁观者施加影响"，没有诡计或预谋，甚至意识不到自己也是他人审视的对象。这样的行为纯粹是一种体验，而不是达到某种人际关系目的的手段。

第七章

超越与存在心理学

第二十一节 超越的各种方式

1. 超越在某种意义上是自我意识、自我感知的丧失，是人格解体的青少年自我审视的丧失。这同样是一种源于沉浸、着迷、专注的忘我心境。从这个意义上来说，对心灵之外的事物专注或沉思，能够产生忘我境界，导致自我意识的丧失，引发特定意义上的自我超越或自我意识超越。

2. 超越在元心理学的意义上是超越自身的皮肤、身体和血液，等同于存在价值，从而使这些存在价值成为自我本身所固有的内在价值。

3. 超越时间。例如，我曾对学术道路感到厌倦，觉得学位服是如此可笑。突然间我陷入一种感觉中，仿佛我成为永恒境界中的一个符号，而不是当下在特定时间和特定地点中一个厌倦、烦恼的个体。在我的幻觉或想象中，我所在的学术队列伸展开来，一直延伸到那遥不可及的未来，远到令我一眼难以望尽。苏格拉底站在队列的最前面，也就是说那些矗立在遥远队列前端的人，是我们所有伟大先辈，而我是这些学者、教授、智者的后继者和追随者。接着，在我的幻想中我身后的队伍也渐渐延伸到模糊、朦胧的无限之中，在那里有目前还未出生的人，他们某一天也将加入这个学术队伍，这个由学者、智者、科学家和哲学家组成的学术队伍。我为自己有幸跻身这个队伍而激动不已，我感受到它的庄严，感到我身穿学位服的荣耀，甚至是我能成为这个队伍中的一员的无上荣光。也就是说，我变成了某种象征，独立于我皮肤、身体、血液，也就是我的肉体之外。确切地说，我已不仅仅是个独立的个人，我也是永恒导师中的一员。我本质上也是一名柏拉图式的导师。

这种对时间的超越在另一种意义上来说也是真实的，即我可以感觉到友爱，我可以以一种非常私人化的亲密方式与斯宾诺莎、亚伯拉罕·林肯、杰斐逊、威廉·詹姆斯、怀特海等名人友好交往，就好像他们都还活着。也就是说，他们仍然以某种特定方式活在我们中间。

在另一种意义上，一个人也可以超越时间，这就是为了尚未出生的子孙后代或继承人而努力工作。这种意义的超越，艾伦·惠理斯（Allen Wheelis）在他的小说《探索者》（*The Seeker*）中有所描述，小说的主人公在他临死时想到，他能做的最好的事情就是为后人栽树。

4. 超越文化。在一种非常特殊的意义上，自我实现的人，或超越自我实现的人，是世界公民，是人类中的一员。他根植于某一特定文化，但已然超越了它，可以说是以各种方式独立于这一文化之外，并从某一高度俯视着它，或许这就像一棵大树扎根于土壤之中，虽然它的枝杈已经伸展到极高之处，但是依然无法轻视它所扎根的土壤。我曾经写过关于自我实现者对文化适应的抵制。一个人可以用一种超然和客观的态度审视自己所扎根的文化。这与心理治疗的过程相类似，即在体验的同时，以一种或批判，或评论，或超然，或远离的态度进行自我观察，这样就可以批评它，赞成或反对它，对它进行控制，甚至有可能改变它。一个人对自己有意识地接受的那部分文化的态度，与不假思索的、盲目的、无法察觉的、毫无意识的、不加分辨地完全认同他所在的文化态度，是完全不同的。

5. 超越个人的过去。一个人对过去可能会有两种态度。其中一种可以说是超越的态度。一个人可以对自己的过去有一种存在认知。也就是说，一个人的过去可以被他现在的自我包容和接受。这意味着，因为理解自我而原谅自我。这也意味着超越悔恨、遗憾、内疚、羞愧和尴尬等诸如此类的情绪。

这与另一种观点不同，那种观点认为在过去境况中个人是无助的，一个人所遇到的事情，就个人而言完全是被动的，一切都是由外部因素决定的。从某种意义上来说，这就像是为一个人的过去负责。这意味着"努力成为一个代理人，并且现在一直担任代理人"。

6. 超越自我、自身、自私，以自我为中心等。这是当我们对外部任务、事业、职责、对现实世界和他人承担的责任等需求特征做出反应时实现的超越。当一个

人性能达到的境界

人在履行职责时，这也可以被看作在永恒的层面下，代表着对自我的超越，对自我较低需求的超越。当然，它最终是一种超越性动机的形式，是对"要求"所做的事情的认同感。这是一种对额外心理需求的敏感性。这反过来又意味着一种道家的态度。"与自然和谐共处"这句话暗示了一种能力，即有能力对精神以外的现实生活做出让步、接受或回应，就如同自身本就从属于它，或是能与它和谐共处。

7. 作为神秘体验的超越。这可以说是一种神秘的融合，无论是与某个人，或是与整个宇宙，又或是与介于两者之间的任何事物的融合。我在这里所说的神秘体验是指宗教神秘论者在各种宗教文献中对神秘体验做出的经典描述。

8. 超越死亡、痛苦、疾病、邪恶等。当一个人处于足够高的水平时，就必然会与死亡、痛苦等和解。从上帝的或奥林匹斯诸神的角度看，所有这些都是必要的，并且可以被理解为是必要的。如果达到了这样的境界，就如同达到了存在认知的境界。这时痛苦、反叛、愤怒、怨恨等，都会完全消失，或者至少减轻很多。

9. （与上文重叠）超越是完全接受自然世界，以道家的方式使之顺其自然地存在，这是自我低级需求的超越，也就是说，这是对一个人内心深处的自私需求的超越，对个人以自我为中心评判精神以外的事物是否有危险、是否能食用、是否有用处的超越。这样的超越就是"客观地看待世界"这句话的终极意义。这是存在认知的一个必要方面。存在认知是指一种对自我、低级需求、自私等的超越。

10. 超越我们与他们之间的二元对立。超越人与人之间的零和博弈（一方得益引起另一方损失）。这意味着协同水平的提升（人际协同、社会制度或文化的协同）。

11. 超越基本需求（无论是这些需求得到了满足而正常地在意识中消失，还是能够主动放弃这样的满足感并克服这样的需求）。这也是"成为主要受超越性动机支配"的另一种说法，意味着对存在价值的认同。

12. 认同的爱是一种超越。例如，对自己孩子的爱，或是对亲密朋友的爱。这意味着"无私"，意味着超越了自私的自我。这也表示认同范围的扩大，即越来越多的人加入其中，让这一范围不断接近整个人类范畴。这也可以表述为越来越具有包容性的自我。这里的界限是对整个人类范畴的认同,这也可以用心理内部和现象学的层面表示,例如,体验自己是一群兄弟中的一员,是整个人类中的一员。

13. 安贾尔型同律(homonomy)的一切例证,无论是高级的还是低级的。

14. 离开旋转木马。穿行于屠宰场而不沾染血腥。出淤泥而不染。超越广告意味着从思想境界上超越它,不受其影响,不为之所动。从这个意义上来说,一个人可以超越各种束缚和奴役,等等,就像法兰克、贝特尔海姆等人一样,甚至能够超越集中营一类的境况。我在这里用1933年《纽约时报》头版的一张照片加以说明:一个满脸大胡子的犹太老人在柏林街头被一辆垃圾车拉着游街示众,在他面前则是嘲笑的人群。在我的印象中,他对人群充满同情,用怜悯或许还带有宽恕的心情看着他们,认为他们是不幸的、病态的、缺乏人性的。将自身独立于他人的邪恶、无知、愚蠢、幼稚之外——甚至当这些恶意是指向自己的时候——虽然很困难,但实际上也是可以做到的。然而,在这样的情况下,一个人也可以审视整个境况——包括他身处其中的境遇,就像一个人从一个伟大的、非个人的或超个人的高度,以一种客观的、超然的态度俯视这一切。

15. 超越他人意见,即超越他人的反应与评价。这意味着一个人能够决定自我。这意味着,一个人会坚持做正确的事情,哪怕承受不受欢迎的后果,他能成为一个独立自主的人,拥有一个自我决断的自我;写自己的台词,主宰自己的命运,不受任何操控和诱惑。这样的人是阿希实验(Asch-type experiment)中的抗拒者(而不是遵从者)。抗拒是标签化的,能够从角色中获得解放,即超越个人的角色,成为一个人,而不是所扮演的角色。这包括抵制建议、宣传、社会压力、投票否决,等等。

16. 超越弗洛伊德的超我,并上升到内在良知和内在罪恶感的层次,即应得感和适当的悔恨、遗憾和害羞。

17. 超越自身的软弱和依赖性,超越幼稚,以父母的态度对待自己,成为自己的父辈而不仅仅只是孝顺的子女,能够变得坚强并有责任感,而不仅仅是依靠他人,超越个人的软弱而变得坚强。因为我们自身内部总是同时拥有这两种品质,在很大成分上,这只是程度的问题。但是无论如何,我们还是要意味深长地说,

人性能达到的境界

对于一些个体而言，他们是软弱的，他们与他人之间的关系是弱者与强者的关系，他们所采用的所有适应机制、应对机制、防御机制，都是弱者对强者的防御。依赖和独立，承担责任和推卸责任也是如此。也可以说，他们一方面是船长、是汽车驾驶员，而另一方面仅仅是乘客。

18. 超越库尔特·戈尔德斯坦的意义上的现状，即"与存在的联系也涉及可能性和现实"。这就是说，要克服刺激的约束、当下现状的束缚和现实的羁绊。戈尔德斯坦式的还原到具体是能够被超越的。也许在这里最好的表述方式是"既提升到可能的境界，又提升到现实的高度"。

19. 超越二歧化（两极性、白与黑的对立、非此即彼等）。从二歧化上升到更高层次的整体化。超越原子论，支持层级整合。将分散的东西结合为整体。这里的极限是把宇宙作为一个整体来感知。这是终极的超越，但是沿着这条路线，朝着这一终极迈进的每一步都是一种超越。任何二歧化都可以作为一个例证，例如，自私与无私，或是男性化与女性化，或是父母与子女、老师与学生，等等。所有这些都可以超越的，当相互排斥、对立、零和博弈都被超越后，我们也就上升到了一个更高的层次，在那里我们可以看到些相互排斥、对立事物之间的差异可以协调成一个更实在、更真实、更符合现实的统一体。

20. 超越存在领域中的缺失领域。（当然，这与其他各种超越都有重叠。事实上，每种超越之间都有重叠。）

21. 超越自己的愿望（赞赏这样的精神："去实现你的愿望，而不是去实现我的愿望"）。顺从自己的命运或定数，并与之融合，像斯宾诺莎或道家所说的那样去热爱它，深情拥抱自己的命运。这是一种超越个人意志的提升，是一种掌控，是一种控制，是一种需要控制等。

22. 超越一词意味着"变得更优秀"，简单而言就是一个人能够做到自己认为无法做到的事情，或者做一个人过去做不到的事情，例如，比过去跑得更快，成为一个更好的舞蹈家或钢琴家，或者更好的木匠等。

23. 超越还意味着变得神圣或超凡，逾越了世人的水平。但是在这里人们必须小心，这种说法中不包含任何非人类或超自然的事物。我想用"超常的人"或"存在的人"这样的词来强调它。这种变得非常高深、神圣、超凡的能力是人性的一部分，尽管在现实中这并不常见，但它依旧是人性的一种潜能。

超越二歧化的民族主义、爱国主义、种族优越感，"他们"反对"我们"，或是我们——他们的情结，又或是阿德里（Ardrey）的敌对——友好情结。例如，皮亚杰（Piaget）所说的日内瓦小男孩，他无法想象自己既是日内瓦人又是瑞士人。他只能认为自己要么是日内瓦人，要么是瑞士人。它需要更多的发展才能更具包容性和综合性。我对于民族主义、爱国主义或是我自身文化的认同，并不一定会有损于我在整个人类或联合国层次上的更加包容、更为崇高的爱国主义。事实上，这是一种超越了分歧的爱国主义。相比那些被视为敌对的、排他的狭隘的地方主义，它不仅更加包容，而且更健康、更富有人性。

也就是说，我可以成为一个好的美国人，当然也必须是个美国人（这是伴随我成长的文化，是我无法摆脱也不想摆脱的文化，它也有助于我成为一个世界公民）。强调世界公民没有根，不从属于任何地方，完全或仅仅是世界主义者的观点，这并不比那些认为世界公民也有文化根基，也会生长于一个家族、从属于一个地方、有其独特的语言和文化的观点更好。因为后者有一种归属感，在此之上建立起高级需求并达到超级需求的水平。成为人类中完满的一员，并不意味着否定其较低需求层次，而是意味着将他们所在的不同层次进行整合。例如，文化的多元化，欣赏的差异化，对不同餐厅、不同食物的不同喜好，热爱到其他国家旅游，热衷于从事对其他不同文化的民族学研究，等等。

24. 超越同样意味着生活在存在领域，使用存在语言，拥有存在认知和平稳生活。它既可以指安详宁静的存在认知，又可以指顶级的高峰体验型的存在认知。当一个人经历了顿悟或巨大的转变，或伟大的高峰体验，或重大的启示，或伟大的完全觉醒之后，他会在一切新奇感消失之后平静下来。此时他已经习惯了美好的事物，甚至是伟大的事物，偶然他会觉得自己正置身天堂，安享永恒与无限。在他克服了震惊与讶异之后，就会平静和安详地生活在柏拉图式的本质或是存在价值中。这里对这种感觉的描述是与顶级的或情感强烈的伟大觉醒和存在认知对比而言的，也可以说是平稳认知。高峰体验是短暂的，实际上就我所能知晓的范围而言是短暂的。但是，它会留下一种启示或是一种洞察力。有过这样体验的人不可能像其从前那样天真、单纯或无知。他无法做到"视而不见"。他无法再变得盲目无知了。不过我们必须有一种语言用以描述这种转变、启示，或是在伊甸园中的生活。这样一个觉醒的人通常会以一种统一的方式或存在认知的方式行事——当然，这取决于他何时愿意这样去做。这种平静的存在认知或是平稳认知是可以被他纳入自己的掌控之中的，并且可以按照他自己的意愿随意开关。完满的人性的（短暂的）实现、终结或要达到的目标本身就是一种超越。

25. 在超越无涉的、中立的、无关怀的、旁观式的客观性中达到道家的客观性（它本身超越了纯粹的自我中心和不成熟的客观性缺乏）。

26. 超越事实与价值之间的分裂。事实与价值产生融合并成为一体。（参见第八章）。

27. 超越负面因素（包括邪恶、痛苦、死亡等，也包括其他更为消极的事物），这可以在高峰体验的报告中见到。在高峰体验中，世界被视为是美好的，这时的人可以与他所感知的邪恶和解，但这也是对压抑、阻碍、否认、排斥的一种超越。

28. 超越空间。用最简单的方式来表达就是，过于关注某一事物，以至于忘记了自己身在何处。但是这种超越也可以上升到最高的意义，也就是一个人与整个人类融为一体。如此一来，地球另一端的同胞们也成为他身体的一部分，从这某种意义上来说，他既身在地球的这一边，也身在地球的另一端。对于存在价值的投射也是如此，因为它们无处不在，它们定义了自我的最典型特征，而一个人的自我也是无处不在的。

29. 和以上几项有重叠的是对努力与奋斗、对渴望与希望、对任何矢量特征和意向特征的超越。从最简单的意义上来说，这当然是对满足现状、对希望的实现与达成、对身在其中而不是努力争取、对已然达到而不是尚在路途的纯粹享受。这也有"处于极度幸运之中"的意思，也就是加勒特太太所说的"完全无忧无虑"，这是任由事物发生而不是促使事物发生的道家的感觉，也是一种完美的快乐感觉，是一种接受这种不奋斗、不期望、不干涉、不控制、无欲无求的道家情怀。这是对野心和对功利心的超越。这是拥有的状态而不是没有的状态——一个人无所求，自然也无所缺。这意味着人们能够达到幸福、满足、知足常乐的状态，实现纯粹的欣赏、纯粹的感激，处于幸运的状态与感觉，拥有恩惠之心，不求回报的恩惠之心。

处于终极状态意味着超越了各种感官的感知方式。但是，对此必须非常仔细地阐述清楚。

30. 对于研究目的和治疗目的而言，特别值得注意的是挑选出特殊类型的超越，超越恐惧，进入毫无恐惧或充满勇气的状态（这两者并非完全相同）。

31. 同样有用的还有巴克（Bucke）的宇宙意识理论。这是一种特殊的现象学状态，在这种状态下，人能够以某种方式感知整个宇宙，或至少是宇宙中的一切事物的统一和整合，包括他的自我。于是他觉得他似乎有权属于这个宇宙。他成为这个大家庭的一员而不是一个孤儿，他身在其中而不是从外向内观看。他既感觉自己十分渺小，因为宇宙广袤无垠，同时又感觉到自己存在的重要性，因为他绝对有权利在这里拥有一席之地。他是这宇宙的一部分，而不是一个陌生人或侵入者。在这里，他能感觉到非常强烈的归属感，而不是排斥感、隔离感和孤独感，不是感到被孤立、没有任何根基或是无处可去。在拥有这样的感知之后，显然他能感觉到一种永恒的归属感，拥有一席之地，拥有存在于此的权利，等等。（我曾用高峰体验中的存在认知的宇宙意识类型与其他类型进行比较，也就是说，那些来自缩小意识，受到某一个人或某一正在发生的事物的强烈吸引而陷入彻底的专注和迷恋，以至于将这些事物以某种方式替代了整个世界、整个宇宙。我称之为缩小的高峰体验和存在认知。）

32. 也许还应该对超越做出一个特殊的、独立的陈述，在这种特殊的意义上，超越是对存在价值的注入和认同，在此之后的状态主要是由存在价值驱动的。

33. 一个人甚至可以在一种非常特殊的意义上超越个体的差异。对于个体差异的最佳态度是认识它们、接受它们，同时欣赏它们，最后深深地感激它们，把它们看作宇宙独创性的一个美妙的实例。这就是说，要承认它们的价值，并惊叹于个体间的差异。这确实是一种更优秀的态度，因此我认为这是一种超越。但是，与这种对个体差异的最终感激之情不同，另一种态度是超越于这种差异之上，认同所有人类的终极人性和人种属性，并认识到其本质上的共性和共同归属感，在这一意义上，人与人之间都是兄弟姐妹，于是个体间差异，甚至是性别差异也可以通过一种特殊的方式被超越。也就是说，有的时候个体之间的差异是显而易见的，而另一些时候这些差异可以被搁置一边，因为与普遍人性和人类之间的共性相比，个体差异就显得不值一提了。

34. 对某些理论研究目标有价值的一种特殊的超越是对人类极限、人类的不完美性、缺陷性和局限性的超越。它来自对完美的极端体验，抑或来自对完美的平稳体验。在这种体验中，一个人可以是目标本身、是一个"神"、是一种完美、是一种本质、是（而不是成为）庄严而神圣的。这可以表述为普通的超越、日常的人性、超越的人性或此类的说法。这是一种真实的现象学状态，它可以是一种认知，也可以是一种哲学或理想的想象极限——例如，柏拉图式的本质或理念。在这种极端的时刻，或是某种程度的平稳认知时刻，人可以变得完美，或是可以被看作完美的。例如，在那一刻，我可以热爱一切，接受一切，原谅一切，甚至是与伤害我的邪恶和解。我可以理解并欣赏事物存在的方式。我甚至能主观地体会到一些只有神才有的感受，即无所不知、无所不能、无处不在（某种意义上，在这样的时刻，一个人可以成为神、贤者、圣人、神秘主义者）。也许能用来强调人性的这一部分的最好的词语，就是"超越人性"。

35. 超越个体自身的信条、价值体系或信仰体系。这一点值得另文讨论，因为在心理学中存在一种特殊状况，很多人认为心理学的三大流派之间是相互排斥的。这种看法当然是错误的。人本主义心理学更有包容性而不是排斥性。它是超弗洛伊德和超实证主义的科学。这两种观点与其说是错误的或不正确的，不如说它们是有局限性和片面性的。它们的本质非常适合一个广泛和包容的结构。当然，将它们整合到这种更广泛、更具包容性的结构中，肯定会在某些方面改变它们，纠正它们，指出它们的某些错误，但是会吸纳它们最本质（尽管有局限性）的特征。在知识分子中存在着一种敌意——友好的复杂情绪，那些对于弗洛伊德和克拉克·赫尔、伽利略、爱因斯坦或达尔文的忠诚与尊敬，会成为一种排他性的有局限的爱国主义。在这样的爱国主义中，人们可能会组织成某种形式的俱乐部或团体，接纳一部分人，然后把其他人拒之门外。这是包容性、层次性整合或整体论的一个特例，但是特别值得强调的是，这对于心理学家、哲学家、科学家来说是有益的，因为在科学领域仍然有划分所谓"思想流派"的倾向。也就是说，一个人可以对某一思想流派持有二歧化的或整合的态度。

此处做一个简要总结：超越是指最高层次的、最具包容性的或整体水平的人类意识，它是目的而不是手段，与自己、与关系密切的他人、与人类整体、与其他物种、与自然、与宇宙发生关联。（在层次整合意义上，整体论是假定的；认知和价值的同构也是如此。）

第二十二节 Z 理论

最近，我发现越来越有必要区分两种（最好称为两种程度的）自我实现者，一种人明显很健康，但是很少或没有超越性体验；另一种人非常重视超越性体验，甚至认为超越性体验具有核心意义。对于第一种自我实现者，我可以以埃莉诺·罗斯福夫人为例，或许还可以包括杜鲁门和艾森豪威尔。对于第二种人，我可以列举奥尔德斯·赫胥黎，或许还有施韦泽、布伯和爱因斯坦。

不幸的是，我在这一层次上还没能拿出一个清晰的理论。我发现不仅是自我实现的人可以超越，那些不健康的、非自我实现的人也会有很明显的超越体验。我似乎在一些非自我超越者那里发现了某种程度的（我在上文中所定义的）超越。也许在我们发展出更好的方法和更好的概念体系后，这样的超越能得到更广泛的发现。毕竟，我在这里所讲述的是我在最初步的探索中获得的印象。总之，我的初步印象是，超越的认识不仅存在于自我实现的人中，也存在于极富创造力或才华横溢的人中，存在于高智商的人、非常坚强的人、有权威并有责任感的领导者或管理者、极为善良（德行出众）的人和那些能够克服逆境变得更为坚强而不是软弱的"英雄"式的人物中。

在某种未知的程度上，后者（有超越性体验的自我实现者）是我所说的"高峰体验者"而不是"非高峰体验者"是说"是"的赞成者而不是说"不"的不赞成者，是积极生活的人而不是消极生活的人（在赖希所说的意义上），是渴望生活的人而不是厌烦生活的人。前者（缺乏超越性体验的健康的自我实现者）是实质上更实际、更现实、更平凡、更能干、更世俗的人，更多地生活在当下的世界，即我所说的"缺失的领域"、缺失的需求和缺失的认知的世界。在这种世界观中，人或事物本质上是以一种实际的、具体的、当下的、务实的方式，被视为缺失需求的提供者或阻碍者来对待的，即要看他们是有用的或是无用的、有帮助的或是有危害的，对个人是重要的还是不重要的。

"有用"在这里既有"对生存有用"的意思，又有"对自我实现和摆脱基本缺乏需求的成长有用"的意思。更具体地说，这意味着一种生活方式和世界观，这种生活方式和世界观不仅产生基本需求的层次结构（纯粹为了物质生存、为了安全和保障、为了归属、为了友情和爱情、为了尊重和尊严、为了自尊和价值感），也产生于实现个人特殊潜力的需求（身份认同、真实的自我、个性、独特性、自我实现）。也就是说，它不仅是个人的人类共性的满足，而且是个人特殊潜能的实现。这样的人生活在这个世界上，逐渐地实现着这一切。他们把握它、引导它、把它用于良好的目的，就像（明智的）政治家或实干主义者那样。换言之，这些人往往是"实干家"而不是冥想家和观望者，他们高效并务实，而不是专注于审美，重视现实检验和认知，而不是情感和体验。

另一种类型（超越者？）可以说能够更经常地意识到存在领域（存在领域和存在认知），生活在存在水平上，即目的水平、内在价值水平；超越性动机变得更加明显；或多或少地拥有统一的意识和"平稳体验"；拥有或曾经拥有高峰体验（神秘的、神圣的、欣喜若狂的），并伴随着能改变他们对世界和对自身看法的启示、洞察力或认知，这也许是偶然发生的，也许是司空见惯的。

总体而言，可以公正地说，那些"仅仅是健康的"自我实现者满足了麦格雷戈 Y 理论（McGregor's Theory Y）的期望。但是对于超越型自我实现者而言，我们必须说，他们不仅实现了 Y 理论，而且超越了 Y 理论。他们生活在一个更高级的水平上，为了方便起见，我称之为 Z 理论，因为它与 X 理论和 Y 理论处于一个连续的系统中，并与它们共同形成一个层次。显而易见的是，我们在这里讨论的是特别复杂的问题，事实上也是关于一般的人生哲学的问题。我们还需要更多章节或者专著去延伸或扩展对这一问题的讨论。

但是，我想我们可以借助表 22-1 来简要了解一下这些问题。我在基思·戴维斯（Keith Davis）制作的非常方便的汇总表上做了一定的扩展。很难说这是简

人性能达到的境界

单易懂的内容,但是,我确信那些真正对此好奇或感兴趣的人,能够或多或少理解我要表述的内容。更为广泛的讨论可在参考文献中所列出的书目和文章中查阅到。

最后需要关注的一个问题是:我们要注意到,这种按照级别划分的层次安排,留下了一个复杂的、仍未得到解决的问题,即下列进程或层次之间的重叠或相关的程度问题。

1. 需要的层次性(可以认为是埃里克森式地按年龄顺序进入危机,也可以认为是年龄保持不变)。

2. 基本需求满足的进程,从婴儿期、儿童期、少年期、成人期到老年期,在各个时期都是一样的。

3. 生物系统进化,物种进化。

4. 从疾病状态(萎缩、发育迟缓)到健康和完满的人性。

5. 从生活在不良环境中到生活在良好环境中。

6. 从本质上或总体上来说的"不良样本"(在生物学家的意义上)到成为动物饲养员所说的"优良样本"。

当然,所有这些复杂问题让"心理健康"这一概念比在一般情况下显得更没有实际意义,这迫使我们使用"完满人性"这一概念加以替代,这一概念能毫无障碍地适用于所有这些变化。反过来说,我们也能用"人性萎缩"这一概念来替代不成熟、不幸、病态、先天缺陷、弱势概念——"人性萎缩"涵盖了所有这些词汇意思。

表22-1[①] 组织管理水平与其他层级变量间的关系

	专制型	保守型(维持型)	激励型(动机型)	合作型家庭般的、同事般的	Z理论的组织管理;组织管理的超越
取决于	权力	经济资源	领导艺术	互助、敬业	对存在和存在价值的无私奉献

---

① 作者以基思·戴维斯的表格为基础[《工作中人与人之间的关系》(第三版,1967)],斜体字是作者添加的内容。

续表：

	专制型	保守型（维持型）	激励型（动机型）	合作型家庭般的、同事般的	Z理论的组织管理；组织管理的超越
管理导向	权威	物质奖励	鼓励	整体化	假设所有人都能无私奉献，无论是发起者还是跟随者
员工导向	服从	安全	绩效	职责	赞美，热爱，接受实际优势
员工心理	依赖个人	依赖组织	参与	自律	奉献，自我牺牲
员工需求的满足	生存保障	生活费用	高级	自我实现	超越性需求，存在价值
精神面貌	顺从	满足	有积极性	献身于工作和团队	致力于存在价值
与其他思想理论的关系					
麦格雷戈的理论	X理论		Y理论		Z理论
马斯洛的需要优先模式	生理需求	安全与保障	中级	高级	超越性需求，存在价值
赫茨伯格的因素	维持生活	维持生活	动机性	动机性	
W.H.怀特命题		组织管理			

人性能达到的境界

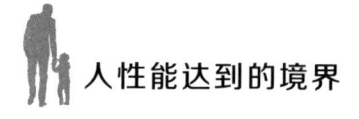

续表：

	专制型	保守型（维持型）	激励型（动机型）	合作型家庭般的、同事般的	Z理论的组织管理；组织管理的超越
布莱克和莫尔顿的管理网格	9.1	3.5	6.6	8.8	
动机环境	外在的	外在的	内在的	内在的	融合的
动机风格	消极的	在工作中大多是中立的	积极的	积极的	
管理风格	专制的	中立的	参与的		第一位的，卓越的；非个人的，超越个人的，包括自愿放弃权利
个人发展的模式水平	所有者	老板，父亲，家长	不成熟的平等	健康的，成熟的	超越的；超越个人的存在水平；超越个人
人的形象	被利用的事物，可以替换的，非个体性；所有者	宠物，孩童，玩偶，或仁慈的独裁者	共同利益和共同需求得以满足的伙伴关系；缺失的爱	每个人都是一样的；强烈的认同感；独立个体之间的联合；真正的自我；自我实现	圣人，智者，政治家，自由主义者；神秘主义者，菩萨，正直的人，存在的人，祭司般的奉献和非个人化的，赫拉克利特式的

第七章　超越与存在心理学

续表：

	专制型	保守型（维持型）	激励型（动机型）	合作型家庭般的、同事般的	Z理论的组织管理；组织管理的超越
客观性	不相容的，拥有的、不认同自身身份的，客观的拥有，客观的旁观			客观的、存在的爱的融合	道家的客观性，超越的客观性，不干预的客观性，爱的客观性
政治策略	奴隶，所有物	家长制	为了共同的利益而联合	议员制的；每个人都相同；完全独立自主	存在的政治策略；无政府主义；存在的谦卑；分权化，非人性化，超越人性化
宗教性	恐惧与愤怒之神	父权之神	爱与仁慈	人本主义	超人本主义（以宇宙为中心，而不是以人类为中心）
男性与女性	占有者，剥削	责任和情感的占有者	爱与仁慈；彼此需求的满足	彼此尊重；平等；存在的爱；完全的自主权	存在的爱；融合；轻松自如的状态

人性能达到的境界

续表：

	专制型	保守型（维持型）	激励型（动机型）	合作型家庭般的、同事般的	Z理论的组织管理；组织管理的超越
经济	维持生存；实利主义；满足最低需求的经济活动	仁慈的占有者；贵族式的恩惠	民主的，伙伴式的；较高需求的经济活动	伦理经济学，道德经济学；统计报告制度中的社会指标	无政府主义，分权制，存在价值是最高价值；精神经济学；超越性需求经济学；超个人经济学
科学水平	物化的科学	低于人类的科学←　　人本主义科学→			超人类的科学，以宇宙为中心的科学和超个人的科学
价值水平	脱离价值	低于人类的"价值"←　　人本主义价值→			超人类的价值，存在价值，宇宙价值
方法	原子论的——二歧化的——还原的——分析　　分层次的整体论；整合的；协同作用				
畏惧与勇气	畏惧←勇气→				勇气和畏惧的超越；勇气与畏惧
人性的程度	人性削弱；萎缩→完满的人性				超越人类的一切限制；超越个人
矢量方向	倒退←→形成——进步——成长——存在				

第七章 超越与存在心理学

续表：

	专制型	保守型（维持型）	激励型（动机型）	合作型家庭般的、同事般的	Z理论的组织管理；组织管理的超越
优越性	←——更高层次的优越→				
心理健康	完满人性→更高层次的健康与人性→				
教育	培训	主导性教育，外在教育	共同的教育	内在教育，即兴教育；充满信心地面对未知的情况	超越人类限制的教育，个性化教育，道家的教育；赫拉克利特式的人；"不是我的愿望而是你的"；奉献；拥抱你的命运；责任；义务
治疗师与治疗水平；帮助水平	机械师，外科医师	兽医；家长式的权威（畏惧与信任）；发号施令	仁慈而全能的慈父（受人爱戴并充满仁爱，关爱他人，同时也高深莫测）；像一面镜子	存在主义的；"我"与"你"，同事般的，兄长式的；发现同性，发现命运，发现价值	道家的指引；咨询顾问；上师，圣贤；存在价值的分享；菩萨；公义；悲与爱的同情心

人性能达到的境界

续表：

	专制型	保守型（维持型）	激励型（动机型）	合作型家庭般的、同事般的	Z理论的组织管理；组织管理的超越
性	肮脏的，邪恶的，单方面的，短暂的；糟蹋地利用（另一个人）。	"本能的"，世俗化的	因爱而性；狂喜，欢乐	圣洁的；通往天堂的途径；密宗的	天堂的存在状态。超越性欲的
沟通风格或水平	命令式	命令式		相互关系	存在的语言
怨言的水平	低	中等		高	超级怨言
报酬；工资；奖励	物资和财产	现在和未来的安全保障	友谊，情感，团队归属感	尊严，地位，荣耀，赞誉，光荣，自由，自我实现	存在价值；正义；美，善，卓越，完美，真实，等等；高峰体验，高原体验

超越者和仅仅健康者之间（在程度上）的差异

非超越的或超越的自我实现者（或 Y 理论和 Z 理论的人）都共同拥有能用来描述自我实现的特征，唯一例外是高峰体验是否存在，或者更应该说是高峰体验和存在认知以及阿斯拉尼（Asrani）所说的高原体验（平静和沉思的存在认知，而不是高潮的存在认知）的数量及其重要程度的差异。

第七章　超越与存在心理学

但是让我印象深刻的是，与超越者相比，非超越的自我实现者不具备或很少具备以下特征。

1. 对超越者而言，高峰体验和高原体验是他们生活中最重要的事件，是人生的制高点和验证器，是生活中最重要的一方面。

2. 他们（超越者）轻松地交谈，通常会自如地、无意识地运用存在的语言，这是一种在永恒的层面上，由诗人、神秘主义者、先知、笃信宗教的人使用的语言，是由生活在柏拉图式的理念层面或斯宾诺莎式的层面上人使用的语言。因此，他们应该能够更好地理解比喻、修辞、悖论、音乐、艺术、非语言的交流，等等（这是一个易于检验的命题）。

3. 他们用统一的或神圣的（在凡俗中的神圣）方式感知；或者说他们既能在某个时候看到所有事物的神圣，也能在实际的日常生活中看到它们的缺失。他们可以随意地将任何事物神圣化，即从永恒的层面感知它们。这一能力是对缺失领域内的良好现实测试的补充，而不是与之相排斥的（禅宗思想中的"无分别"概念能对其进行很好的阐释）。

4. 他们更为自觉地、有意识地受到超越性动机的支配。也就是说，存在的价值或是存在本身既被看作事实，又被看作价值。例如，完美、真、善、美、统一、二歧化的超越、存在的乐趣等是他们主要的或最重要的动机。

5. 他们似乎能以某种方式彼此熟识，即使是在初次见面时，他们也能立刻亲密起来，并能够相互理解。接下来，他们不但能以所有的语言方式进行交流，也能以非语言方式进行交流。

6. 他们对美的反应更敏感。这可能会成为一种美化一切事物的倾向，包括美化所有的存在价值；或是比别人更容易看到美，或是比其他人更容易产生审美反应；认为美更为重要，或是将在常规或传统意义上不觉得美的事物视为美（这种阐释令人困惑，但这是我目前所能做的最好的说明了）。

7. 他们比那些"健康的"或实际的自我实现者（他们在这个意义上也是全面的）更全面地看待世界。人类是一个整体，宇宙是一个整体，像"国家利益""父辈的信仰"或"不同等级的人或智商"这样的概念都不复存在或极易被超越。如果我们接受最终的政治需求（也是现今最紧迫的需求），认为人人皆兄弟，认为

人性能达到的境界

国家政权（有决定战争的权力）是一种愚蠢和不成熟的形式，那么超越者会更容易、更本能、更自然地产生这样的想法。用我们"正常的"愚蠢或不成熟的方式思考，对超越者而言，即使是可以做到的，也是一件很艰难的事情。

8. 与这种整体感知的陈述相重叠的，是自我实现者自然协同倾向的增强——精神上的、人际上的、文化之间、国家之间的协同。由于篇幅问题，此处不便于对此问题进行详细阐述。一个简短的（或许不是很有意义的）说明是：协同超越了自私与无私之间的二歧化，并将它们都包含在一个更高级的概念之中。这是一种对竞争的超越，是超越了零和博弈的双赢。对此感兴趣的读者，可参阅过去已经出版的相关论著。

9. 当然还有对自我意识、自我身份的更多、更容易的超越。

10. 和所有那些最优秀的自我实现者一样，这样的人不但是可爱的，也是更令人敬畏的、更"超凡脱俗"的、更神圣的、从中世纪的理念上来说是更"圣洁"的、更受尊重的，而过去的观念则认为他们是更"可怕"的。他们经常会让我产生这样的想法，"这是一个伟大的人"。

11. 所有这些特点的一个后果是，与健康的自我实现者相比，超越者更容易成为创新者、新事物的发现者，而健康的自我实现者更倾向去做好在"现实世界中"必须要做的事情。超越的体验和启示能使人更清晰地看到存在价值、理想、完美、什么是应该做的事情、什么是实际能做到的事情、要达成目的需要存在什么样的潜能，以及实现后可能会带来什么。

12. 我有一个模糊印象：超越者不如健康者"快乐"。与快乐和健康者相比，超越者可能更入迷、更狂喜,能体验到更高层次的"快乐"（这是个程度很弱的词）。但是，有时我也有这样的感觉，他们会倾向于，或是更为倾向于变成被宇宙的悲哀或存在的悲哀所影响的愚蠢的人。他们的自我挫败、他们的盲目、他们对彼此的残忍、他们的目光短浅都令人担忧。这也许来自现实与理想世界的强烈对比，超越者可以轻松和生动地看到这种对比。也许这是这些人必须付出的代价，因为他们直接看到了世界的美，看到了人类本性中圣洁的可能性，看到了如此多的、不必要的人类的邪恶，看到了一个美好世界似乎显而易见的必要性。例如，一个世界性的政府、协同的社会制度，教育的目的是培养人类的美德，而不是更高的智商，或更专业的原子理论研究，等等。任何超越者都可以坐下来，在五分钟之内写出一个实现和平、友谊和幸福的方案，而且这个方案是切实可行、绝对可以实现的。然而，当他看到所有这一切都没有能够实现，或是在某些地方实现过程过慢，或在达成之前便已夭折时，他自然就会表现出悲伤、愤怒或不耐烦了。不过从长远来看，他仍然充满"乐观主义精神"。

13. 无论何时，自我实现者与一般人相比都更为优越，而其中超越者比只是健康的自我实现者能更好地解决（至少是能更好地控制）任何自我实现理论中固有的"精英主义"的深层次冲突。他们之所以能做到这点，是因为他们能更从容地同时生活在缺失领域和存在领域之中，能更轻易地将每一个人神圣化。这意味着，他们能够更轻易地调和两方面的矛盾，一方面是在缺失的世界中对某种形式的现实检验、比较和精英主义的绝对需求（就一项工作而言，你必须选择那个技艺娴熟的木匠，而不是技艺生疏的那位；你必须区分罪犯和警察、患者和医生、诚实者和说谎者、聪明人和愚蠢的人）；另一方面，每个人都拥有无限的潜能，都是无比神圣的。在一种非常重视经验和实际需求的意义上，卡尔·罗杰斯曾经谈到"无条件积极关注"是有效心理治疗的先决条件。我们的法律禁止"残酷和异常"的惩罚，也就是说，无论一个人犯了什么罪，他都必须得到有尊严的对待，而不能毫无底线地惩罚他。严肃的宗教有神论者说，"人人都是上帝的孩子"。

每一个超越者都能轻易地和直接地感知到每一个人、每一种生物，甚至是那些美丽的非生命体在其现实存在中所蕴含的神圣，以至于他并几乎一刻都无法忘记。这种感知与其在缺失领域中极优越的现实检验相融合，使他可以成为神一般的惩罚者、比较者，甚至当他现实地认识到缺失世界中这些等级特质时，他也不会示以轻蔑，去剥削那些软弱、愚蠢和无能的人。对于我所发现的这一悖论，有个对我十分有用的描述是：实际优越的超越性自我实现者往往会将实际卑下的人当作兄弟一样对待，把他当作家人，无论他做了什么，都会给予关爱与照顾，因为他毕竟是家庭的一员。但是，他依旧能够扮演严厉的父亲或兄长的角色，而不仅仅是一个宽容的母亲或慈爱的父亲。这种惩罚与神一般的无限关爱是和谐一致的。从超越的角度来看，很容易看出，即使是为了僭越者本人的利益，这时让他受到惩罚、受到挫折、对他说"不"，要比满足他、取悦他，对他更为有益。

人性能达到的境界

14. 让我印象深刻的是，超越者更强烈地展示了知识的增长和神秘感、敬畏感的增长两者之间的正相关关系，而不是常见的负相关关系。无疑，对大多数人而言，科学知识会减少神秘感，并由此减少畏惧感，因为对他们来说，神秘孕育着恐惧。人们将对知识的追求作为减轻焦虑的方法。

但是对于特殊的高峰体验者和超越者，以及一般的自我实现者而言，神秘是具有吸引力和挑战性的，而不是令人生畏的。自我实现者在某种程度上易于对众所周知但可能是有用的知识感到厌烦。特别是那些高峰体验者更是如此，对他们来说，神秘感和敬畏感是一种奖励，而不是一种惩罚。

无论如何，我发现在我访谈过的最有创造力的科学家中，他们知道得越多，就越容易沉浸在一种狂喜的状态中，这种状态由谦卑、自觉无知、渺小、对无垠宇宙的敬畏、一只蜂鸟引起的心灵晕眩或婴儿的神秘感等组成，所有这一切都是一种以积极方式主观感受到的奖赏。因此，这位伟大的超验科学家的谦卑和自认的"无知"，也是他的幸福。我认为我们所有人都可能有过这样的体验，特别是在孩提时代；然而超越者对此会有更频繁的、更深刻的体会，他们更加珍视这种体验，将其视为生命中的高潮。这种说法不但适用于科学家和神秘主义者，也适用于诗人、艺术家、企业家、政治家、母亲和众多其他类型的人。在任何情况下，我都能肯定地说这是一种认知理论，也是一种科学理论（是可以被验证的），在人类发展的最高水平上，知识与神秘、敬畏、谦卑、极端无知、崇敬的感觉，以及奉献感呈正相关，而不是呈负相关。

15. 我认为超越者比其他自我实现者更不惧怕"疯子"和"怪人"，因此也更有可能善于选拔有创造力的人才（这样的人有时看起来像疯子或怪人）。我可以这样推测，自我实现者通常更重视创造性，因此能更有效地选拔人才（因而他们应该成为最好的人事经理、选择者或顾问），但是从理论上讲，要能够赏识威廉·布莱克这种类型的人才，还需要对超越有更深刻的体验和更高的重视程度。反过来说，超越者也应该更有能力筛选出那些没有创造力的疯子和怪人（我想大多数人可能都属于这一类）。我在这里所做的并不是经验性的报告，而是提出一个源于理论的、易于验证的假设。

16. 从理论上讲，超越者应该更能够"与邪恶和解"，从更大的整体意义上理解邪恶发生的必然性和必要性，即"从上面"——在神的或奥林匹斯诸神的意层面上。因为这意味着对邪恶有更深刻的理解、更少的矛盾心理，并能与之进行更加不屈不挠的斗争。这听起来似乎是矛盾的，但略加思考就会发现这种观点其实一点儿也不矛盾。更深刻的理解意味着，在这一层面上，超越者拥有更强硬的手腕（而不是较软弱的），更加果断，更少冲突、矛盾、遗憾的情绪，从而能更迅速、坚定、有效地采取行动。如有必要，人们能满怀同情之心地击倒邪恶之人。

17. 我预计在超越者中能够发现另一个悖论：他们更倾向于将自己作为天赋的载体、超个人的工具，作为通常所说的更高的智慧、技能、领导力、效率的临时保管者。这意味着一种特定的客观性或是对他们自己的超脱，而对于非超越者而言，这听起来更像是傲慢、自大，甚或是偏执。我发现最能说明问题的例证是怀孕的母亲对她自己和她未出生的孩子的态度。什么是自我？什么不是？她有权利变得苛刻、自我欣赏、傲慢吗？我想我们会被如下判断吓到："我是完成这项工作的最佳人选，因此请将这项工作交给我。"带来类似惊吓的还有这样的判断："你是从事这项工作的最佳人选，因此你有责任接替我完成这项工作。"这是超越带来的"超个人"的忘我状态。

18. 原则上，超越者（我没有相关数据）更倾向于深刻的"宗教"或"精神"生活——无论有神论还是无神论。高峰体验和其他超越体验实际上也可以看作"宗教或精神的"体验，只要我们能重新定义这些术语，排除那些历史的、传统的、迷信的、制度化的含义。仅从传统观点来看，这样的体验甚至被看作"反宗教的"，或是宗教的替代物，或是宗教的补充物，或作为"所谓的宗教或精神的新版本"。"一些无神论者远比一些牧师更虔诚"的悖论可以很容易得到验证，因此具有可操作意义。

19. 或许在两种不同自我实现者之间可能会出现另一种量化差异（我还不能完全确定）我猜想超越者能更容易超越自我，超越自我意识，超越自我的的身份认同以及超越自我实现。或许我们可以更明确地说，对于健康的自我实现者的描述更多的是把他们描述成这样：他们对自己身份有着强烈的自我认同，他们知道他们自己是谁，他们要去往何方，他们想要的是什么，他们擅长的是什么。简言之，作为一个强大的自我，他们能够依照自己真实的本性，正确运用并发挥自己的力量。当然，这些还不足以全面描述超越者。他们肯定是这样的人，但他们还远不止于此。

20. 我认为（这同样是一个没有确切数据支撑的想法）由于超越者总是能够更容易感知存在领域，因此他们比更实际的自我实现者拥有更多的目的体验（对于本质的），更容易被缤纷世界的神奇与美好所吸引，这就像我们看到孩子们会心醉神迷于水坑里的颜色、窗玻璃上滴下的雨滴、光滑的皮肤、毛毛虫的蠕动等。

21. 理论上，超越者应该更具有道家思想，而仅仅是健康的自我实现者则更为务实。存在认知让每件事物变得更奇妙、更完美，就像它们本该展示的那样。因此，他们很少产生改造事物的冲动，因为它们本来就已经十分美好了，很少需要改进或打扰它们。那么，他们更应该去单纯地看着它们，仔细观察它们，而不是对它们或用它们做些什么。

22. "超越矛盾心理"这个概念并没有增加什么新的内容，但是却将所有上述内容与弗洛伊德理论的丰富结构联系在一起，我认为这个术语更有利于表述全部自我实现者的特征（可能还更适用于部分超越者）。它意味着全心全意、无冲突的爱、接受、表达，而不是更为常见的是爱与恨的混合，即所谓的"爱"、友谊、性、权威或权利等。

23. 最后，我希望大家注意"报酬水平"和"报酬种类"的问题，虽然就此而言，我还不能确定我所说的两类自我实现者之间是否有差异，如果有的话，又有多大的差异。但至关重要的是，除了金钱报酬之外，还有很多其他形式的报酬。随着生活日益富足和个性渐趋成熟，金钱报酬的重要性逐渐下降，而较高等级的报酬支付形式，乃至超级报酬形式变得越来越重要。而且，即使是在金钱报酬看起来依然非常重要，它往往也不是因为字面上的、固有的特性而显得重要，而是它作为地位、成功、自尊的象征，可以用来赢得爱慕、赞美和尊重。

这是一个易于研究的课题。一段时间以来，我一直在收集广告，收集那种试图吸引专业人士、中高级的行政管理人员的，或一些为美国维和部队和美国服务志愿队寻求工作人员的广告，有时甚至是寻求技术含量较低的蓝领工人的广告。在这些广告中吸引申请者的不仅是金钱，还有更高需求甚至是超级需求的满足感，例如，融洽的同事关系、良好的工作环境、对未来的保障、挑战性、成长性、实现理想、承担责任、拥有自由、某种重要的产品、对他人的同情心、有助于人类、有利于国家、有将个人想法付诸实践的机会、能令人自豪的公司或团体、完善的学校制度，甚至是惬意的垂钓场所和或攀登秀丽山峰的机会等。更有甚者，美国维和部队用低工资、极为艰苦的工作、自我牺牲等作为吸引申请者的条件，力图说明这份工作的一切都是为了帮助别人。

我认为更健康的心理状态能让这些种类的报酬更有价值，特别是有足够的金钱和有稳定的收入时。当然，很大一部分自我实现者已然将工作和乐趣融为一体。也就是说，他们热爱他们的工作。当然，人们可以说，对他们而言，他们可以从自己爱好中取得报酬，也能从工作中获得内在的满足感。

我能想到的这两类自我实现者之间的唯一不同之处（而且这很可能会在进一步的研究中得到证实）在于：超越者可能会更为积极主动地寻求那种更有可能带来高峰体验和存在认知的工作。

本书提到这些的一个原因，也是我所确信的，就是在规划优心态社会和美好社会时，理论上有必要将领导权与特权、剥削、财产、奢华、地位、统治他人的权力等分割开来。我希望能看到那些更有能力的领导者和管理者受到更好的保护，以免受到来自弱者、社会地位低下者、能力不足者、需要帮助者因无能产生的妒忌、积怨和仇富。也就是说，将前者从仇视和失败者的颠覆中拯救出来的唯一方法，就是支付给后者较少的而不是更多的金钱，即支付给他们"高级报酬"，甚至是"超级报酬"。这种方法遵循了迄今为止在本书中和在其他著作中所阐述的原理，它可以使自我实现者和心理成熟度较低者双方都感到满意，并将终止我们在人类历史长河中看到的、愈演愈烈的相互排斥、阶级对立或阶级分化。我们需要做的就是让这种后马克思主义、后历史主义的可能性成为现实，学会不要支付太多的金钱报酬，即推崇高级报酬而不是低级报酬。在此，很有必要消除金钱的象征性意义，即金钱不再象征成功、值得尊重或值得爱慕。

原则上这些变化是很容易实现的，因为它们已经符合自我实现者的前意识或不完全意识的价值生活。这种世界观是否更具有超越者的显著特征仍有待发现，但是我认为答案是肯定的，这主要是因为，历史上的神秘主义者和超越者似乎天生喜欢选择简朴的生活，而回避奢侈、特权、荣誉和财富。在我的印象中，"百姓们"大多因此爱戴并尊敬他们，而不是恐惧和憎恨他们。所以，这也许有助于理想世界的设计，让最有能力、最警醒、最理想主义的人被拥戴为领导者、导师，或者仁慈和无私的当权者。

24. 我禁不住还想表述一个仍然模糊的推测：可能我所说的超越者更倾向于是谢尔顿（Sheldon）式的外胚层体型者，而较少超越的自我实现者更常见于中胚层体型者（我提到这一点只是因为理论上它很容易得到验证）。

结束语

由于对于很多人来说这是难以置信的，我必须明确声明，我在商人、实业家、管理者、教育工作者、政界人士中发现的超越者人数，与我在专业的"宗教人士"、诗人、知识分子、音乐家以及其他被认为是超越者和明确认定是超越者中的人数是大体相同的。我必须说这些"职业"每一种都有不同的习俗、不同的行话、不同的角色和不同的制服。任何一位从业者都会谈论超越，尽管他们压根儿不知道那指的是什么。大多数实业家都会小心谨慎地将他们的理想主义、他们的超越性动机和超越性体验掩藏在他们"坚韧""现实主义""自私自利"和其他类似词语的面具之下，这些词必须用引号标出，以表明它们只是表面的和防御性的。他们更真实的超越性动机通常不是被压抑的，而仅是禁止谈论的。我有时会发现，通过直截了当的接触和提问，我很容易突破这种表面的保护膜。

同样，我还必须小心谨慎，避免给人以任何错误印象，比如研究对象的数量（我仅对三四十人进行了较为细致的访谈和观察，而对另外的一二百人仅是进行了一般性的谈话、翻阅资料和观察，但不够细致，也没有足够的深度）、我的信息的可靠性（所有这些都是探索、调查或初步研究，而不是仔细的最终研究，是初步的估计而不是经过验证的科学），或我的样本的代表性（我选用我能得到的样本，但绝大多数集中在智力、创造力、性格、实力、成功等方面的最佳样本上）。

与此同时，我必须坚持说这是一次经验性的探索，主要是报告我所感知到的，而不是我想象出来的任何东西。我发现，如果我愿意称之为前科学而不是科学（这个词更多意味着验证而不是发现），这将有助于消除我在随心所欲地探索、论断和假设时所产生的科学的不安。无论如何，本书中每一个论断，原则上都是可以验证的、可以证实或是证伪的。

第八章

超越性动机

第二十三节 超越性动机理论：价值生活的生物学根源

一

自我实现的个体（更成熟、人性更为完满），顾名思义，他们的基本需求已然得到了适当的满足，现在受到其他更高级方式的激励，我们称之为"超越性动机"。[①]

根据定义，自我实现者的所有基本需求（包括归属感、情感、受尊重和自尊）都已然得到了满足。这就是说，他们有一种归属感和根基感，他们对爱的需求感到满足，他们拥有朋友，感到被爱并值得去爱，在生活中他们有一定的身份和地位，受到他人的尊重，有一种合理的价值感和自尊心。如果我们从反面来说——从基本需求无法得到满足和病理层面来说——那些自我实现的人不会（无论时间长短）感到忧心忡忡、没有保障、没有安全感，不会觉得孤单、被排斥、无所寄托或被隔离，不会觉得不讨人喜欢、被拒绝或不被需要，不会觉得受轻视、被人瞧不起，不会感到深深的不值得，也不会有严重的自卑感和无价值感。

当然，也可以用其他方式进行表述。例如，既然基本需求被认为是人类唯一的动机，说自我实现者是"无动机的"有可能在某些情况下也是可行的，也是有好处的。即把这些人归入东方哲学的健康观之列，认为健康是超越奋斗、超越欲望和需求的（古罗马的斯多葛学派也有类似的观点）。

我们也可以将追求自我实现者描述为一种表现，而不是应对，并强调他们是自发的、自然的，比其他人表现得更为从容自如。这种说法的另一个好处是与神

[①] 本章用加粗字体所列出的二十八条论述，都是作为可验证的命题提出的。

经症的观点不谋而合,神经症被认为是一种可以理解的应对机制,是一种合理的(尽管愚蠢而可怕)努力,用以满足更深层次、更内在、更具生物学特性的自我需求。

每一种说法在其特定的研究背景中都有其自身的实际效用。但是为了某些特定目的,我们最好提出这样的问题:"自我实现者的激发因素是什么?自我实现的心理动机是什么?促使他们行动和奋斗的动力是什么?究竟是什么驱动(或牵引)这样的人?是什么吸引了他?他希望得到的什么?什么使他恼怒、专注或自我牺牲?他忠诚于什么?致力于什么?他所珍视、追求、渴望的是什么?他愿意为何而死(或为何而生)?"

显然,我们必须立即对两种动机做出区分,一种是在自我实现水平以下的人的普通动机,即受基本需求所驱动的人的动机;另一种是他们的基本需求已然得到充分满足,因此主要的激励不再来自这些基本需求,而是来自"更高级"动机。因此,我们应该将追求自我实现者的这些高级动机和需求简称为"超越性需求",并将"动机"的类别与"超越性动机"的类别加以区分。

现在,对我而言更为明确的是,对基本需求的满足不是超越性动机的一个充分条件,尽管它可能是一个必要的先决条件。在我研究的个别案例中,明显的基本需求的满足和"存在精神官能症"、无意义状态、无价值状态等同时存在。现在看来,超越性动机并不会在基本需求得到满足后自动出现。此外,我们还要谈到"防御超越性动机"这一额外可变因素。这意味着,从有利于沟通和理论构建的策略角度来看,有必要增加几条对追求自我实现者的定义:(1)没有疾病;(2)基本需求得到满足;(3)能够积极地运用自己的能力;(4)忠诚于那些激励他的价值观,并为之努力奋斗,不断探索。

二

所有这样的人都献身于某些任务、号召、事业、热爱的工作("在其自身之外的")。

直接审视自我实现者,让我发现至少是在我们的文化中,他们都是有奉献精神的人，献身于某些"在其自身之外的"任务、事业、责任或热爱的工作。通常这样的献身精神和奉献精神是如此显著，我们可以用"天职""感召""使命"这样的传统词汇恰当地描述他们对"工作"充满热情、无私、深厚的情感。我们甚至可以使用"命中注定"和"天意"这样的描述。有时我甚至会将其与宗教意义上的奉献相提并论，为了某些特定的任务，某些自身之外的原因，某些大于自身的、完全无私的、非个人的事业，而将自己奉献在某个祭坛之上。

我认为可以在"命运"和"天意"这样的概念上做进一步阐释。这是当你听到追求自我实现者（或某些其他人）在谈论他们的工作或任务时，用一种不恰当的词语来描绘当时感受的方法。聆听者会觉得他们热爱自己的这份工作，并且从事这项工作是他的"天性"，他完全胜任这项工作，这项工作也完全适合他，甚至可以说他正是为此而生的。你会很自然地感觉到这是某种预先建立起来的和谐模式，或者有些人会说这种良好匹配就如同完美的爱情和友谊一样，人们互相属于彼此，又为彼此着想。在最完美的情况下，一个人和他的工作结合在一起，就像一套钥匙和锁一样完美地合成一个整体，又或是歌唱的曲调与钢琴键盘演奏出的特定音符产生的和谐共鸣。

可以说，以上这些概念对于女性被试也完全适用，即使意义上有所不同。我至少有一位女性被试完全投入作为母亲、妻子、家庭主妇和女性家长的职责当中。她的天职就是养育她的孩子，让她的丈夫生活快乐，维系着大量亲戚之间的良好人际关系。在这方面她做得非常好，而且据我所知，她是乐在其中的。她全心全意地热爱着她的命运，从未渴望过其他任何事情，并在此过程中竭尽全力。

另外一些女性被试会对家庭生活和职业工作做出各种形式的结合，这可以产生同样的奉献意识，这些事物既是受人喜爱的，又显得很重要，而且是值得去做的。有些女性会把"生个孩子"这件事本身当作最完满的自我实现，至少在一段时间内是如此。然而，应该这样说，在谈到女性的自我实现时，我会觉得有些缺乏信心。

三

在理想状态下，内在需求与外在需求是一致的，"我想"就等于"我必须"。

第八章 超越性动机

在这种情况下，我感到我是可以将相互影响的两种决定因素（合成、融合或化学反应）区分开来。这种相互作用是在一种二元性基础上产生的统一，这两方面的决定因素可以并且有时也确实会在单方面发生变化。其中一方面可以说是个人的内在反应，例如，"在这个世界上我最爱孩子（绘画、研究工作或政治权利）。我对它着……. 我无法抗拒地被吸引……我必须……"我们可以称其为内在需求，它给人的感觉是一种自我沉醉而不是一份责任。它与外在需求不同，并相互分离。外在需求给人的感觉是环境、形势、问题、外部世界对个人的要求或需求，它迫使个人做出一定的反应。例如，一场大火"需要"被扑灭、一个无助的婴儿需要有人照看或者一些明显有失公正的事件需要得到纠正。此刻此地，一个人更多感受到的是责任、义务或职责，是无可奈何之下被迫做出的反应，与其之前的计划和愿望无关。这里有更多的"我必须""我不得不""我被迫"，而不是"我想要"。

在理想状况下，"我想要"与"我必须"是一致的，幸运的是我实际上遇到过很多这样的情况。内在需求与外在需求很好地相匹配。观察者会为他所见到的强迫性、不可抗拒性、命中注定、必然性与和谐程度等感到震惊。此外，观察者（以及所涉及的人）感受到的不仅是"不得不如此"，也能感受到"理应如此，这样是对的、是适合的、是恰当的、是正当的"。我经常会感觉到这种"二合一"的模式有着类似于格式塔的性质。不过我不大愿意简单地称之为"目的"，因为那可能意味着它的发生仅仅是由于意愿、目的、决定或筹谋，而忽视了那种席卷而来的渴望向命运妥协、向命运屈服，同时又幸福地拥抱命运的强烈主观感受。最理想的情况是，人也可以发现自己的命运，它不仅仅是被安排的、构建的或决定的。它被认为是一个人在不知不觉中所等待的。也许更好的说法是"斯宾诺莎式的"或"道家式的"选择，决定或目的——甚至是意志。

把这些感觉传达给那些不能够直观、直接理解它们的人的最好方式，就是拿"坠入爱河"来举例说明。这个例子显然不同于履行某人的职责，或者去做理智或合乎逻辑的事。至于说到"意愿"，如果提到的话，也只能用于非常特殊的意义上。当两个人全心全意地彼此相爱时，他们双方都会知道吸引他人的感觉，知道被他人所吸引的感觉，以及两者同时存在的美妙感觉。

255

四

这种理想状态能产生幸运感，也会产生矛盾心理和无价值感。

这种模式也助于传达那些难以用语言表达的感受，也就是说，他们的幸运感、侥幸感、油然而生的感恩之心、对奇迹发生的敬畏感、对他们能被选中的惊喜感，以及在恋人们那里常见的融合了骄傲与谦卑贯穿了对不幸者的怜悯与傲慢的特殊情感。

当然，好运和成功的可能也会引发各种神经性恐惧感、无价值感、反价值观、乔纳综合征的发作，等等。在全心全意拥抱最高价值之前，我们必须克服这些针对我们最高可能性的防御机制。

五

在这个层面上，工作和娱乐的二歧化已经被超越了；我们必须对报酬、爱好、休假等在更高的层面上重新定义。

当然，对于这样一个真正有意义的人来说，他就是他自己这种类型的人的唯一个体，或者说这就是他的本性，也可以说他在实现真正的自我。用一种抽象的话来表达的话，由最初的观察到最终的完美理想的推论是这样的：这个人是全世界最适合这项工作的人，而且这项工作是全世界最适合这个人的工作，与他的才干、能力和品位最为匹配。他为这项工作而生，这份工作因他而存在。

当然，一旦我们接受了这一观点并对它有所感悟后，那么我们就可以进入另一个讨论范畴了，即存在领域、超越领域的讨论。现在我们只能用存在的语言（在神秘水平上的交流）进行有意义的沟通。例如，显而易见的是，对于这样的人来说，在工作和娱乐之间那种常见的或是传统意义上的二歧化已经被完全超越。也就是说，这样的人在这样的状态下，工作和娱乐对他而言已毫无差别。他的工作就是他的娱乐，他的娱乐也就是他的工作。如果一个人热爱他的工作并以此为乐，他的工作带给他的愉悦感胜过这个世界上任何其他活动，并且热切地渴望工作，任何原因导致的工作中断都使他迫切想要重新回到工作当中，那么，在这个意义上

第八章 超越性动机

我们怎么能说"劳动"是指某人被迫违背自己的意愿去做的事情呢？

例如，此时再谈论"休假"一词又有何意义呢？我们经常可以观察到，这样的人在他们休假时，也就是说，在他们可以自由选择他们想做的事情，又不必为任何人承担任何外在责任时，他们会全身心地、幸福地投身于他们的"工作"中。再如，此时所说的"找点乐子"、寻找乐趣呢？在这样的时候"娱乐"一词又做何解释呢？这样的人是如何"休息"的呢？他们的"职责""责任""义务"是什么？他们的"业余爱好"又是什么呢？

在这种情况下，金钱、报酬、薪水又有什么意义呢？显然，对任何人而言，最美好的命运、最奇妙的好运就是从事他所热爱之事，并从中获得回报。我的许多（大多数？）研究对象正是如此。当然，金钱是很受欢迎的，一定数量的金钱是必要的。但是，金钱肯定不是最大的追求，不是目的，也不是终极目标（对于生活在富裕社会中的幸运者而言）。对于这样的人来说，薪金支票只是他所获得的"报酬"的一小部分而已。自我实现的工作或是存在性工作（存在层面上的工作），往往其本身就附带内在奖励，将金钱或薪水转变为工作的一种副产品，一种附加现象。

当然，这与大多数人的境况非常不同，多数人从事自己不愿意干的工作以赚取金钱，再用金钱获取他们真正想要得到的东西。金钱在存在领域中的作用与在缺失领域和基本需求领域中的作用截然不同。

如果我指出，这些问题已经在猴子和类人猿中进行了一定程度的研究，这将有助于进一步阐明我的观点：这些是科学问题，可以用科学的方法进行研究。当然，最明显的例子是对于猴子好奇心的大量研究文献，以及关于人类对获得真理的渴望和满足感的其他先驱研究。但是在原则上，研究猴子、类人猿或其他动物的审美选择也都是比较容易的，无论研究对象否是处于恐惧的状态下，它们是否健康，选择的条件是好是坏。对于其他存在价值，如秩序、团结、公正、合法、完善等方面的研究也是如此；同样，对于动物、儿童等研究对象也可以进行类似的研究。

当然，"最高"也意味着最衰弱、可牺牲、最不迫切、最不容易意识到、最容易被压抑。基本需求是最重要的，处于需求列表的前端，可以这样说，它们是生命本身所必需的，对身体健康和生存也是必不可少的。但是，超越性动机也确实存在于自然界和普通人之中。在这一理论既不需要超自然的干预，也不需要随意创造存在价值，它们既不是先验性的，也不是逻辑的产物或意志行为引发的结果。它们可以被任何人揭示或发现，前提是人们有这样的意愿并能不断重复这些操作。也就是说，这些命题既可以被证实，也可以被证伪，并具有可重复性。它们可以持续不断地运行下去。很多这样的命题都是公开的、显而易见的，也就是说，两位或两位以上的研究者能同时察觉到它们。

那么，如果更高级的价值生活对科学研究是开放的，并显然处于科学范畴（人本主义界定的）之内，我们就有理由断言在这一领域中进取的进展的可能性。高级价值生活的知识增长不但可以增进相互理解，还会为自我改善、人类改进和所有社会制度改良开辟新的前景。当然，毋庸置疑的是，我们不用一想到"同情策略"或"精神技术"就感到不寒而栗：显然，它们和我们现在已知的那种"低级"策略和技术在性质上存在极大的不同。

六

这些事业热爱者倾向于认同、融入他们的"工作"，并使之成为自我的决定性特征，成为自我的一部分。

假如有人向一个自我实现的、热爱工作的人这样提问："你是谁？"或"你是做什么的？"他们的回答往往是他们的"称谓"，例如，"我是律师""我是一名母亲""我是精神科医生""我是艺术家"等。换言之，他将自己的身份和自我等同起来。这往往会成为他整个人的标识，即工作成为这个人的决定性特征。

或者，如果有人问他："假设你不是科学家（或教师、飞行员），那么你想成为什么样的人？"或者"假设你不是一位心理学家，那会是什么呢？"在我的印象中，这样的人的反应往往是满脸困惑、若有所思、感到猝不及防，也就是说，不知如何应答。或者，他会感到好笑，把它当成一句玩笑。实际上，他的潜台词是："如果我不是母亲（人类学家、企业家），那么我就不是我自己了。我会变成另外一个人，而且我也无法想象我会成为另外一个人。"这种困惑类似于回答"假设你是一个女人而不是一个男人"这样的问题时的感觉。

这里我们可以得出一个初步的结论，那便是对于追求自我实现的人来说，他们往往认同并把自身融入自己所热爱的事业，并使其成为他们自身的决定性特征，与其自身息息相关、密不可分。

（我没有刻意向满足感较低的人询问过这样的问题。在我的印象中，上述结论并不适用那些将工作外在化的人；而对另一些人而言，工作或职业会具有自主性功能，也就是说，这个人只是一位律师，而不是一个随时能与律师这一角色分离的人。）

七

我们可以将他们为之献身的工作阐释为内在价值的体现或化身（而不是作为某种实现工作之外目的的手段，也不是所谓的功能自主的）。这些工作是受到热爱（向内投射的），是因为它们具象化了这些价值。也就是说，他们最终所爱的是这些价值，而不是那些工作。

如果询问这些人为什么会这么热爱他们工作（或者更具体地说，那些让他们在工作中获得更高的满足感的时刻，和那些使所有必须完成的琐碎事物变得有价值和可以接受的奖赏，就是高峰时刻或高峰体验），我们将会得到许多具体而特别的答案，在表23-1中做出了总结和罗列。

表23-1 自我实现的人通过他们的工作和其他途径获得的激励和满足

（"基本需求"之外的满足）

以伸张正义为乐
以制止虐待和剥削为乐
与谎言和虚伪做斗争
他们希望善有善报
他们似乎钟爱幸福的结局、圆满的结局

人性能达到的境界

他们憎恨犯罪与邪恶能够得逞,也憎恨逍遥法外之人
他们是优秀的邪恶惩戒者
他们试图拨乱反正,纠正不良境况
他们以行善为乐
他们赞赏守信、才华、美德,等等
他们会避免宣扬、声名远播、获得荣耀、享有荣誉、广为人知、成为名人,或至少不会追求这些。无论如何,这些都并不重要
他们并不需要每个人都喜爱他们
他们通常会从自己身上找原因(尽管为数不多),而不是依据广告、活动或他人的告诫做出反应
他们往往乐享和平、平静、安宁等,他们通常不会喜欢动荡、打斗、战争等(他们都不是各条战线上的普通战士),但在"战争"中他们也能自得其乐
他们也往往很务实、很精明、很现实,很少有不切实际的时候。他们喜欢雷厉风行,不喜欢拖泥带水
他们的斗争并非源于敌意、妄想、自大、权欲、反叛等,而是为了寻求正义。他们的斗争是为了解决问题
他们热爱所处的世界,同时又努力设法改善它
在任何情况下,他们都对人、自然和社会的改善抱有希望
在所有的案例中,他们似乎都能真实地看到善与恶
他们能应对工作中的挑战
有机会改善环境或运作方式,对他们而言是巨大的奖励。他们享受改善事物带来的乐趣
他们总是能够观察到孩子给他们带来的巨大欢乐,他们非常享受帮助孩子成长的过程
他们不需要、不寻求,甚至是不喜欢奉承、赞扬、人气、地位、声望、金钱、荣耀等
他们经常会表达感激之情,或是至少会意识到自己有多么幸运

他们有一种责任重大的意识。这是一种优越者的责任感，就像见多识广的人会对孩子保持宽容与耐心一样
他们往往被神秘、未解决的问题所吸引，接受未知的挑战而不是被挑战吓倒
他们乐于为杂乱无章、混沌困惑、肮脏不洁的境地带来法律和秩序
他们痛恨（并致力于打击）腐败、残忍、恶毒、不诚实、浮夸、虚伪和装腔作势
他们试图摆脱幻想，勇敢地正视事实，让真相大白于天下
他们会觉得浪费才能很可惜
他们不会做卑鄙之事，他人所做的卑鄙之事也会引发他们的愤怒
他们通常认为每个人都应该有公平的机会去发挥自己的最大潜力
他们喜欢把事情做好，"把工作做好"，"把需要做的事情做好"。好多这样的短语加起来就是"创造好的作品"
他们做老板的一个好处就是有权把公司的钱捐给需要帮助的公益事业。他们喜欢将自己的钱花在他们认为是重要的、正确的、值得的事情上
他们乐于观察并帮助他人实现自我，尤其是年轻人
他们喜欢看到幸福并且促成幸福
他们会因结识值得尊敬的人（勇敢的、真诚的、高效的、直率的、宽宏的、有创造力的、圣洁的等）而感到极大快乐"我的工作让我可以接触到很多杰出的人"
他们乐于承担责任（能够尽职尽责），当然不会惧怕或逃避他们的责任。他们会响应自己的职责召唤
他们一致认为自己的工作是有价值的、重要的，甚至是不可或缺的
他们喜欢更高效、操作更灵巧、紧凑、简单、快捷、物美价廉的产品、使用时功能专一、操作简便、不笨拙、不费力、更安全、更"优雅"、节省人力

当然，除此之外，我们也会得到很多这种类型的"最终答案"——"我只是爱我的孩子，仅此而已。我为什么爱他？就是爱呀！"或者"我能从提高工厂的效率中获得很大的乐趣。为什么？我就是能感到很快乐呀！"高峰体验、内在快乐、

人性能达到的境界

有价值的成就,无论它们的程度如何,都不需要进一步的证明和确认。它们是内在的激励和强化因素。

我们可以对这些获得回报的时刻进行分类,把它们归结为少数几个类别。当我尝试这样做的时候,我很快就意识到最好的、最"自然"的分类类别大多数或完全属于一种最终的、不能再简化的抽象"价值",如真理、美丽、新颖、独特、公正、简洁、单纯、善良、整洁、效率、爱、诚实、纯真、完善、有序、优雅、成长、洁净、可信、宁静、温和等。

对这些人而言,职业似乎不是功能自主的,而是终极价值的一种载体、工具或化身。例如,对他们来说,法律这种职业是达到正义目的的一种手段,而并非目的本身。也许我可以通过下述方法表达我对这些细微差别的感受:对某人而言,对法律的热爱是因为它是正义的;而对另一个人来说,比如对一位纯粹的价值中立的技术专家而言,可能仅仅将它视为一套本质上可爱的规则、判例、程序,而与使用它们的目的和使用后达到的结果无关。这样的人喜爱汽车就仅仅是喜爱汽车本身,而不涉及汽车的用途,就像一个人喜爱一种游戏时并不会考虑这样做会有别的什么意义。

我必须学会在几种不同的"事业"、行业或职业中区分它们不同的认同。职业成为掩盖和压抑目的的一种手段,这就像是将它本身当作目的。或者,更好的说法是,它可以由缺失需求,甚至是神经质的需求进行驱动,这和受到超越性需求的激励是一样的。它可以受到全部的或某些形式的其他需求和超越性需求的激励和驱动,做出多重决定或过度决定。人们不能从"我是一名律师,我热爱我的工作"这样简单的声明中做出太多的推断。

关于"事业"的几种认同,给我留下的深刻印象是,当某个人越接近自我实现,更接近完满人性的状态时,他的"工作"更受到超越性动机的激励,而不是基本需求动机的激励。对于发展程度更高的人来说,"法律"更像是一种寻求公正、真理、善良等的方式,而不是经济保障、钦佩、地位、声望、优势、男子气概等。当我提出这样的问题:你最喜欢你工作的哪些方面?什么给了你最大的欢乐?你什么时候能从你的工作只能够得到乐趣?等等,这样的人更倾向于用内在价值的、超越个人的、超越自私的、利他主义的满足感来作为答案,例如,看到正义得到伸张，工作做得更完美，宣扬真理，惩恶扬善，等等。

八

这些内在价值与存在价值有很大程度的重叠，或许它们是相同的。

虽然我的"数据"（如果我可以这样称呼它们的话）肯定是不足以让我在此做出精确判定的，但是我一直是这样推断的，我已经公布的存在价值的分类表和以上列出的已发现的最终或内在价值的分类表内容十分接近，因此我认为它会有很大的利用价值。显然，在这两张分类表中有相当一部分内容是重叠的，而且它们还可能近乎完全相同。我觉得使用我对存在价值的描述是可取的，不仅是因为我尽可能地找到了合理的理论依据，而且是因为它们能在很多不同的方面给予可操作性的界定。也就是说，它们是很多不同研究途径的最终发现，这不禁让人产生这样的疑问，在这些不同的途径中是否存在某种共性，例如教育、艺术、宗教、心理治疗、高峰体验、科学、数学等。如果真是如此的话，那么我们也许可以增加另外一条通往终极价值的道路，即"事业""使命""天职"，也就是自我实现者的"工作"。（在这里谈到存在价值也是有理论意义的，因为那些自我实现者和拥有更完满人性的人给我留下了深刻的印象，他们无论在工作之外，还是在从事工作之时，都显示出对存在价值的热爱和由此获得的满足感。）

换一种方式来说，那些所有基本需求都已得到满足的人，现在已经受到存在价值的"超越性激励"，或者至少被"最终的"终极价值所驱动，这些终极价值会以这样或那样的组合形式出现。

还有一种说法是：自我实现的人并不主要受到初级动机的激励（如受基本需求驱动）；他们主要受到超越性动机的激励（受超越性需求——存在价值驱动）。

九

这种向内投射意味着自我已经扩大到包含了世界的各个方面，因此自我与非我（内在与外在）之间的差异已经被超越。

人性能达到的境界

因此，这些存在价值或超越性动机已不再是心灵内部的或是身体上的。它们既是内在的也是外在的。内在的超越性需求与外在的全部需求之间彼此激励和相互回应。它们开始变得难以区分，也就是逐渐走向融合。

这意味着自我与非我之间的差异已然瓦解（或被超越）。现在，世界与个人之间的差别越来越小，因为个人已经把世界的一部分纳入自身之中，并以此定义自己。我们可以说，这时候的个人已然变成扩大化的自我。如果现在公正、真理、法制对他来说变得如此重要，让他以它们的名义来定义自我，那么它们又身在何处呢？在他的身体之内，还是在他的身体之外呢？此时，这样的区别变得几乎已经没有什么意义了，因为此时他的自我已不再将他的皮肤作为边界了。现在，内在之光与外在之光似乎已没有什么不同了。

当然，此时单纯的自私已经被超越了，必须要在更高的层次上重新定义。例如，我们知道一个人完全有可能因为把食物让给孩子吃而不是自己吃掉，从而获得更大的快乐（这是自私还是无私？）。他的自我已扩大到可以包容他的孩子，伤害他的孩子就是伤害了他。很明显，这个自我不再是那个由心脏供应血液，由血管输送血液才能存在的生物学实体。这个心理上的自我显然要大于他自身的躯体。

正如可以将挚爱的人纳入自我之中，成为自我的决定性特征，热爱的事业和价值也同样能被纳入一个人的自我之中。例如，很多人热血沸腾投身于阻止战争、停止宗族歧视、消灭贫民窟、消除贫穷之中，他们非常愿意做出巨大牺牲，甚至甘冒生命风险。而且很明显，他们并不是单单为了他们生物学个体伸张正义才这样做的。现在，一些其他事物已经变得比身体更为重要了。他们将正义（每个人的正义、原则性的正义）作为一种普遍价值。对存在价值的攻击，也就是对每一个将这些价值融入自我的人的攻击。这样的攻击已变成了对个人的侮辱。

将一个人的最高自我与外在世界的最高价值相融合，至少在某种程度上意味着是与非自我的一种融合。但这不仅适用于自然界，而且适用于其他人类。也就是说，这时，这样一个人的自我中最有价值的部分，与其他那些自我实现者的自我中最有价值的部分是相同的。这是自我的重叠。

价值在自我中融合还有其他的重要后果。例如，你热爱外在世界的正义和真理，你也可以热爱其他人的正义和真理。当你的朋友追求真理和正义时，你会变得很快乐；但当他们远离真理和正义时，你就会变得更为悲伤。这是很容易理解的。但是假设你能够看到自己成功地接近真理、正义、美和美德时，又会如何呢？当然，你也可能会发现，在一种西方文化中所不具备的、以一种特殊的超然和客观的态度对待自己的话，你将会热爱并欣赏你自己，就像弗洛姆（Fromm）曾经描述过的那种健康的自爱那样。你会尊重自己、欣赏自己、体贴自己、犒赏自己，觉得自己是善良、可爱和值得尊敬的。因此，一个拥有杰出才华的人同样可以保护自己的才华和他自己，就如同他是某些事物的载体，这些事物既是他自己的一部分，同时又不完全属于他自己。可以这样说，他可能会成为他自身的守护者。

十

成长程度较低的人似乎更经常地利用他们的工作来满足较低的基本需要或神经质的需求，工作是达到某一目的的手段，是出于习惯的，或是对文化期待的反应，等等。然而，这也可能只是在程度上的差异。也许所有人都（潜在地）在某种程度上受到超越性动机的激励。

这些人虽然都实际在为法律、家庭、科学、精神病学、教育、艺术等工作着，受其激励，并忠于这样的工作，也就是说，在这些常见类别的工作中，这些从业者似乎也受到内在的或终极价值（或终极事实，或现实的各个方面）的激励，对于这些价值而言职业只是一个载体。我的这一观点来自我对这些人的观察和访谈，例如，询问他们为什么喜欢行医，或是在操持家务、主持会议、生育孩子、写作过程中哪些时刻他们收获最大？他们可能会意味深长地说是为了真、善、美，为了法律和秩序、正义和完美而工作。如果我把成百条关于什么是他们的渴望，什么让他们感到满足，什么是他们珍视的，为什么他们要日复一日地工作，他们为了什么而工作的回答总结为十几条内在价值（或存在的价值）的话，就会得到以上意味深长的答案（当然，这都是在低级价值之外的价值）。

我没有刻意使用特殊对照组（也就是研究那些不追求自我实现的人）进行研究。可以说，大多数人都是可以作为对照组的，事实也确实如此。我在了解普通人、不成熟的人、神经症及濒临患病的人、心理变态的人的工作态度方面有着相

人性能达到的境界

当丰富的经验。毫无疑问,他们对工作的态度都是以获取金钱为核心的,让基本需求得到满足(而不是存在价值的实现),纯粹是习惯性的,受到刺激因素、神经症的需求、习俗和惰性的(一种浑浑噩噩没有困惑的生活)的制约,只做别人希望或要求他们做的那些事情。然而,这样直观的常识或自然主义的结论,确实很容易受到那些更仔细、控制更严格、可以预先设计并可以证实或证伪的调查研究的影响。

让我印象深刻的是,我选择作为研究对象的自我实现者和其他人之间并没有明显的界限。我相信每一位追求自我实现的研究对象都或多或少符合我的上述描述,但是似乎也确实有部分不太健康的人在某种程度上也因为存在价值而受到超越性动机的激励,特别是那些拥有特殊才能和处于极为幸运境遇中的人。也许所有的人在某种程度上都被超越性动机所驱动。

传统的职业或工作类别可能会成为其他类型动机的实现渠道,纯粹的习惯、传统或功能自主性更是如此。它们可以满足或徒劳地寻求满足任何或全部的基本需求,以及各种神经症的需求。它们可能是"发泄"或"防御"的渠道,也可能是获得真正满足渠道。

我的猜测得到了我的"经验性"印象和一般心理动力学理论的支持,我猜想我们将最终发现最真实、最有效的说法:所有这些不同的习惯、决定因素、动机和超越性动机都同时在一个非常复杂的模式中运作,而这种模式比其他模式更倾向于以某种动机或决定因素为核心。也就是说,我们所知道的成长程度最高的人受超越性动机驱动的程度也会更高,受基本需要动机驱动的程度低于普通人活着弱势群体。

我的另一个猜测是,"困惑"的程度也是与此相关。我已经报告,我研究的自我实现者似乎能够相当容易和果断地"明辨是非"。这与当前普遍存在的价值混淆形成了鲜明对比。除了价值混淆,还存在着一种非常奇特的黑白颠倒,一种自发的对善良的(或是试图成为善良的)人的仇恨,或是对于优秀卓越、美丽、才华等的强烈憎恨。

"政治家和知识分子令我厌烦。他们貌似都很不真实;这段时间在我看来真实的人似乎倒是:妓女、小偷、瘾君子等。"(摘自对纳尔逊·艾格伦的访谈)

我称这种憎恨为"逆反性评价",我也可以将其简称为尼采式的无名怨恨。

十一

人或人性的完满必须包括作为人性的一部分的内在价值。

如果我们尝试对真正的自我、自我身份认同或真实的人给出最深刻的、最真实的、最基于本质的定义，那么我们会发现，为了尽可能全面，我们必须涵盖的内容不仅要包括个人的体质、气质，还要包括解剖学、生理学、神经学和内分泌学特征，以及他的能力、生物特征、基本的本能需求、存在价值——也就是他的存在价值（这应当被理解为是对萨特式的武断存在主义的直截了当的否定，萨特认为自我是由命令创造的）。

这些存在价值同样也是他的"本性"、定义或木质的一部分，与他的"低级"需求同时存在，至少在我的追求自我实现的研究对象中是这样的。对于任何"人类"、完满人性或"某个人"的终极定义中必须包含存在价值。的确，对于绝大多数人来说，存在价值并没有完全显现或实现（成为现实和功能性的存在）。然而，就我目前所见，任何一个出生在这个世界上的人都没有被排除在这种潜能之外。（当然，也可以想象，我们将来可能会发现新的数据来反驳这个假设。此外，严格意义上的语义和理论建设的考虑最终也会有所涉及。例如，我们如何在一名低能者身上给"自我实现"这个概念赋予意义？）但是无论如何，我仍然坚持认为至少对于某些人来说这一观点是正确的。

对一个全面发展的自我或个人给予完全包容的定义，应包含这种由超越性动机驱动的价值体系。

十二

这些内在价值具有类本能性。 也就是说，它们需要（1）避免疾病和（2）实现最完满的人性或成长。由于内在价值（超越性需求）丧失而引起的"疾病"，我们可以称之为超越性病症。因此，"最高"价值是人类的精神生活和最高愿望，也是科学研究的明确主题。它们也存在于自然世界之中。

现在我想提出另外一个论点，它也是来自对研究对象和一般人群的对照观察

人性能达到的境界

（非系统化的和无计划性的）。这一论点就是：我认为基本需求是类本能的或生物学上必需的。这么说的理由有很多种，但在我看来主要是因为人需要满足基本需求来避免疾病和人性的削弱，而且，从积极意义上来说这是向前发展和成长，目的是达到自我实现或完满人性。我强烈感觉到，自我实现者的超越性动机也有类似的情况。在我看来，这些超越性动机也是生物学上必需的，是为了（1）避免"疾病"（消极目的）和（2）实现完满人性（积极目的）。因为这些超越性动机是生命的内在价值，无论是独立的还是组合的，都意味着存在价值是类本能的。

这些"疾病"（存在价值、超越性需求或存在现实被剥夺而导致的）是新发现的，除了无意间的提及或暗示，或像弗兰克那样以一种非常普遍和泛泛的方式谈到，人们还没有将之作为病症进行描述过，也没有被梳理成为可以研究的形式。总之，在几个世纪以来宗教学家、历史学家和哲学家一直在精神或宗教范畴内讨论这些问题，而不是物理学家、科学家或心理学家在精神病学、心理学、生物学"疾病"、发育不全或萎缩症的范畴内对它们加以讨论。在某种程度上，它们还和社会学与政治动乱、"社会病态"等相重叠（表23-2）。

我会称这些"疾病"（或更好称之为人性的萎缩）为"超越性病症"，并将它们定义为由于存在价值被剥夺而导致的疾病，无论是全部的还是特定的存在价值（表23-2和表23-3）。通过对我先前的描述和各种存在价值编目进行推断，运用各种操作有可能总结出一种周期表（表23-3），一些尚未发现的疾病也可能列在表中，以供将来参考。它们能在多大程度上被发现和描述，我的印象和假设就能在多大程度上得到验证。（我曾通过电视领域，尤其是电视广告领域收集了各种类型的超越性病症资料，用以研究所有内在价值的庸俗化或毁灭，当然，收集过程中还涉及了很多其他数据来源）

表23-2 一般的超越性病症

异化
混乱
快感缺乏

第八章 超越性动机

对生活失去热情
无意义感
缺乏享受的能力；漠不关心
无聊；厌倦
生命不再具有内在价值和自我认同
存在的真空
精神官能症
哲学危机
冷漠、放弃、宿命论
价值缺乏感
生活的世俗化
精神疾病和危机；"枯燥""死板""陈腐"
价值论的抑郁症
渴望死亡；放任生活；对死亡无动于衷
无用感、不被需要感、无所谓的感觉；徒劳无益
绝望、冷漠、失败、无反应、屈服
感觉完全被动；无助；丧失自由意志
极端质疑；什么是值得的？什么是重要的？
绝望、痛苦
闷闷不乐
徒劳
愤世嫉俗；对所有高级价值丧失信心或简化解释
牢骚满腹
"漫无目的"的破坏、怨恨、肆意破坏
疏远长辈、父母、权威，脱离任何社会

表23-3 存在价值与特定的超越性病症

存在价值	导致疾病的缺乏	特定的超越性病症
1.真	不真诚	怀疑、不信任；愤世嫉俗；怀疑论；猜疑
2.善	恶	极度自私；仇恨；排斥；厌恶。只依赖自己、只为自己；虚无主义；愤世嫉俗
3.美	丑	粗俗；特定的不开心、烦躁、丧失情趣、紧张、疲倦；庸俗；阴郁
4.统一；整体	混沌论；原子论；丧失关联性	解体；"世界正在崩溃"；武断
4-1.超越二歧	黑与白的二歧化；缺少分层和层次感；被迫极化；被迫选择	非此即彼的思维方式；把每件事都看作决斗、战争或冲突；低协同作用；简单化的人生观
5.活跃；发展	死气沉沉；生活机械化	死气沉沉；机械死板；感觉自己完全被否定；情感缺失；厌倦一切；丧失生活的兴趣；体验空虚
6.独特性	千篇一律；一致；可互换	缺乏自我感和个体感；感觉自己可以被他人替代，无个性特征；感觉不被人需要
7.完美	不完美；凌乱；质量低劣	沮丧；绝望；无所事事
7-1.必要	意外；偶因论；易变	混乱；不可预见；缺乏安全感；惶惶不可终日
8.完成；结束	未完成	持续性的未完成感；绝望；停止追求和应对；无效的尝试

续表:

存在价值	导致疾病的缺乏	特定的超越性病症
9.正义	非正义	不安全感；愤怒；愤世嫉俗；不信任；无法无天；丛林法则的世界观；极端自私
9-1.秩序	无法无天；混乱；权威崩溃	不安全感；谨小慎微；丧失安全性、缺乏预见性；保持警觉、持续紧张、时时防范
10.单纯	令人困惑的复杂性；脱节；分解	过于复杂；混乱；困惑；冲突；迷失方向
11.丰富；整体；综合	贫乏；片面	沮丧；不安；对世界失去兴趣
12.不费力	很费力	疲劳；紧张；费力；笨拙；尴尬；粗野；不自然
13.趣味性	缺乏幽默感	冷酷；抑郁；偏执；缺乏幽默感；丧失生活的热情；阴郁；缺乏享受的能力
14.自我满足	偶发事件；意外；偶因论	依赖感知；成为责任
15.富有意义	无意义	无意义；失望；生活无意义

表 23-3 中的第三列是一个非常初步的尝试，不必对其过于认真，只是将它们作为对未来研究的提示。这些特殊的变态病理学似乎与一般变态病理学相反。我唯一详细阐述过的特定的超越性病症是第一种（见《存在心理学》第五章），或许这本书可以对其他描述超越性病症的工作起到激励作用。我猜想，阅读宗教病理学文献，特别是神秘主义的传统文献，可能会得到一些启发。我推测在"时髦"的艺术领域、社会病理学、同性恋亚文化、反存在主义文献中，也能获得一些线索。存在主义心理治疗、精神疾病、存在真空、神秘主义"枯燥"和"死板"、

二歧化、言语化、被一般语义学解构过的过度抽象、艺术家与之抗争的世俗化、机械化、机械式的生活和社会精神病学者谈到的去人格化、异化、身份认同丧失、责他、牢骚、抱怨、无助感、自杀倾向、荣格所说的宗教病理、弗兰克尔式的精神官能紊乱、精神分析学家的性格障碍——所有这些和很多其他价值紊乱毫无疑问都是相关的信息来源。

总而言之，如果我们认同这种紊乱、疾病、病态或萎缩（由于超越性需求满足被剥夺）确实是对完满人性和人类潜能的一种削弱，并且如果我们认同存在价值的满足或实现能够增强或实现人类的潜能，那么，显然在同样对基本需求进行讨论的范畴中，这些内在的和终极的价值可以被视为类本能的需求。这些超越性需求，尽管它们确实具有某些和基本需求不同的特征，但是在同样的讨论和研究范围内，它们和基本需求没有差别，就如同对维生素C和钙离子的需求一样。它们属于广义的科学范畴，当然不是神学家、哲学家和艺术家所专享的。精神或价值生活也同样属于自然领域，而不属于另一个不同的、对立的领域。它容易成为心理学家和社会学家热衷研究的对象。从理论上讲，随着这些学科发展出合适的研究方法。它也终将成为神经学、内分泌学、遗传学和生物化学研究的对象。

十三

富裕而放纵的年轻人的超越性病症部分原因来自内在价值的剥夺，来自对社会的幻灭的失望和"理想主义"的挫败，他们（错误地）认为动机只能被较低的、动物的或物质的需求所激励。

超越性病症理论产生出如下易于验证的命题：我认为很多富裕阶层（低级需求已经得到满足）的社会病症在很大程度上是内在价值缺乏的结果。换言之，富有的、享有特权的、基本需求得到满足的高中生和大学生的许多不良行为，都是由于年轻人中常见的"理想主义"受挫导致的。我的假设是，这种行为可能是对某种信仰的持续追求与失望后的愤怒的混杂。（我有时会在某个年轻人身上看到完全的失望或绝望，他甚至质疑这种价值是否存在。）

当然，这种受挫的理想主义和偶然的绝望，部分是由愚蠢的限制性动机理论在世界各地的影响和普遍存在造成的。抛开行为主义和实证主义理论——或更确切地说是非理论——不谈，只是简单地拒绝看到这一问题，即一种心理分析学上的拒绝，那么拿什么提供给这些理想主义的年轻男女呢？

不但所有的19世纪官方科学和正统的学术心理学没能为他们提供什么有意义的东西，而且大多数人用以指导他们生活的主要动机理论也只能引导他们走向消沉或玩世不恭。弗洛伊德学派的人，至少是在他们的官方论著中（尽管不是在良好的治疗实践中），仍然对所有的更高人类价值采取一种还原主义的简化态度。人类最深层次和最真实的动机被看作危险的和肮脏的，人类最高的价值和美德在本质上是虚假的，并不是它们表面看起来的样子，而是"深层的、黑暗的和肮脏的"东西伪装后的样子。我们的社会科学家在这一方面也同样令人失望。对于许多或大多数社会学家和人类学家而言，总体的文化决定论依然是官方的、正统的理论。这一学说不仅否认了内在的高级动机，而且有时已然濒临否定"人性"本身的危险境地。不仅西方经济学家会在本质上推崇功利主义，东方的经济学家也是如此。对于经济学这一门"科学"，我们必须严厉地说，它通常是一种对人类需求和价值完全错误的理论的熟练的、准确的技术应用，这种理论仅仅承认低级需求和物质需求的存在。

这种环境下的年轻人怎么能不感到失望和幻想破灭呢？不仅是那些理论家，还有父母和老师的传统智慧，以及广告商坚定不移的灰色谎言，都在告诉他们：得到所有物质和动物性的满足，就得到了快乐；然而这些需求的满足并没有像他们预料之中的那么快乐，这究竟是什么原因呢？

那么"永恒的真理"呢？终极真理呢？绝大多数社会阶层都同意把它们交给教会和教条化、制度化、正统化的宗教机构。但这也是对高尚人性的一种否定！这样的做法实际是说，那些寻求真理的年轻人肯定不会在人性本身中找到它。他们必须要在一种非人类的、非自然的事物中寻求终极真理，而这个事物现在肯定已经被许多聪明的年轻人所不信仰或者完全拒绝。

这种过度放纵状态最终导致物质价值越来越占据主导地位。在这样的结果中，人对精神价值的追求一直不能得到满足。因此，文明已经达到了近乎灾难地步。——舒马赫（E.F.Schumacher）

人性能达到的境界

我一直关注年轻人"理想主义的挫败",因为我认为这是当今研究的热点。但是,我认为任何人身上所有的超越性病症也都源于"理想主义的挫败"。

十四

这种价值匮乏和价值饥渴既来自外部剥夺,也来自我们内心的矛盾和反价值。

我们不仅由于环境中被动的价值剥夺导致患上超越性病症,还对最高价值产生惧怕心理——无论是我们自己内在的和外在的最高价值。我们不仅会受到最高价值的吸引,也会对其感到敬畏、震惊、战栗、恐惧。也就是说,我们往往处在矛盾和冲突之中。我们抵御存在价值,采用压抑、否认、消极应对,以及所有弗洛伊德式的防御机制等方式,来对抗我们自身内心的最高价值,就像动员它们对抗我们自身内部的最低价值一样。谦卑、无价值感和对这些让人望而生畏的价值观的极度恐惧有时会使我们对最高价值采取逃避态度。

所以这样的假设是合理的:超越性病症可以由自我剥夺和外部强加的剥夺引发。

十五

基本需求的层次优先于超越性需求。

基本需求和超越性需求处于同一层次的整合体系中,即处于同一连续体系中,处于同一话语范畴中。它们有相同的"被需求"的基本特征(必要的、有益于人的),剥夺它们会导致"疾病"和萎缩,"摄取吸收"它们会促进成长,使人走向完满人性,走向更大的幸福和欢乐,走向心理上的"成功",走向更多的高峰体验,以及总体上更多地生活在存在水平上。也就是说,它们都是生物学上所需要的,并且都能促进生物学的成功。然而,它们也有不同的定义。生物学的价值或成功一直以来仅仅被看作负面的,例如,简单的生命耐力、生存能力、避免疾病、个人及其后代的生存。但是,我们也暗示了生物学或成功进化的积极标准,不仅是生存价值,还包括自我实现的价值。基本需求和超越性需求的满足有助于产生"更好的样本",

即在支配等级中处于高位的生物。更强壮、更有优势、更成功的动物能得到更大的满足感、更好的领地、更多的后代等,而较弱小的动物所在支配等级中地位更低、更容易被消灭、更容易被吃掉、繁殖后代的可能性更低、更容易挨饿等。不仅如此,更好的物种也过着更优越的生活,会得到更多的满足感,更少感到受挫、痛苦和恐惧。这里我们并没有牵扯到试图描述动物的愉悦(虽然我认为可以做到这一点),但我们依然可以合理地发问:"一个印第安农民和一个美国农场主的生物学生活和心理生活是否毫无差别,即使他们都有后代?"

首先,很显然,基本需求的整体层次要比超越性需求占优势,或者换句话说,与基本需求相比,超越性需求不够强势(不那么急迫或要求过高,是较弱的)。我希望将其作为一种广义的统计性陈述,因为我发现某些个体身上拥有特殊的天赋和独特的敏感性,这使得他们对真、善、美的需求比自身的某些基本需求更为重要和更加迫切。

其次,基本需求可以称之为缺失性需求,具有各种已经描述过的缺失性需求的各种特征,而超越性需求似乎更具有已描述过的"成长性动机"的特征。

十六

超越性动机在彼此之间的效力相同。但是,对于任何一个给定的个体而言,它们可能而且经常会根据特殊才能和体质差异来划分不同层次。

据我所知,超越性动机(或存在价值、存在事实)并非是按照优势等级排序的,但似乎它们都拥有同样的效力。换一种方式来说(一种有助于其他目的的、有用的说法),每一个个体似乎都有他自身的优先顺序、层级或优势,而这要依据他自身的天赋、气质、技能、能力等而定。对某人而言,"美"比"真"更重要,但是对于他的同伴而言,情况也可能恰恰相反。两种情况出现的概率都是一样的。

十七

看起来好像任何内在价值或存在价值都是由大多数或所有其他存在价值完全

定义的。也许它们形成了某种形式的统一体，每一种特定的存在价值只是从另一个角度去看一个整体。

我的印象（并不十分确定）是，任何存在价值都是由全部其他存在价值完全并充分定义的。也就是说，真理被充分完善地定义为必须是美丽、好的、完美、公正、简单、有序、合法、生动、全面、统一、超越二歧化、轻松、有趣的。（"真理，全部真理，只有真理"肯定是非常不恰当的。）美如果完整地定义，则必须是真实、好的、完美、生动、简单等。就好像所有的存在价值都具有某种形式的统一性，每一种单独的价值被看作整体的一个方面。

十八

价值生活（精神的、宗教的、哲学的、价值论的等）是人类生物学的一个方面，是和"低级的"动物生活处在同一连续系统中（而不是处于分裂的、二歧化的或是相互排斥的领域中）。因此，它可能是全人类的、超文化的，尽管它必须通过文化的实现才能存在。

所有这一切都意味着，所谓精神的或价值的生活，或者更为"高级"的生活，都是与肉体的、躯体的，即与动物性生活、物质生活、"低级"生活处在同一连续系统（具有相同种类和性质）中。也就是说，精神生活是我们生物生活的一部分，是"最高级"的部分，但依旧只是它的一部分。

于是，精神生活也是人类本质的一部分，是人性的决定性特征。没有精神生活的人性就不会成为完整的人性。它是真实自我的一部分，是一个人自我身份认同、内在核心、种族属性、完满人性的一部分。纯粹的自我表达和纯粹的自发性可以达到怎样的程度，超越性需求的表达也可能达到相同的程度。"揭示"、道家式的、存在主义疗法、意义疗法或"本体论"技术，应当能够揭示并强化超越性需求，就如同揭示和强化基本需求一样。

深度诊断和治疗技术最终也应该能够揭示这些超越性需求，因为自相矛盾的是，我们的"最高程度的本性"也就是我们"最深层次的本性"。价值生活和动物性生活并非处于两个隔离领域中，这与大多数宗教和哲学的设想有所不同，也与经典的、客观的科学设想的状态不太一样。精神生活（沉思的、"宗教的"、哲学的或价值的生活）在人类思想的管辖范围之内，原则上是可以通过个人努力而实现的。尽管它已经被以物理学为模型的、经典的、价值中立的科学排斥在现行领域之外，但是它也可以由人本主义科学重新界定为研究和技术对象。也就是说，这样一门宽泛的科学必须要思考永恒的真理、终极的真理、最终的价值等，它被认为是"真实的"、自然的、以事实而不是以愿望为基础的、人性化的而不是超人的、需要我们展开研究的、合理的科学问题。

当然，在实践中，这样的问题更难进行研究。实际上低级生活要优于高级生活。这意味着生活越高级，其发生的可能性就越小。实现超越性动机支配的生活必须先满足大量的先决条件，不仅需要满足之前各种层次的基本需求，还要拥有高级生活所必需的大量"良好条件"。这就是说，需要更好的环境，需要消除经济匮乏的情况，需要有大量的自由选择以及那些让真实和有效的选择成为可能的条件，同时也需要协同的社会制度，等等。总而言之，我必须非常小心谨慎地指出，高级生活在理论上是有可能的，但我从来没有想过它会有很大可能或者很容易尽快实现。

让我也来做一个非常明确的暗示：超越性动机是全人类都有的，因此是超越文化的，是人类共有的，并不是由文化随意创造出来的。因为这是一个注定要产生误解的观点，让我这么说吧：在我看来超越性动机是类本能的，具有一种明显的遗传性，是全人类所共有的。但是它们是潜在的，而不是现实存在的。文化可能还不足以让它们获得实现。事实上，纵观历史上大多数已知的文化恰恰正在这样做。因此，这提示存在一种超越文化的因素，可以在任何文化之外或者任何文化之上批判这一文化，也就是说，根据它会在多大程度上促进或抑制自我实现、完满人性和超越性动机，文化可以和人类的生物本质相协同，也可以与人的生物本质相对立，即文化和生物学在原则上并不是彼此对立的。

因此，我们是否能说每个人都渴望高级生活、精神生活和存在价值等呢？此处，我们彻底陷入了我们的语言缺陷之中。我们当然可以说，原则上讲这样的渴望是每一个新生儿与生俱来的一种潜能，除非事实证明发生了其他情况。也就是说，我们最好的猜测是，如果这种潜能会失去，那也是在出生后失去的。在当今

人性能达到的境界

社会现实之中，我们可以断言，大多数新生儿在贫困、剥削、偏见等的阻碍下将永远不可能实现这一潜能，永远都不能提升到最高等级的动机。实际上，当今世界上的机会非常不平等。明智的说法是，对于成年人来说，他们每个人的际遇各不相同，这取决于他们生活的方式和地点，他们所处的社会、经济、政治环境以及他们心理病症的种类和程度，等等。然而，对于任何活着的人来说，完全放弃获得超越性生活的可能性也是不明智的（如果没有其他原因，仅作为一项社会策略而言）。毕竟,这种"不治之症"在精神病学和自我实现的意义上最终是要被"治愈"的，在锡南浓就有这样的案例。可以肯定地说，为了我们的子孙后代，如果放弃这种可能性将是非常愚蠢的。

所谓的精神生活（超越性生活或价值生活）显然是根植于我们人类的生物学本性。这是一种"高级"的动物性，它的先决条件是要有一种健康的"低级"的动物性，即它们在层次上是整合的（而不是彼此排斥的）。但是，这种高级的、精神层次的"动物性"既胆小又微弱，非常容易丧失，并很容易被更强大的文化力量击碎，只有在支持人性发展，并积极促进其充分成长的文化中，它才能得以广泛实现。

正是出于这样的考虑，我们有可能解决很多不必要的冲突和分歧。例如，如果黑格尔的"精神"和马克思的"自然"实际上是同一连续系统中的层次整合，也就是我们通常所说的"唯心主义"和"唯物主义"，那么这种层次整合的本质将给出各种解决方案。例如,低级需求（动物的、自然的、物质的）在相当具体的、经验性的、可操作性的、局限性的意义上比所谓的高级基本需求更占优势，而后者又比超越性需求（精神的、理想的、价值的）更有优势。也就是说，生活中的"物质"条件在意义上优先于（高于强于）高级理想，甚至优先于意识形态、哲学、宗教、文化等，而且在确定的、有限的方式上也是如此。但是这些更高级别的理想和价值绝不仅仅是低级价值的附带现象。实际上它们在生物学和心理学上具有相同的特质，尽管在强度、紧迫性或优先性上有所不同。在任何等级体系中，就像在神经系统中一样，或是在一个等级序列中，无论是高级还是低级，都是同样"真实"、同样人性化的。如果一个人愿意的话，他当然能以这样的方式看历史，也就是从一种争取完整人性的角度来看待历史；或是把它作为内在事物的延展，以一种德国教授式的理念来自上而下地看历史；抑或他同样也可以在物质环境中发现最初的、最基本的或最终极的原因，即自下而上地看问题。（这时你就可以接受这样的说法："利己是一切人性的基础。"从这个意义上来说，利己主义是占有优势的。但是从充分描述人类动机的意义上来讲，这种说法就不正确了。）对于不同的学术目的，它们都是有用的理论，都有其确定的心理学意义。我们没有必要争论"精神优于物质"，或是"物质优于精神"。如果今天俄国人为唯心主义和精神哲学的出现而担忧，那是没有必要的。就我们对个人内部和社会内部的发展的了解而言，得到满足后的唯物主义极有可能产生一定量的精神性。（让我感到非常迷惑的是，为什么富裕能让一些人获得释放和成长，同时又让另一些人严格地固守在"实物质"层面上。）但同样可能的是，宗教主义者如果想要维护精神价值，最好从衣、食、住、行等方面开始，这要比布道更为基本。

将我们低级动物的遗传特征与我们"最高级的"、最灵性的、最有价值的、最可贵的、"宗教的"（从而说明精神性也是动物性的，即高等动物性）遗传特征相提并论，这有助于我们超越很多其他的分歧。例如，魔鬼的呼唤、堕落、肉欲、邪恶、自私、以自我为中心、利己主义等，都已然与神圣、理想、善良、永恒真理、最崇高的愿望等分离开来，并且相互对立。有时候，神圣的或最好的概念被认为是包含在人性之内的。但是，更常见的情况是，在人类历史上，美好的品性被认为是处于人性之外的，在人性之上，是超越自然的。

在我模糊的印象中，大多数宗教、哲学或意识形态更有可能倾向于接受邪恶的或最坏的东西是人类所固有的本性。但是，即使是我们"最坏"的冲动有时也被具体化为撒旦的声音之类的事物。

通常，我们"最低级"的动物本性也会被自然而然地污蔑为"坏的"，尽管在原则上它也可以同样容易地被认为是"好的"——而且在一些文化中曾一度如此认为。也许，这种对我们低级动物本性的污蔑部分原因是二歧化本身（二歧化导致病态，而病态又促使二歧化的形成，这种情况在一个整体的世界中通常是不正确的）。如果是这样的话，那么超越性动机的概念就应该能提供一个理论基础，用以解决所有（大部分）错误的二歧化。

十九

快乐和满足可以在层级体系中从低到高进行排列，因此享乐主义理论也可以被看作从低到高的排列，即超越性快乐主义。

存在性价值被视为超越性动机的满足，也是我们所知的最高的欢乐和满足。我曾经在其他地方提到过，能够意识到快乐是有等级的，这是必要且有益的，例如，从泡在热水中缓解疼痛带来的舒适，和好友一起相处的快乐，美妙音乐带来的享受，拥有孩子的幸福，最高爱情体验的狂喜，直到最终与存在价值相融合，等等。

这样的层次体系给欢乐主义、自私、职责等问题提供了一种解决方案。如果将最高快乐包含在一般快乐之中，那么这一点就非常真实了：大多数人只追求快乐，也就是超越性的快乐。也许我们可以称其为"超越性享乐主义"，并指出在这个层级中不再有快乐和责任之间的冲突，因为人类最高的义务就是真理、正义、美等，而这也正是人类能体会到的最大快乐。当然在这个层次的讨论中，自私与无私之间的相互排斥也自然而然地消失了。对我们有好处也就是对大家都有好处，令人满意的就是值得称赞的，我们的欲望现在都是可靠的、合理的、明智的。我们所享受的是对我们而言是有益的，寻求我们自己（最高）的善也是在寻求普遍的善，等等。

如果有人提到低级需求的享乐主义、高级需求的享乐主义和超级需求的享乐主义（这是按照从低级到高级的顺序排列的），这也意味着各种类型的享乐主义具有可操作性和可检测性。例如，我们在社会中达到的层次越高，通常处于同一层次的人数就越少，所需先决条件的数量就越多，社会环境就会越好，教育质量必然更好，等等。

二十

由于精神生活是类本能的，所有"主观生物学"的技术都适用于对它的培育。

由于精神生活（存在价值、存在事实、超越性需求，等等）是真实自我的一部分，是类本能的，在原则上是能够自省的。它有"冲动的声音"或"内在的信号"，尽管比基本需求微弱，但是还是可以被"听到"的，并因此它属于"主观生物学"这一范畴。

原则上，所有原则和训练应该有助于发展（或教导）我们的感官意识、我们的身体意识、我们对内在信号（由我们的需求、能力、体质、气质、身体等释放出来）的敏感性。所有这些同样也适用于我们内心的超越性需求——虽然不那么迫切，即培育我们对美、法律、真、完美等的渴望。也许，我们还能发明出一些类似"体验丰富"这样的词汇，用以描述那些对自身内部的声音十分敏感的人，即使是超越性需求能被他们有意识地内省和享受。

这种丰富的经验在原则上应该是可以被"教会的"，或在某种程度上是可恢复的，这也许可以通过适当使用致幻化学药品，使用伊莎兰式的非语言方法，[①]运用冥想和沉思技巧，通过对高峰体验或存在认知等进行更进一步的研究等来实现。

我不希望这被认为是神化了内在的信号（来自内部的声音，"平静而微弱的良知之声"等）。对我而言，自身体验性知识确实是一切知识的起点，但绝对不是一切知识的终点。它是必要的，但不是充分的。即使是最聪明的人也会偶尔发生内在声音出错的情况。在任何情况下，这样的聪明人一有可能就会用外部现实来检测他们的内在指令。对体验性知识进行的实际检验和验证也总是有必要的，因为即使对一个名副其实的神秘主义者而言，有些时候内在确定的声音也会被认为是来自魔鬼的呼唤。无论我们有多么重视内在体验，但让某人的个人良知胜过所有其他来源的知识和智慧，肯定是不明智的。

二十一

但是，存在价值看起来与存在性事实一样。现实最终是事实价值或价值事实。

在最高层次的洞察（启示、觉醒、洞察力、存在性认知、神秘感知等）中，存在价值同样可以被称为存在性事实（或终极现实）。当人格、文化、洞察力、

[①] 位于加利福尼亚州人苏尔的伊莎兰研究所擅长使用这种方法。这种新型教育方式暗含的假设是，身体和"精神"都可以接受爱，并且两者是协同的，在层次上是整合的，而不是相互排斥的，即一个人可以两者兼具。

人性能达到的境界

情感释放（恐惧、抑制、防御）以及无干涉性的发展都达到最高层次，彼此和谐一致的时候，就有一些充分的理由来肯定，独立于人类的现实在其自身（人类的独立性）的本性中可以被非常清晰地看到，并极少受到观察者的外在干扰。然后现实被描述为真实的、好的、完美的、整合的、生动的、合法的、美丽的，等等。也就是说，那些精准和恰当表述感知的描述的现实的词汇和我们传统上所说的价值词汇是等同的。传统的"是"（is）和"应该"（ought）的二分法是低生活水平的特点，在事实与价值相融合的最高层次的生活中已然被超越。很显然，那些同时具有描述性和规范性的词汇可以被称为"融合性词汇"。

在这种融合层面上的"对内在价值的爱"等同于"对终极现实的爱"。在这里对事实的忠诚意味着对事实的热爱。为客观或感性所做的最艰苦的努力，即尽可能减少观察者及其恐惧、渴望和自私的算计带来的污染，而产生一种情感的、审美的和价值论的结果，这是我们最伟大、最透彻的哲学家、科学家、艺术家以及精神论的创立者和领导者所提出并接近的结果。

对终极价值的思考与对世界本质的思考变得相同。寻求真理（充分定义）可能和寻求美丽、秩序、独特、完美、公正（完全定义）是一样的。然后，真理可以通过寻求其他存在价值来发现。于是，科学就变得与艺术、宗教、哲学没有区别了吗？一个对关于现实本质的基础科学发现，也会成为一种精神或价值论的肯定吗？

假如一切都是如此，那么我们对现实的态度，或者至少是在当我们和它都处于最佳状态时，我们对现实的体验，就不再仅仅是"冰冷的"、纯认知的、理性的、逻辑的、冷漠的、不参与的盲从。这种现实也唤起一种热情的和感性的反应，一种对爱、对奉献、对忠诚的反应，甚至是高峰体验。在它处于最佳状态时，现实不仅是真实的、合法的、有序的、整合的，也是善良的、美丽的、可爱的。从另一个角度来看，我们也可能被说成是在这里为伟大的宗教和哲学问题提供了一个暗示性的回答，例如，哲学的任务、宗教的追求、生命的意义等。这里提出的理论结构尝试性地提出一组假设，以供检测和验证，或许无法验证。这是一个由各种水平的科学可靠性"事实"组成的网络，包括来自临床和人格学的报告，以及纯粹的直觉和预感。或者换一种方式来说，我相信它是可以验证的，我确信或断言这样的验证将会实现。但是你们（读者）请不要这样。即使感觉它是对的，即使它十分合理，你们也应该更为审慎。毕竟它是建立在一套假设的体系上，也许它是正确的，但最好还是要经过检验。

如果存在价值与某人的自我相一致，并成为自我的决定性特征，那么这是否意味着现实、世界、宇宙也因此与这个人的自我相一致并成为其自我的决定性特征呢？这样的说法意味着什么呢？确实，这听起来很像古典神秘主义者与世界、与上帝的融合。同时，这也让我们想起对这一观点的东方式的各种说法，例如，某个个体的自我融入整个世界并消失了。

我们能不能说将绝对价值可能性提高到有意义的程度呢？至少在同样的意义上，现实本身可以被说成是绝对的吗？如果此类事情被证明是有意义的，那么它仅仅是人本主义的，还是有可能是超越人类的呢？至此，我们已然达到了这些词语能够表达的意义的极限。我提及它们只是因为我希望敞开大门，维持问题未被回答，困难尚未解决的状态。显然，这不是一个封闭的体系。

二十二

人是自然的一部分，自然也是人的一部分，而且人必须与自然有着最低限度的同构性（与自然的相似性），以便在自然中生存。自然已经让人发生了进化。因而人与那些超越他的事物的交融不需要被定义为非自然的或超自然的。这可以被看作一种"生物学"的体验。

赫舍尔（Heschel）宣称，"人的真正成就取决于与超越他的事物的交流"。当然，在某种意义上这种说法是对的。但是这种感觉需要解释清楚。

我们已经看到，人与超越他的现实之间并没有绝对的鸿沟。他能够认同这个现实，把它融入他对自我的定义中，忠实于它就如同忠实于他自己。于是他成为它的一部分，并且它也成为他的一部分。他和它相互重叠。

这样的说法架起了通向另一个话语领域的桥梁，即通向人类的生物进化理论。人不仅是自然的一部分，而且某种程度上，他也必须和自然同构。也就是说，他不能和非人的自然完全矛盾。他不能和自然全然不同，否则现在他就不会存在。

人性能达到的境界

他的生存能力证明了他至少能与自然和谐相处，并被自然接受。他认同自然的要求，而且作为一个物种，他至少是在维持生存的程度上臣服于这些要求。自然也没有置他于死地。从生物学角度上说，他相当精明地接受了自然法则，如果他公然对抗，那将意味着死亡。他与自然和谐相处。

也就是说，在某种程度上他必须与自然相似。当我们谈及他与自然的融合时，也许这正是我们想要表达的某种意思。或许大自然带给他的震撼是真实的（感知到它的真实、善良、美好等），某一天这种体验会被理解为一种自我认知或自我体验，一种成为自己并充分发挥作用的方式、一种家的感觉、一种生物的真实性、"生物神秘主义"，等等。也许我们可以看到，将神秘或高峰融合不仅是和最值得热爱的事物的交流，也是与现实的融合。因为他属于那里，是现实的一部分，并且可以说成为家庭的一员。

……我们越来越自信的方向是，我们基本上是宇宙的一员，而不是陌生人。

——加德纳·墨菲（Gardner Murphy）

这种生物或者进化版本的神秘体验或者高峰体验从生物学或进化论的角度来理解，神秘体验或高峰体验——在这里可能和精神或宗教体验没有什么差别——再次提醒我们，我们必须最终摆脱那种将"最高"视为"最低"或"最深"的反义词的过时用法。我们描述的这种"最高"体验，与人所能设想到的终极快乐相融合，可以同时被视为我们终极的个体动物性和物种性的最深刻体验，因为我们接受了深刻的生物本质，认为它与一般的自然是同构的。

这种经验主义的，或至少是自然主义的措辞，在我看来，也把"超越个人的"定义为非人类的、非自然的或超越自然的，就像赫舍尔说的那样，好像是不太必要的，也不太吸引人。人与超越他的事物的沟通可以被看作一种生物学体验。虽然不能说世界爱人类，但是至少可以说世界是以一种非敌意的方式接纳人类。世界可以容忍他们，允许他们成长，偶尔还允许他们获得巨大的快乐。

二十三

存在价值和我们个人对这些价值的态度不一样，也不是我们对他们的情绪反应。这些价值在我们心中又发了一种"需求感"，也使我们产生了一种"自愧感"。

存在价值最好能与我们对这些价值的态度有所区别，至少是在可能的程度上进行区分，但这是很难做到的。这些对终极价值（或现实）的态度包括爱、敬畏、崇拜、谦虚、尊敬、卑微、惊讶、诧异、惊叹、欣喜、感激、恐惧、快乐等。很明显，这些是一个人目睹与自己不同的事物时的情感认知反应，或者至少是在词句上是能够区分的。当然，一个人在强烈的高峰体验和神秘体验中与世界融合得越多，他的内心反应就会越少，作为一个可分离实体的自我就会失去得越多。

我认为保持这种分离性的主要原因是强烈的高峰体验、启迪、孤寂、狂喜、神秘融合并不经常发生。即使是反应最积极的人，也只有相当小部分时间是在这样的特殊时刻度过的。更多的时间是在相对宁静的、对深刻的启示中显露出来的终极价值的沉思和欣赏中度过的（而不是与之融合的）。因此，谈到对终极价值的罗伊斯式（Royce-type）的"忠诚"是非常有益的，责任、职责和奉献同样也是如此。

此外，这里提出的理论不可能认为，对存在价值的这种反应是在任意或随机的情况下产生的。根据既往的经验，我们会更自然地认为这些反应在某种程度上是必需的、值得的、需要的、合适的。也就是说，在某些意义上，存在价值被认为是值得的，它甚至是可以要求或命令我们爱它、敬畏它、奉献于它的。一个人性完满的人大概会情不自禁地产生这样的反应。

我们也不应该忘记，目睹这些终极事实（或价值）通常能让人敏锐地意识到自己的无价值，意识到自己的不合格和缺点，意识到他作为一个人、作为人类的一员，他的终极存在是多么渺小、多么有限和多么无力。

二十四

描述动机的词汇必须是分层次等级的，超越性动机（成长动机）的特征性描

人性能达到的境界

述必须与基本需求（缺失需求）的特征性描述不同。

内在价值与我们对这些价值的态度之间的差异也产生了对动机的层次性描述的词汇（运用词汇的普遍和内在的含义）。在其他地方，我已经提请大家注意，与满足、快乐、幸福的水平相对应的需求到超越性需求的层次。除此之外，我们还应记住关于"满足"的概念本身已经超越了在超越性动机或成长动机，那里的满足感是永无止境的。幸福的概念也是如此，它也完全超越最高层次。此时，它可能会成为一种无边的悲伤、清醒或无感情的沉思。在最低级的基本需求层次上，我们当然可以谈论到被驱除、极度渴望、努力或需求。例如，当缺氧或极度疼痛时，当我们沿着基本需求的阶梯向上攀登时，像欲望、意愿、偏好、选择、想要这样的词汇变得更为合适。但是在最高层次上，也就是超越性动机的层次上，所有这些词汇就不足以表达主体的心境了，而向往、献身、渴求、热爱、崇拜、欣赏、敬重、被吸引或着迷这样的字眼，则更准确地描述了超越性动机的感觉。

除了这些感觉，我们还不得不面对一项非常艰巨的任务，就是找到那些能表情达意的词汇，用于正确表述感到舒适的、有责任的、合适的、绝对公正的、可爱的、值得被爱的、需要爱的，甚至是命令爱、要求爱、应该爱的这些含义。

但是，所有这些词汇仍然假定了需求者及其所求的东西之间的分离。当这种分离被超越，在需求者及其所需的东西之间达到某种程度的同一性或融合时，我们应该如何描述发生的情况呢？在某种意义上，或者是在需求某种事物的需求者，以及在某种意义上需要他的事物之间的融合？

我们可以认为他超越了斯宾诺莎式的关于自由意志和决定论的二歧的超越。在超越性动机的层面上，一个人可以自由地、愉悦地、全心全意地接受他自己的决定因素。一个人选择并决定他的命运，不是勉强，不是"自我扭曲"，而是充满爱意和深情。洞察力越强，这种自由意志与决定论的融合就越"自我和谐"。

二十五

存在价值要求表现或"肯定"行为，并会诱导主观状态。

赫舍尔的观点无疑是强调"肯定"的，他将其描述为"一种对自己需要或者尊敬的事物表示尊敬或崇敬的行为……其实质是呼吁人们关注生活中崇高或庄严的一面……肯定就是分享更大的欢乐,加入一场永恒的剧目之中"。

值得注意的是,最高价值不仅仅是独自享受和深思,它们往往也会导致表达和行为反应,这当然要比主观状态更易于研究。

在这里我们发现了"应当感受"的另一个现象学意义。对存在价值的肯定,让人感觉它是一项恰当的、适合的、愉悦而迫切的任务,好像它们理应受到我们如此对待,好像我们至少亏欠了它们,一定要为它们做到这些。好像仅仅是出于公平、正义和自然,我们也应该保护、培养、加强、分享和赞扬它们。

二十六

将存在领域(或水平)和缺失领域(或水平)区分开来,并承认在两种层次上的语言差异,必然对教育和治疗有所帮助。

我发现在存在领域和缺失领域之间进行区分对我而言最为有用。这两者间的区别就像永恒和"实用"的区别。简单来说,这是一种战略或战术问题,为了让生活更好、更完满,为了能够选择自己的生活而不是被动地承受生活,这是有好处的。在繁忙和紧张生活中,很容易忘记终极价值,特别是对于年轻人而言。

通常,我们仅仅是反应者,可以说仅仅是对刺激做出反应,对奖励和惩罚、对紧急状况、对痛苦与恐惧、对其他人所做出的决定、对肤浅的事物做出反应。至少是在最开始的时候,我们必须做出特定的、有意识的、有针对性的努力,把注意力转向自己的内在事物和价值,比如,也许是寻求一种现实的孤独感,也许是沉浸在美妙的音乐之中,跻身好人行列,或者是陶醉在大自然的美景之中。只有经过实践练习之后,这些策略才变得容易和自然而然,一个人甚至不需要向往或尝试就能生活在存在领域,比如"和谐生活""超越性生活""存在的生活"等。

我发现这种词汇也同样有助于教导人们更加清晰地意识到存在价值、存在语言、存在的终极事实、存在的生活、和谐的意识等。当然,这种词汇确实笨拙,有时也过于敏感,但是它确实起到了作用。无论如何,它已经证明规划研究在操作层面是切实可行的,是有用的。

人性能达到的境界

根据我偶然一次观察到的高度发达或者成熟的个体("超越的人"?),我又了一个假设:即使是在初次见面时,这样的个体也可以我称之为存在性语言的最高水平上与他人进行非常快速的交流。在这一点上,我只想说,它说的好像存在价值是真实存在的,有些人容易察觉到,另一些却感知不到。与另外这些人的交流也是真实的,但在重要性和意义上却处于较低的和不成熟的水平。

此时,我并不知道如何将这一假设付诸实践,因为我发现有些人能够运用这种词汇,但并不确切地理解它们的含义,就像有些人可以口若悬河地谈论音乐或爱情,而从没有真正体验过这两者一样。

其他的印象甚至更为模糊,就是与运用存在语言进行轻松交流会带来极大的亲密感、一种分享共同忠诚的感觉、一种完成相同任务的感觉、一种"和睦相处"的感觉、一种亲近的感觉以及是一种作为仆人的感觉。

二十七

"内在的良知"和"内在的罪恶"都有最终的生物学根源。

在弗洛姆关于"人本主义良知"的讨论和霍妮对弗洛伊德的"超我"重新展开思考的激励下,其他人本主义学者都声称,在超我之外还有一种"内在的良知",以及"内在的罪恶"。这是背叛内在自我而应得的惩罚。

我相信这些超越性动机理论的生物学根基能进一步阐明并巩固这些概念。

霍妮和弗洛姆反对弗洛伊德本能论的具体内容,也可能是由于过于接受社会决定论,从而拒绝任何生物论和"本能论"的说法。通过本章的背景就可以很容易看出这个严重的错误。

一个人的生物学现象无疑是"真实自我"的一个必要成分。成为自己,成为自然的或自发的存在,变得真实,表现出一个人的特性,所有这些都是生物学上的描述,因为它们暗示了一个人的体质、气质、解剖结构、神经系统、内分泌系统和类本能动机的本性。这样的说法既符合弗洛伊德的理念,也符合新弗洛伊德主义的思路(更不用说罗杰斯派、荣格派、谢尔登派、戈尔德斯坦派,等等)。这是对弗洛伊德所探索的问题的一种净化和修正,也是一种只能隐约瞥见的东西。因此，我认为这符合"经典弗洛伊德"（echt-Freudian）或"后弗洛伊德"（epi-Freudian）的传统。我认为弗洛伊德试图用他的各种本能理论来表达类似的含义。我还相信，这种说法是对霍妮关于真实自我概念的相关表述的一种接受和改进。

如果我对内在自我的更偏生物学的解释得到证实，那么它也会支持神经性负罪感与内在罪恶感是有所区别的，内在罪恶感源于对自己本性的否定，源于试图成为另一个人。

但是鉴于上述观点，我们应当将内在价值或存在价值纳入在这种内在自我之内。从理论上讲，对真理、正义、美好或是其他存在价值的背叛，都应该被认为引发了内在的罪恶感（超越性罪恶感？），即一种应得的、符合生物逻辑的罪恶感。这和痛苦最终是一种幸福的意思差不多，因为它告诉我们，我们做了危害到自己的事情。当我们背叛存在价值时，我们会受到伤害，在特定意义上，我们应当受到伤害。而且，这是对"需要受到惩罚"的一种重新解释，它还可以被积极地表述为一种愿望，即通过赎罪，再次回到"清白"。

二十八

许多终极的宗教功能都是通过这个理论结构来实现的。

从人类一直追求的永恒和绝对的角度来看，在某种程度上，存在价值也是为了这一目标而服务的。它们本身就是如此，不依赖人类的幻想来生存。它们是被"认为"，而不是被"发明"出来的。它们是超越人类的、超越个体的。它们存在与个体的生命之外。它们可以被认为是一种完美。它们可以令人信服地满足人类对确定性的渴望。

但是，在某种特定意义上，它们也是人类。它们不仅是他的，也同样是他本人。它们命令、崇拜、尊敬、庆贺、祭祀。它们值得人们为之而生，为之而死。思考它们或与它们融合，可以给人类带来能够获得的最大欢乐。

在这样背景下，不朽也具有非常明确的经验意义，因为这些价值已融入了个人的价值观，定义了自我特征，在人死后仍然会继续存在，即在某种真实意义上，

人性能达到的境界

他的自我超越了死亡。

　　这也是有组织的宗教试图实现的其他功能。显然所有人，或者几乎所有人，在任何传统宗教中都曾描述过自己独特的宗教经历，用他们自己的说法，无论是有神论的还是无神论的，是东方的还是西方的，都能被吸纳到这一理论框架中，并可以用一种有经验意义的方式表达出来，也就是用一种可检验的方式来表达。

附 录

附录一 对《宗教、价值观和高峰体验》的评论

自从《宗教、价值观和高峰体验》问世以来，在世界上引起了很大反响，我也因此获益良多。此处我要谈论的一些意见也与此有关，从某种意义上来说，它们是这本书主要论点的有益补充。或者，我也可以把它们称为是对极端地、危险地、片面地利用本书论点的一种警告。当然，对于那些力图成为一个整体的、综合的、包罗万象的思想家而言，这是一种典型的冒险。他们必然知道大多数人都是以原子论的方式进行思考，以一种非此即彼、非黑即白、全有或全无、彼此排斥、彼此分裂的方式进行思考。有一个很好的例子可以阐明我的观点，母亲送给她的孩子两条领带作为生日礼物，当孩子戴上其中一条取悦母亲时，母亲却悲伤地说："为什么你讨厌另一条领带呢？"

我想我最好用一种历史的方法对两极分化和二分法提出警告。我发现在很多有组织的宗教的历史中，有一种向两个极端派别发展的趋势：一方面是"神秘的"和个体化的，另一方面是尊重律法的和组织化的。十分虔诚且知识渊博的宗教人士可以轻松自如地将这些倾向进行整合。那些培育他的宗教形式、仪式、礼节以及语言模式，对他而言已然成了一种经验根基，是一种象征意义、原始意象，是统一的。这样的人的活动与行为和众多的同教派的教友是相同的，但是他绝不会像他们大多数人那样使之降低到行为水平的地步。

大多数人已经失去或忘记了主观上的宗教体验，并将宗教重新定义为一套习惯、行为、教条、模式。当这些发展到极致时，就会成为完全的律法主义、官僚主义、因循守旧、空洞乏味，其真实含义是反宗教的。神秘的体验、启示、深刻

附　录

的醒悟，以及这一切的始作俑者神赐先知，都已然被遗忘、丧失，或转变为它们的对立面。有组织的宗教、教会，最终可能成为宗教体验和宗教体验者的主要敌人。

但是在另一种情况下，神秘主义者（或经验论者）也有自身的陷阱，对于这一点我没有给予充分的强调。阿波罗型的人可能会走向极端，将宗教限制为单纯的行为；神秘型的人也有可能把宗教视为一种单纯的体验。他从狂喜和高峰体验中获得的无限快乐和惊喜，可能会诱使他刻意去追求它们，珍视它们，将它们作为生活中唯一的，至少是最高的追求之物，而放弃了其他的判断是非的标准。专注于这些美妙的主观体验，并一味追求高峰体验的触发点时，他可能会遭遇到脱离世界、脱离他人的危险，此时，任何形式的触发点都是他追求的目标。简言之，他有可能不再进行短暂的自我专注和内省，而是已经变成了一个完全自私的人，寻求个人的救赎；试图让自己进入"天堂"，毫不在意他人是否能与其同行，最终甚至有可能将他人当作触发点，作为使他达到更高级意识状态的一种手段。总之，他可能变得不仅自私而且邪恶。从神秘主义历史中，我得到这样的印象：这一倾向有时会发展为卑鄙、龌龊、丧失同情心，甚至使人发展成为极端的虐待狂。

在（极端的）神秘主义整个历史中，另一个可能的陷阱是触发点升级时可能带来危险。也就是说，为了产生同样的反应，他们需要越来越强烈的刺激。如果生命中唯一的美好事物是高峰体验，如果为了达到这一目的一切手段都是被允许的，如果较多的高峰体验好于更少的高峰体验，那么一个人就可以用强制的手段解决问题，积极推动事态发展，努力追逐目标并为之奋斗。所以他们经常会转而研究魔法，研究那些秘密的、深奥的、奇异的、神秘的、不可思议的、费力的、危险的和令人狂热的事物。对神秘主义保持健康开放的态度，现实而谦卑地承认我们所知不多，谦恭和感恩地接受天赐的恩惠和纯粹的好运——所有这一切都能淹没在反理性、反经验、反科学、反言传、反概念之中。

于是，高峰体验可能会被吹捧为获得知识的最好的途径，甚至是唯一的途径，因此所有对于启发有效性的测试和验证都可以抛在一边。

可能出现的内心呼声和所谓"启示"都是错误的，历史给我们的教训本应是响亮而明确的，但是这样的教训却被否认了，因此我们无法发现内在呼声是善是恶（乔治·萧伯纳的《圣女贞德》就曾面临这样的问题）。自发性（源于我们最

人性能达到的境界

好的自我的冲动）与冲动和冲动行为（源于我们的病态自我的冲动）相混淆，我们无法将两者区分开来。

急躁（特别是年轻人固有的急躁）驱使人追求各种捷径。妥善使用药物的将有所帮助，而滥用药物则会导致危险。顿悟成为"一切"，耐心和自律地"完成工作"则遭到忽视或贬损。顿悟不再是"带来愉悦的惊喜"，而是早已被安排好的、承诺的、被推销的、公开售卖的、强行进入日常生活的，并可被看作一种商品。性爱本可能是通向神圣体验的一条途径，却也可能仅仅被视为"性交"，即已被世俗化了。越来越多的奇异的、人工的、激发的"技术"可能会不断升级，直到它们变成必需的，直到精疲力竭，引发阳痿。

人们对奇异的、奇妙的、不寻常的、珍稀的事物的寻求，通常会采取一种朝圣的形式，离开现在的世界，"游历到东方"，到另一个国土或不同的宗教世界中去。来自真正的神秘主义者、禅宗僧侣的深刻教训，现在也是来自人本主义者和超个人心理学家的深刻教训是——神圣出于平凡，你可以在日常生活中、邻居中、朋友中、后院中发现它，而远行可能会成为对神圣的逃避——而这一教训却很容易被忽视。在我看来，到其他地方去寻求奇迹是一种无知的表现，其实每件事情都是奇迹。

在我看来，对那些认为教士等级高低反映了人与神圣距离远近的观点持否定态度的行为，是向人类解放迈出的一大步，而我们要为这一成就感谢神秘主义者。但当愚蠢的人将这一真知灼见予以夸大或二歧化时，这样的见解也可能被滥用。他们会把它歪曲为在通往自我实现和存在领域的道路上，对引领者、导师、圣贤、治疗师、辅导者、长者、协助者的拒绝。这通常是一个巨大的危险，也是一种不必要的障碍。

总之，健康的阿波罗气质型（意味着与健康的酒神型相结合）可以归于某种极端的、夸张的、二歧化的强迫症的病态。但是健康的酒神气质型（这意味着与健康的阿波罗型气质结合在一起）也会在其极端情况下变成病态的歇斯底里，并具有它的一切症状。[①]

显然，我在这里提出的是一种普遍的整体论态度和思维方式。经验作为纯粹

[①] 科林·威尔逊的《局外人》系列丛书提供了所有必要的例子。

抽象的、深奥的、先验的以及我所谓的"充满氦气的词汇"的对立面，必将被不断强调并被带回到心理学和哲学中。同样它也必须与抽象性、言语性相结合，即我们必须为"以经验为基础的概念"和"充满经验性的词汇"留有一席之地，也就是说，这是一种以经验为基础的理性，而不是一种先验的理性，而我们几乎已然把先验性的理性理解为理性本身了。

经验主义和社会改革之间的关系也是如此。目光短浅的人将它们视为对立的、相互排斥的。当然，在历史进程中这很常见，现今在很多地方也依然如此。但这是不必要的。这是一个错误，一个原子论的错误，是一个伴随着不成熟的二歧化和病态的例子。经验的事实是，追求自我实现的人、我们当中那些最有经验的人，也是我们中间最富有同情心的人，我们最伟大的社会改良者和革命家，我们最具成效的反抗不公正、不平等、奴役、虐待、剥削的战士（也是我们最好的为卓越、效率、胜任而奋斗的战士）。于是，人们也变得越来越清楚，最好的"帮助者"是人性最完满的人。或许我们所谓的"菩萨"，是自我改善与社会热忱的结合，也就是说，成为更好的"帮助者"的最佳方法就是成为更好的人。但是成为一个更好的人的一个必要方面是要去帮助他人。因此，一个人必须能够同时做好这两件事（"先做哪件事？"的问题是一个原子论的问题）。

在此背景下，我想谈谈在我的《动机与人格》修订版中前言部分提出的论证，即规范的热情与科学的客观性并非水火不容，二者是可以整合的，它们结合起来最终形成一种更高形式的客观性，即道家式的客观性。

所有这些加起来就是说：小"r"型宗教① 在个人发展的更高的层次上理性、科学、社会的热情是完全兼容的。不仅如此，在原则上它还能轻易地将健康的动物性、物质性和超越自然主义、精神和价值自私性结合起来。

由于另外一些原因，我现在认为自己在《宗教、价值观和高峰体验》一书中过于倾向于个人主义，而对群体、组织、社团过于严苛。而且在最近的六七年中，我们已经学会不必将组织机构认定为一定是官僚主义的，那是因为我们已经对人本主义的、需求满足类的团体有了更多的了解，例如，对组织发展和 Y 理论管

---

① 此处指英文"宗教"一词"religion"首字母的小写，即代表一般人的宗教，而不是各种宗教机构。——译者注

人性能达到的境界

理的研究、训练组快速积累的经验、交友小组、个人成长小组的研究，还有锡南浓社区和以色列聚集区获得的成功（参见"优心态主义网络"目录，我在《迈向存在心理学》一书修订版中的附录）。

事实上，我可以比以往更为坚定地说，由于许多经验性的原因，人类的基本需求只能通过或经由他人，即社会，来获得满足。社会性需求（归属感、交流、群体性）本身就是一种基本需求。孤独、离群、排斥、被群体拒绝——这些不仅令人痛苦，而且会导致疾病的发生。当然，近几十年来我们已经知道，婴儿的人性和物种属性只是一种潜力，必须要到社会中才能实现。

在对大多数乌托邦尝试的失败原因进行研究后，我明白了我应该用一种更切实可行、更有助于研究的方式向他们提出最基本的问题："人性能容许社会好到什么程度？""社会能容许人性好到什么程度？"

最后，我在高峰体验的材料中加入更多的思考，其中不仅包括低谷体验、格罗夫的心理松弛疗法、对死亡和手术后幻象的对抗和缓解等，还包括高原体验。① 这是一种对于神奇、令人敬畏、神圣、团结一致、存在价值的宁静与平和的反应，而不剧烈的情绪化、热情高涨和不由自主的反应。

迄今为止，我所能说的是，高原体验总是带有一种诗意的、认知性的元素，而高峰体验则并不总是如此，它可以是纯粹的、完全的情感体验。高原体验比高峰体验更具有自发性。一个人几乎是可以随意地学会这种统一性的观察方式。于是它就变成了一种见证和一种欣赏，一种我们可以称之为宁静的、认知上的幸福，而它又带有一种随意和漫不经心的特质。

在高峰体验中存在更多惊喜、难以置信和审美冲击等元素，更多的第一次有这样的体验的感受。我曾在其他文章中指出，衰老的身体和神经系统承受真正令人震撼的高峰体验的能力更弱。我还想在此补充一点，成熟和衰老也意味着在某种程度上失去了初次体验的刺激、新鲜感、完全无准备以及惊喜感。

高峰体验和高原体验与死亡的关系也不同。高峰体验本身通常可以被称为"小死亡"，即在多种意义上的重生。相比之下，没那么强烈的高原体验更像是一种

---

① 这是对约翰逊（R. Johnson）和阿斯拉尼（Asrani）两人的"高原体验"，以及阿斯拉尼的"自如状态"二者更细致研究的一个极简短的说明，我希望能很快将它写出来。

纯粹的享受和欢乐的体验，比如，一位母亲成小时地静静坐在那里，看她的孩子正在玩耍时的惊叹、疑惑、理性思考以及不可思议。她可以体验到一种非常愉悦的、持续不断的、思绪深沉的感受，而不是类似于一种瞬间爆发后又立刻结束的体验。

上了年纪的人，能够平静地面对死亡，更容易被其深深地感动，当他们看到自己的死亡与引发这种体验的永恒品质之间的对比时，会感到（甜蜜的）悲伤和流下泪水。这样的对比能让所见到的一切显得更加凄美而珍贵，例如，"拍击海岸的浪花将永远存在，而你将很快逝去。所以要紧紧跟随它，欣赏它，充分感受它的存在。心怀感激，因为你是如此幸运"。

如今，非常重要的一点是，要认识到高原体验是可以通过长期的艰苦工作来实现、学习和获得的。它可以是有意义的追求。但我不知道能用什么方式可以绕过成长、经历、生活和学习的必经之路。所有这一切都需要时间。高峰体验随时会降临到任何人身上，所以对它的惊鸿一瞥是完全可能的。但是，让我们这么说，要想在统一意识的高原上找到长久的栖息之地，那就完全是另外一回事了。这往往需要毕生的努力。它不应该与许多年轻人认为是超越的途径的周四晚上的刺激相混淆。因此，它也不应该和任何单一的体验相混淆。"精神训练"，无论是经典的还是现如今仍不断发现的新方法，都需要时间、工作、训练、学习和投入。

关于这些状态还有很多内容可以阐释，这些状态显然与超越性生活、超越个人和存在水平的生活体验有关。我在这里所做的简要提及只是为了纠正一些把超越性体验仅仅作为戏剧性的、高潮的、瞬间的、"尖峰的"，如同攀上珠穆朗玛峰顶峰时刻那样的高峰体验的倾向。还有高原，在那里人能一直保持"兴奋状态"。

简单概括起来，我可以这样说：人有一种高级的、超越的本性，这是他本质的一部分，也就是说，作为一个进化物种的生物学本性。对我来说，我最好将其阐述得更清楚，即这也是对萨特式的存在主义的彻底否定，也就是说，对物种的否定，对生物的人性的否定，对生物科学的存在的否定。的确，"存在主义"这个词现在被不同的人以许多不同的方式使用，甚至以相互矛盾的方式使用，因此，这样的指控并不适用于所有使用这一标签的人。但正是因为这样广泛地使用，在我看来，这一词语已几乎毫无用处，最好废弃不用。但问题在于还没有更好的词来替换它。要是能有一种方法同时这样说："是的，在某种意义上，人在某种程

人性能达到的境界

度上是自我规划的结果，他确实造就了自己。但是这种自我造就也是有限的。对人类而言，这一'规划'是生物学上为他们预先设定的：生物学规划他要成为一个男人，那他就不能采取某种措施让自己成为一只黑猩猩、一名女性，也不能变成一个婴儿。"正确的标签应当是人本主义、超个人、超人类三者的结合。除此之外，它还必须是经验性的（现象学），或至少是以此为基础的；它必须是整体的而不是分解的；是经验论的而不是先验论的，等等。

  对本书指引的方向有兴趣，并希望继续开展研究的读者可参阅近期（1969年）创办的《超个人心理学期刊》（Journal of Transpersonal Psychology, P.O.Box 4437, Stanford, California 94305）以及既往的《玛纳斯周刊》（Manas, P.O.Box 32112, EI Sereno Station, Los Angeles, California 90032）。

附录二 类人灵长类动物的性行为和支配行为与心理治疗中患者幻想的某些相似之处①

A.H. 马斯洛，哲学博士；兰德（H.Rand），医学博士；纽曼（S.Newman），文学硕士

此文的目的在于描述一些研究中发现的，存在于人类和类人灵长类动物中的某些相似之处，主要表现在统治与从属关系、男性与女性的性欲和性格等方面。

这些动物公开的行为往往显示出与人类蕴含的秘密的愿望、幻想、梦想、秘密、性格适应、神经症与精神行为和症状，以及公开的或隐秘的社会和心理交流有着惊人的相似之处，这尤其体现在父母与子女、男性与女性、治疗师与患者之间，并且是通常所说的强者与弱者间、统治者与被统治者间。因此，这种类似于提供了一种人类心理学方面的视角，而不是靠不太容易有所获得的行为观察法。

我们要特别强调的是，在这里讨论的是令人感兴趣和有启发性的相似，而不是对任何事情的证明。猴子和类人猿不能证明任何关于人类的事情，但是它们能给予我们很多提示，正如我们可以证明的那样。

这些相似之处确实丰富了我们的感知，对很多人类的心理学问题提供了另一个观察视角，让我们看到了很多之前不曾注意到的事实。对我们而言，它们也提出了很多崭新的问题、猜测和假说，当然，这还有待于其他技术的验证。

---

① 我们并没有对关于这一题目的全部文献进行全面考察：本文基本上是以主要作者的调查研究为依据的，这些调查研究已可在参考文献中（94，95，97-109）查阅。

人性能达到的境界

我们绝对在玩一个智力游戏，而且在科学工作的理念生产层面，在科学工作的"初级过程创造力"层面，这是相当合适的，甚至可能是必要的。当然，科学是需要谨慎的，我们也希望能做到这一点（特别是我们在强调相似之处时）。但是光有谨慎是不够的。在推动科学前进和进行猜测和理论构想的过程中，一定程度的大胆也是需要的。

类人灵长类动物中的统治—从属综合征

这一症候群可能普遍适用于所有类人灵长目动物，事实上，就其基本模式而言，这对大多数动物也适用。从硬骨鱼到人类（两栖动物除外）的所有脊椎动物都有这种现象。然而，就我们的目的而言，最有用的方法是，首先将注意力集中在旧大陆的猴子和狒狒身上，在这些动物那里，这类综合征表现为赤裸裸的施虐与受虐模式。类人猿和新大陆的猴子在某些方面有所不同，这在以前的沟通交流中有所描述，对它们的讨论可能会推迟到以后再考虑。

简言之，可以观察到的是，当两只猴子初次见面时，它们会毫无例外地形成一种统治—从属等级体系，也就是说，一只猴子将处于领导或统治地位，另一只猴子将处于从属地位。在实验条件下，这样的等级状况与性别无关。无论雄性还是雌性都有可能成为统治者或从属者。当块头大小存在明显差异时，块头大的通常会处于统治地位。因此，在野生环境中，两性之间的体型差异通常能确保雄性处于统治地位。然而，在实验室里，就会出现有偏好的选择。如果被选择的雌性块头比雄性更大，那么雌性将处于统治地位，雄性将处于从属地位。同样，当两个雌性或两个雄性配对时，块头较大的会成为统治者。

由于之前的这些经验都来源于对野生动物或是牲畜和家禽的观察，因此我们能够理解为什么人们会坚信统治是雄性的一种绝对特权。把相同大小的猴子配对分组，而将块头大小的因素排除在外之后，更微妙的决定因素就显现出来了。稳健、毫不犹豫、自信的姿态、自大——简言之，就是那些被称为自信的、让观察者无法抗拒的冲击性印象，决定了问题的结局。这就像动物之间的初次对视就能决定谁是支配者，谁是从属者一样。由于这涉及两只动物，有时这似乎是由一种动物让步而发生的，有时是由一种动物假定或取得支配地位而发生的，但更常见的情况是这两种态度同时出现。典型的情况是一个会保持目光直视，而另一个会垂下眼皮或斜视墙角。两方姿态也会有所不同，从属的一方会采取畏缩和退让的态度，尾巴下垂，腹部更接近地面。它看起来犹豫不定。它可能会怕得发抖，或躲进角落，或避开对方。

然而，通常的情况是，地位的不同很快显示出一种伪性的动作。处于从属地位的动物，无论雄性还是雌性，做承受状（采取雌性的性姿态）；占据支配地位的动物，无论雄性还是雌性，呈坐骑状。这必然被称为一种伪性的行为，因为它更多的是一种象征性行为。在这里可能见不到性兴奋。骑在上面的雄性可能不会出现勃起，可能不会有骨盆的碰撞或仅有微弱的没有实际意义的动作，可能被跨上的是头部而不是胯部，可能不会出现插入动作，等等。此时，处于支配地位的动物唯一的渴望似乎就是远高于从属者之上，无论是什么姿势或位置。有时从属性动物会迫切地或心甘情愿地进入这一境况，有时则十分勉强。少数情况下，勉强的从属者会展示出一种面对面的性姿势而不是承受式的腹背骑跨姿势。这种支配式的骑跨和服从式的承受可能更常见于关系建立之初，而不是地位已稳定确立之后。

此外，处于支配地位的动物的食物供应优势是毋庸置疑的。它能够也确实以各种方式在欺压处于从属地位的动物。但是，这种情况也很少发生在稳定的关系中。支配性动物优先获取任何可能得到的东西，例如，最佳栖息地、笼子中的新东西、站在笼子的前端等。

在动物园或实验室等有限的观察范围内，这种相对状态通常是永久的。已经有观察显示，当雌性发情的时候会发生重新调整，或是几个下属联合起来推翻首领的时候会出现地位的变化。在某些实验条件下也会发生这些方面的改变，例如，注射激素、受伤、药物刺激等。

人类中的支配—从属关系

在亚灵长类物种中，优势可能包括实际使用身体力量。例如，在一群处于青

人性能达到的境界

春期之前或正直青春期的男孩当中，斗殴或正式的拳击可能确立一个男孩的支配地位：格斗通常采取摔跤的形式，当胜利者压在失败者身上一定时间后即可获胜，一般通过计数或由失败者认输（"叫叔叔"）来决定。

但是使用武力的威慑，或者一个明显的外部特征——更大的体型、明显的自信、强壮的肌肉、昂首阔步、趾高气扬——可能就足够了，就像在猴子身上一样。这样的情况我们也能在男孩中观察到，青春期前的男孩和女孩中也是如此，有时某些女孩会试图衡量一下她们的力量能否对抗男孩，但是最终她们会承认男孩更为强壮。大多数孩子对他们的父母和其他成年人也有这样的默认。

成人之后，这种对统治地位的争取也体现在人际关系的各个领域中：无论是在公开的行为中，还是在梦中、幻想中、神经质和精神症状中。尤其是在性领域，我们可以看到灵长类和人类行为模式和幻想之间的相似之处。

如果成熟不能导致（弗洛伊德式的）生殖霸权下的健康结合，那么男性的性行为可能会被定义为支配、控制、操纵、侵犯，甚至是施虐性行为。这可能适用于许多现象当中。在极端情况下，合作伙伴可能会受到束缚和实质性伤害。或者他可能变得僵化、害怕、被动、受控、被支配、被利用。此处，像灵长类动物中的地位争夺一样，权力、统治和攻击性的方面遮蔽了生殖驱力，并由此开辟前进的通道。斗争的模式基本是非性的，与参与者的性别无关。因此，地位的争夺有几种可能的组合。

1. 男性与男性的关系。
2. 女性与女性的关系。
3. 男性主导的男女关系。
4. 女性主导的男女关系。

第3种和第4种组合通常是欺骗性的，并往往伪装成"正常的"性别调整。

但是，即使是在这里，在举止"正常的"性行为中，也经常能发现统治性与从属性的幻想。

1. 有一个女同性恋的案例，在治疗过程中她显示出强烈的男性渴望，在她第一次异性体验中，她自发地发现了真实的自己，压在她的男性伴侣身上，她感觉她自己才是那个插入的支配者。

2. 一个阴茎感觉缺失的男性患者想通过性交获得强大的感觉,他反复幻想着对着一群女性挥舞皮鞭。

3. 一个病人报告了他在"正常"性交中吮吸乳房时的幻想。尽管他进行着支配性行为,但是他却幻想着臣服。

4. 一个活跃的同性恋女性觉得她的性高潮是在另一个无辜的女孩在性方面屈服于她时达到的,而不是在她自己有性快感的时候。事实上,这对她来说几乎是无关紧要的。

在举止"正常"(从摄像机镜头中看)的性交行为中,幻想可能表达出一种支配与征服的冲动,而不是一种爱、性、传宗接代的冲动。有一种方式通常会用"霸王硬上弓"(screwing)、"操"(fucking)这种词句表现出来,表达出一种无法抵抗的侵略、轻蔑、征服、占据统治地位,甚至是残酷的。这种词语经常会用于与性欲无关的情况下。"我被搞惨了!"一个人这样的叫喊说明他被人利用了。"我被'强暴'了"(或是"侵犯"了),当一个男人或女人这样说时,他或她可能是受人利用、被愚弄、被欺骗或是被压榨;或是对于一个盛气凌人或轻浮的女子,男性很容易会说"她应该被强奸",仿佛这样就能真正打压她。

成年人——有意识地、前意识地、无意识地——经常用婴儿时对性行为的看法来感知和描述性行为,认为这是一种男性(压倒性的、残酷的、坏的)伤害女性(无助的、不情愿的、软弱的)的事件。孩子可能会认为在这种行为中他的父亲在杀死或伤害母亲。所以,当他看到动物交配时也会有这样的想法。对于性行为的认识,本质上可能是施虐与受虐和操纵性的,并在语言上做出了相应的表达。

这是一个有支配欲的女子的(自慰)幻想:她是一个东方女王,拥有绝对的权力。她被大量男性奴隶簇拥着,他们几乎是赤身裸体的。她选择其中一个人做她的性爱伴侣,并命令他服侍她。他会采用她喜欢的方式,她仰面躺着,他在她之上。她喜欢他的体重带来的压迫感。他孔武有力,阴茎硕大,整个过程让她完全满意。她让自己陷入一种完全疯狂的方式之中。但是,当一切结束之后,她则以冒犯君主之罪名命令对其执行斩首。他毫无反抗并认为这是不可避免的,理应如此。然后,她又命令另一个奴隶做同样的事情。

人性能达到的境界

这名女子在实际性交中表现出性冷淡。她同时拥有强奸和卖淫的幻想。显然，这样的幻想足以让她享受性爱的乐趣。这些高度支配性的女性中有几个是性神经质的，她们支配着"性行为"。通过以下这些幻想，在性方面获得了一些妥协的快感。

从属者的调节方式

在动物中。对占支配地位的动物的"屈从"可能是一种承认对方优势的象征性姿态，也可能是在所有紧急情况下实际"放弃"雄性角色，从而试图逃避另一动物的伤害和惩罚。

对于完全臣服的动物而言，当食物投入笼子中时，它会逃到笼子中远处的角落里，这样就可以清晰地表达它是不会争食的。为了获得食物它经常会做出一些康普夫（Kempf）所说的"卖淫行为"，即它会对统治的一方做出性奉献的表示。它也可以因此避免被攻击或得到保护。这些恭顺往往只是表面的、形式上的，甚至可以说是"符号式的"。这与发情期真正的性行为不同。在支配性骑爬中观察到从属性动物有如下反应：害怕、恐惧、不感兴趣、只是献殷勤、烦躁、不耐烦、被动、谄媚、蜡样屈曲，或试图逃脱。在很多例子中（但不是全部），反应的模式显示出，遭受支配性骑爬是不愉快的。

性的奉献和从属性可能是达到几种目的的一种手段，这些目的可以总结为自我保护和在受到威胁的情况下应对恐惧。这包括抵挡攻击、逃避惩罚、获得食物和其他利益与特权。

在人类中。人类从儿童时代就学会了从属性行为模式。当他确实无助的时候，他学会了服从父母和其他成年人。他必须如此，因为他（或她）的生存需要依靠父母的照顾。此外，孩子只有在父母（或他们的替代品）的帮助下才能处理威胁性的情况和恐惧。只有在得到父母同意的情况下，孩子才能坚持他们的意愿，并且这样的坚持必须不会造成对父母的威胁。总体而言，当一个人年幼时，只有在父母关爱和照顾之下，他才能获得安全保障。在父母面前，他不能真正成为充满阳刚之气、行为自信的主体，除非父母允许他这样；或者，当他们并不知道他通过各种隐藏的妥协形式坚持他的意愿时，例如，显然无法在学校获得父母要求的好成绩。

只要孩子尚小，这种无助的处境就会给人类个人和人类的文化、艺术和社会方面都留下深刻的印象。达·芬奇在他的笔记中提到的（未经证实的）关于海狸的传说①，当海狸受到敌人追击时会自行阉割以保全性命，不是雄性可能会让它免于一死。男孩或成年男性有时也会否认或放弃他的男性角色，借以逃避竞争或攻击带来的危险或惩罚的威胁。②

成人也可能使用从属模式作为处理威胁、逃避惩罚、获得好感和认可的一种手段。换句话说，这样的成年人不会坚持自己的意愿，不会战斗、竞争或挑战，而是通过"贬低"自己、放弃或迎合、自愿服从和绥靖来逃避危险。这不是一种全或无的情况——这其间有很多等级。例如，一只不太情愿但不得不顺服的猴子，通过面对性伴侣而不是背对着它的方式保留一定程度的优势地位。这种妥协的模式在人类中也很常见。完全的顺从是罕见的。在这种情况下总要尽可能地做出努力，尽可能地保持自尊、意愿、自由。

逢迎、持续微笑、不能获胜、某种方式的友好表示——所有这些都被看作通过自愿接受被支配而试图避免危险，并清晰地表明自己对占据支配地位的一方毫无威胁。其他的方法是绥靖政策、顺从、阿谀奉承、谦恭、邀宠、柔顺、没有要求或挑战性、呜咽、畏缩、显示出畏惧、哀诉、退让、甜言蜜语、自贬、显示自己的无能或无助或疾病、依赖、寻求同情、持续赞美、做出"善良"的样子、仰慕、颂扬、崇拜、被动的、不予反抗的、"你总是对的"，等等。这些都是处于从属地位的孩子、弱势一方所采取的适应方式，这样能使他们自己和施虐受虐的父母生活在一起，也就是较强的那一方。注意，这些也是一种习惯技巧，用来让

---

① 参见1995年美国精神分析协会冬季会议上关于受虐现象的讨论，在1956年7月的《美国心理分析杂志》上马丁·斯坦（Martin H. Stein）博士给予了报道，尤其是鲁道夫·洛文斯顿（Rudolph M. Loewenstein）展示的各种不同类型的受虐狂的区别。他认为受虐会对生存起到重要作用。它是"弱势群体……每个孩子……在面对他人攻击的危险时所使用的武器"（参见该刊第537页）。放弃主导地位或男性优势比放弃生命本身更为可取。
② 这可能只是人类的一种推测，因为我们不知道动物对其他动物的阉割：它们要么厮杀、打斗、逃跑，要么奉献。只有人类存在真正的阉割。

人性能达到的境界

弱势的少数群体适应更强大的群体。

显而易见，这些呈现从属地位的方法（"奉献技巧"）都可以被看作性征化的，大多数这样的方法都可以被称为"女性化的"，甚至是在我们的文化中也是如此。而事实上，在更为传统的施虐与受虐文化中，它们也确实是女性化的，在这种文化中女性的价值低于男性。弱者可以通过性化自己，通过象征性地向强者提供性服务，使强者得到安抚并躲避伤害。同样，强者或自诩的强者也可以通过性的方式肯定自己、证明自己。

为什么奉献和它的变化形式可以如此有效地平息和遏制强者的愤怒，我们还不得而知。我们只知道这样做确实可行，并且在类人猿中也有类似的发现，这迫使我们想到这至少有来源于本能的可能性。例如，动物行为学家曾为我们描述过在狼与狗中的"骑士反射"。两只动物可以激烈打斗，直至战死。然而，如果一方通过打滚和显露咽喉或腹部来承认失败，那么打斗将会终止，征服者不会再继续攻击，而是会转身离去。在一种或另一种同构形式中，类似的场景可以在许多其他物种中看到。在类人灵长类动物中，性奉献显然具有同样的意义，或者至少具有同样的安抚和保命的效果。

在一些低级物种中，这是一种将雄性和雌性物体区分开来的机制。假如它反击，那么对方是雄性，战斗将继续；如果它不反击而是采取另一种姿态（不同物种姿态各有不同），那么对方是雌性，性行为随之而来。在一些鸟类中，雌性不仅用一种性引诱的姿态展示顺从，还通过向雄性索取食物来表示从属地位，就像尚未成熟的雏鸟那样。目前还没有发现任何雄鸟在野外会这样做。人类自身也有非常类似的地方。很多承认恐惧、无助、被动、请求接纳等的男性，也能在妇女或儿童中引起相同的"骑士反射"。在我们文化中，大多数男性，特别是不成熟的男性，在性方面不会被强壮、果断、自信、自立的女性所吸引。假如他受到这样女性的吸引，我们可以猜测这是他的女性成分被她的男性成分吸引；也就是说，在无意识和幻想的水平上，这可能只是简单的角色颠倒，因为强壮的女性也可能被依赖的男性所吸引，就如同男性被女性，或是母亲被儿子吸引一样。这甚至让我们想到了骑士精神。（当然，我们不能忘记在人类中，至少是在我们的文化中，我们发现心理上成熟和坚强的男性会被心理成熟的女性所吸引，而这样的女性对于一般的、更纤弱的男性而言，可能显得过于"强悍"。）

支配、从属、男性气质、女性气质

在很多文化中，年轻或神经质的人都倾向于将从属地位与女性地位、支配地位与男性地位等同或混淆起来。处于从属地位的人，无论他是否情愿，在与老板、上级或任何对他发号施令的人的关系中，他都有可能像是一个女人那样做出反应，即使是合理的命令也像是被骑跨或强暴。可能他对某种现实境况的反应就像是被命令成为一名女性，即表现出奉献的姿态。这一点就像在猴子中发生的情况那样与性别无关，也就是说，对男性老板或女性老板都有可能发生这样的反应。有一些人会自愿地甚至是急切地对这种从属关系做出反应，但是这样的人往往会受到轻视。

以军队中的行话为例：这样的人或行为会被称作"马屁精"（"brown-nose""being cornholed""asskisser""asslicker""being browned"），有时也会用"他是在卖身"这样的说法。其他男人可能会反抗，就像反抗对他们男子气概的侵犯一样。即使这些要求或命令是完全自然或合理的。这种支配关系被性欲化，就像性关系被视为支配—从属的隐喻一样。

而且，在那些对男子的阳刚比对女性的阴柔更为推崇的文化中，被打入从属地位就意味着被贬低或降级。在这样的文化中，男人和女人都持有这样的态度。那些感觉到自己的女子本性等同于较低下的地位或从属地位的女性，可能会以各种无意识的方式拒绝她们的女子本性或无意识地模仿男性，或者在她们争取尊重、地位、自尊时幻想她们就是男性。这就好像是她们认为，想要变得坚强、有能力、有才华、成功的唯一方法就是成为男性。那么，按照这样的假设，一名女性想要变得优秀，她可能会觉得必须要放弃自己的力量、智慧、才华，她会认为这些品质在某种程度上是男性化的，而非女子本性。

在女孩中可以明显观察到这样的情况，她们会公开要求一些性别上的平等，例如，会站着小便。在成人中这种情况并不常见（除了在精神病患者或在某些女同性恋中），而是可见于幻想中，或性无能和男子的阉割中，或是各种形式的对

人性能达到的境界

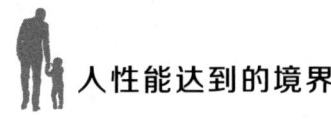

被推到女性地位的反抗中,无论是实质的还是象征性的。

同性恋

我们已经从伊芙琳·胡克(Evelyn Hooker)那里学会了谈论各种各样的同性恋,并且放弃了一元论的解释和理论。然而,猴子的同性恋行为很容易解释,也就是说,作为支配地位和从属地位的功能性行为,它也可以与人类的某些同性恋行为具有类似之处,无论是公开的还是隐蔽的。支配性的女同性恋当然是存在的,她如此强烈地认为女性的性角色完全由男性主导,她的个性和自我被抹去,以至于她不可能接受"软弱"的角色。她感觉自己如此强大,与有征服力的男性相同。对于女性化的男同性恋者也是如此,他觉得自己是如此软弱,不可能适合他自己的扭曲形象:支配者、强奸者、剥削者、自私和傲慢地攫取他想要的一切的事物的人。而且他的性奉献还能成为一种保护自己和获得青睐的方法,如同在男性监狱中那样。同样的机制也可以在"正常"的人身上看到。

> 一个无意识的、被动的、心存恐惧的人,为了迎合和讨好他的治疗师,做了这样一个梦:"在阿拉斯加的荒野上,我沿着一条积雪的狭窄小路前行。突然有一只可怕的大熊在我面前站立起来,挡住了去路。在恐惧中我转过身,将我的臀部迎向它,急切并迅速地配合它将它的隐私部位插入我的肛门,希望它不会攻击我。这样做确实有效,我得以继续前行。"他对此十分不安,把它看作同性恋的暗示。

让我们说,在人类同性恋的复杂网络中,至少有一个因素是以性虐待的模式解读支配—从属关系的决定因素的,这一说法中有很多孩子们的报告和成年人秘密幻想,"爸爸在杀死妈妈"或者在看到动物交配时,认为"他在伤害她"。有些男性无法忍受和伤害者站在一起和(或)更愿意和受害者站在一起。一些女性不能或无法认同受害者和(或)更愿意理解伤害者。在这种情况下,区分性别和支配地位,而不是混淆它们,可能会治愈这方面的疾病。

附 录

移情的性化

　　实际治疗中患者的从属性，他确实存在的软弱、他必需的谦卑、在寻求他人帮助时自尊的降低和在所有人之前暴露自己的羞愧和尴尬，这不仅导致了习惯性敌意幻想和言语，还会助长两性关系的性化。任何患者赖以生存的性格类型或防御方式，在这里会以某种性移情的方式显露出来，最常见的是在一种支配性模式中。也就是说，这要么是强奸，要么是阉割，或者是以其他方式支配治疗师，更为常见的是，将自己作为性爱的对象奉献给治疗师以赢得他的爱（当然也会有很多赢得他的爱的其他幻想方式）。这些可能都与治疗师和患者的性别无关，就如同在猴子中观察到的一样。这可以称之为"向治疗师奉献"，并且在很久以前的童年时代必然非常频繁地出现类似的情况，患者会向他的父母"奉献"，特别是父母中更强势的一方（这与性别无关）。可以假设，任何能将从属地位降到最低的治疗氛围或技术都有可能减少移情的性化。

　　一位23岁的单身男性患者，他一生中的大部分时间都害怕年长的男人，尤其是那些处于权威地位的人。他从未意识到对这些人的敌对情绪、渴望或幻想。对于这一切的始作俑者，即他的父亲，他也持有同样的态度。事实上，如果有人批评他的父亲，他会义愤填膺地为其辩护。在分析治疗中，这位患者对治疗师也逐渐产生了这样的态度。在一次治疗中他描述了如下的梦境：

　　他身处某种监狱的氛围中，被迫同某个大块头男性进行性交，当那个男人接近他，正要侵犯他的时候，梦境结束了。

　　与这个梦有关的是，这个患者突然想起前一天发生的事件，这代表他第一次有意识地对一位长辈产生了敌对幻想。当他离开治疗师的诊室，坐进他的车子里，他看到治疗师的车子就停在附近。在他的幻想中，他想用他的汽车撞击治疗师汽车的尾部。这一幻想转瞬即逝并受到压制。这一梦境显然是一种报复姿态的投射。

人性能达到的境界

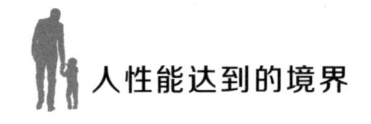

宗教的奉献

我们不仅能从尼采的意义上谈论"基督教女性特征"(其他宗教也是如此),而且我们通过将性与支配—从属(骄傲—谦虚)的融合关系中分离出来,更加深入地理解所有宗教体验,尤其是皈依体验中的献祭和同律性的方面。由詹姆斯、贝格比和其他人描述的皈依体验,经常以一种明显的性的方式来描述,但也被认为是放弃骄傲和自主,而选择投降和奉献。在"成功"案例中,随之而来的就是平和的心境。如同在这些探究中展现的,必要地放弃自我意愿和自负,有助于获得更好的理解,只要我们能清晰地意识到我们同时既想支配又想被支配、既想发号施令又想服从的矛盾心理,同时也要能意识到屈服的乐趣。对于西方男性而言,这些对未进化的男子气概概念来说尤其危险。甚至被认为是一种阉割,一种变得女性化,是一种同性恋的反应,即它们是性征化的。

  一名同性恋恐慌症患者,躲避在另一个城市的旅馆房间里。他总是感到惊恐不安并难以入睡。突然,在某天晚上,当他仰面躺在床上时,他感到有某种重量压在他身上。他满怀深情地顺从于它,并感觉它就是上帝。他感到安宁并沉沉入睡,几个月来他第一次睡得如此踏实。第二天一早,他醒来时神清气爽、全身放松,并决定好好工作来侍奉上帝,他现在也正是这样做的。他回到他妻子身边并恢复了和她的异性恋关系。

我们可以这样假设,男性的双性恋或自相矛盾的冲动(同时拥有男性特质与女性特质,或是等同的情况,既想统治也想服从)对他而言通常是十分危险的,因为他将女性特质诠释为服从,把服从解释为女性化,因此他感觉自己被阉割了,自尊被贬低了,男子气概被削弱了。对于他的女性式的顺从或奉献的冲动,通常他很少有释放的渠道和合法的表现方式。但是,臣服于上帝,臣服于全能全知的神,这似乎更能让他的这种倾向获得满足而不会威胁到他的男性形象,这里不存在竞争问题。

与跪在敌人、竞争者和同伴面前不同，向上帝跪拜不能算是一种缺乏男子气概的行为。这是"适合"格式塔式心理学意义的、适宜的、"合适和恰当的"，是正当需求；这并不是一种失败。

当然，这种令人满意的奉献也出现在人类面前，只要这个人被认为是足够神圣的、足够"伟大的"，例如，从一方面说像是拿破仑、希特勒，从另一方面说像林肯、史怀哲（Schweitzer）。

有趣的是，我们发现，在大多数文化中，大多数女性都比她们的男性更有宗教信仰（从这个意义上说）。他们似乎较少受到奉献的威胁，更能以一种简单的方式享受它。当她们的社会受到来自外部的征服时，她们受到的伤害较少，反抗程度较轻，不会过于"神经质"。她们对征服者的崇拜不太会威胁到她们人格的完整，这不像在男性中那样，必须与他们的奉献倾向对抗，否则将会丧失自尊。或者，换言之，被强暴（无论从哪种意义上说）对男性的心理伤害要比对女性的心理伤害更严重。女性比男性更能够让她们自身"放松并享受它"。

统治和性健康分化：去性化

深度治疗希望达到的疗效之一就是将生活中这两个领域区分开来，不再混淆，并保持它们之间的差别化。学会懂得阴茎实际上不是棍棒或刀剑或伤害他人的工具，子宫不是个垃圾桶或咬人的嘴或吞噬的深井；在性行为中或上或下的姿势，其意义只是便于性交和寻求快感；从上级那里接受命令不等于是被强暴；对于更强悍的人，不需要用性奉献这种方式来平息他们的愤怒；人们希望女性在性方面的屈服不是放弃自我或自尊；这不是一种征服，不能因为她的顺从而由此认定她的奴隶地位。男性必须懂得，与妻子做爱，既不是一种征服，也不是建立支配地位，或进行一种施虐行为；而女方也并未因此而承认在生活的其他方面处于从属地位；如果他不是征服而是合作，他会觉得自己是受欢迎的，而不是被憎恨的，他也不需要在性行为之后感到内疚或害怕，等等。

所有这些等同于把性从支配与服从中分化出来。虽然在黑猩猩中也可以看到类似的分离方法，但是似乎只有在人类中这种分化才是真实的、确实有可能发生的。

有一篇理论意义被忽视的论文，提醒人们注意三个大的低等灵长类家族中被称为"优势质量"的定性差异。简言之，所有新大陆的猴子表现出一种自由放任的优势品质。所有旧大陆的猴子和狒狒显示出我们在本文中多次讨论的那种施虐受虐或支配、暴虐的优势品质。这种统治上的残暴特性在类人猿（我们现在已知的只有黑猩猩）身上表现出一种更友善、更利他、更合作的优势品质。然而，即使是对于黑猩猩而言，目前我们也还没有足够的证据来证实这点。但是我们的研究表明，伪性行为、支配与性的等价性、支配性骑爬行为等情况都显著地减少了。当然，欺凌、谄媚、畏缩也更少见了。

这表示（当然，仅仅表明）相对于将性从支配中分化出来而言，支配和性的混淆是一种进化发展的较低水平，同时我们还猜测在人类中这样的分化可能与更大程度的心理成熟或发展相关联，或是它的一种连带现象。考虑到这种猜测的重要意义，它肯定需要更多的研究资料。

但是其正面的含义是，人类中性与支配地位的混淆可能是一种不成熟、神经症、缺乏人类的独特能力、轻度精神病态和人性萎缩的迹象。

健康的女性特质与男性特质

当然，有很多理论上的可能性，而且都很吸引人。我们之所以提到一个，是因为针对这一难题，我们已经掌握了足够的资料。这有可能证实，心理治疗在人类的健康发展中可能会带来它所希望的结果，而不是男性和女性之间，或父母和孩子之间最深层支配—服从关系的废除。

很可能的情况是，所谓"优势品质"的改变，是从狒狒的特质转变为黑猩猩的特质。在黑猩猩中，同样也可以看到支配—从属综合征，但它已经展示出一种完全不同的风格，一种慈爱的、养育式的、负责任的力量，一种为弱者服务的实力；这被称为兄长式的统治。此时再说"支配"与"从属"就是用词不当了，并且很容易产生误解。应该用另外一些词汇加以替代，例如，"仁慈与爱的力量"和"信任的依赖"。

在任何情况下，人类中健康方向的转变总是与贬低从属地位、相互之间的敌意背道而驰的，会朝着接受与爱的态度发展。随之而来的是强弱地位和领导地位的去性化，因此无论男人、女人都可以没有焦虑、不受压制地成为弱者或是强者，一切根据实际情况而定。无论男女任何一方都必须具备领导能力或屈服能力，例如，一位治疗师必须有慈母般的态度，不幸的寡妇也必须随时准备好像"父亲"一样管教孩子。

实质上，我们是在关注两性之间的一个老问题，无论男女，其内部都存在着"男性特质"与"女性特质"之间的冲突，对阴茎的妒忌、对阉割的焦虑、对男性气质的抗议、对阳刚之气的崇拜。

在此我们并不试图详细阐明研究结果，但我们可以指出如下有意义的事实。已有证据表明，性激素不仅产生性欲望，而且产生支配欲望。也就是说，相同的激素能够同时产生性综合征和支配—从属综合征。难怪它们如此紧密地联系在一起。确实，现在的问题已然转变为理解它们是如何分离、独立的，例如，性行为是如何变得脱离了支配—从属的含义，阴茎如何仅是一种性工具而不再是强有力的武器，肛门是如何仅是排便器官而不再是性容器，雇员是如何能够服从必要的命令而不再觉得是女性化的顺从。

附　言

总而言之，对于那些喜欢理论推测和操纵游戏的人来说，这里还是有很多乐趣的。例如，在弗洛伊德的理论方面，我们已经开启了一种将俄狄浦斯理论和阉割理论结合在一个单一和统一体系中的可能。它们都可以用更通俗的语言表达为"强者和弱者相互适应，以及这种适应的病态性化"。在弗洛伊德和阿德勒的理论方面我们也开启了另一种可能，也就是说，在我们所讨论的方面，它们可能是同构的平行语言，在一个古老的层面上说同样的事情，一个来自融合的性方面，另一个来自同一融合的支配方面。目前我们已经触及和定义健康男性特质与女性特质这一神秘问题，而我们的研究显然也是揭开其神秘面纱的一种方法。我们几乎没有提到从阶级间和种姓关系的网络中可以抽出的强烈的性化线索。我们完全绕

人性能达到的境界

过了文化与灵长类遗传关系这一复杂问题,尽管我们非常确信,对人类以下灵长类的研究对社会学家有很多启示。我们暗示有另一种方法用以研究本能的精神分析理论,还有一种方法可以用以理解施虐—受虐狂、独裁主义、催眠、获取成就的需求、各种类型爱的定义、宗教奉献,甚至是仆人问题,等等。

附录三 两种不同文化中的青少年犯罪

马斯洛;迪亚兹·格雷罗(R. Diaz-Guerrero)

到过墨西哥的旅游者很快就会发现,墨西哥孩子的行为方式与美国孩子有所不同。一般的印象是墨西哥孩子"表现更好",更有礼貌,更乐于助人。他们能很好地与成年人相处,乐于与之相伴,对于成年人,他们会表现出信任、服从和尊重,没有表现出明显的敌意。与此同时,他们又能和其他孩子们一起玩耍(不是老黏着大人)。给人的印象是,与美国孩子相比,他们能更好地同时与成人和孩子愉快相处。另一个同样来自意大利的常见观察是,通过直接的观察没有发现手足之争。在墨西哥的生活总是这样安排,比起美国孩子来,墨西哥的孩子们更多地被限定为兄弟姐妹的玩伴。年长的墨西哥孩子,无论男孩还是女孩,都要照顾他们的弟弟妹妹,不但是必须如此,而且他们乐于如此。无论如何,对于在美国抚养孩子的父母来说,这种反差是惊人的和毋庸置疑的。或者换一种说法,与美国父母相比,墨西哥父母在孩子身上遇到的麻烦似乎较少。相比之下,他们的孩子似乎不那么厌恶权威、要求较低、不常发牢骚和抱怨、不那么令人厌烦、不经常哭泣。而且他们更爱笑,看起来生活得更快乐。他们很少有不尊敬父母,或是公开冒犯、悖逆的行为。

他们更经常地向成年人表达情感,例如,亲吻父亲,拥抱母亲和祖母,等等。根据这一印象,人们发现,尽管统计数据不充分,但了解两种文化的人都认为[①],

---

[①] 得克萨斯大学的社会学家罗森奎斯特博士和墨西哥国立大学的索利斯·基罗加以此为基础分别开始他们对墨西哥和美国青少年犯罪的比较研究。

人性能达到的境界

墨西哥青少年的违法犯罪行为要少得多,青少年的破坏和毁灭性行为也要少得多,几乎从未发生过青少年团体袭击成年人的事件。[①] 传统上,青少年团伙之间会发生争斗,但并不针对成年人,或许也会与警察发生冲突,无论是青少年还是成年人对警察都毫无敬意。

假设这些印象都是确实可信的,那么这些差异是由何而来的呢?美国社会学家和犯罪学家给出的一些常见的解释似乎很难自圆其说。墨西哥的孩子更贫困,甚至贫困到饥饿的程度(然而他们似乎觉得比美国孩子更有安全感)。墨西哥的家庭,特别是下层阶级的墨西哥家庭,比相应的美国家庭更容易破裂(父亲一方的遗弃率高达 32%)。[②]

在墨西哥家庭中,父亲下班后经常不会回家,这种情况比美国家庭要多得多(他们往往更喜欢和男性朋友小聚,也许只有周日除外)。墨西哥的父亲经常有几个情妇,而这或多或少也是公开的,[③] 他们很难将妻子当作"伴侣"或是合作伙伴,或是参与到日复一日的养育孩子的事务中。墨西哥父亲虽然身体不怎么在家,但是心思总是花在家里的,而美国父亲更多的是身在心不在。即使当美国的父亲想要实施管束的时候,他们通常也会被孩子认为是在虐待他们,因为大多数邻居家的父亲都对孩子们比较宽容。在墨西哥,父母认为允许孩子乱发脾气是软弱的表现。父母也会因此受到责备。

[①] 最近,在墨西哥报纸上出现了几篇社论抱怨近期在大城市中出现的"青少年犯罪"。1959 年 5 月 14 日的《埃克索西尔报》(*Excelsior*)上说:"青年们变得热衷于相信自己必须敢作敢当、放荡不羁、不负责任,像吉卜赛人一样。"有一种偏见认为青少年团伙会进入电影院并破坏家具,那些调戏妇女的青少年和特殊的青少年——富二代——会组织盗窃并野蛮攻击其他青少年。迄今为止,很少出现攻击成人的事件。先前引用的是源于《埃克索西尔报》中青少年闯入一间正在上映猫王主演影片的电影院的事件。在墨西哥的历史上,这种事情只发生过三四次。

[②] 拉米雷斯(Ramirez)曾引用。他的家庭样本来源于一家公立医院的人口统计。1950 年墨西哥人口普查显示,当时,户主是女性的家庭在墨西哥城有 17%,西部哈利斯科州有 15%,北部新莱昂州有 10%,其余是户主为男性的家庭。

[③] 对于"你是否认为大多数已婚男子还有情人?"这个问题,在墨西哥城进行的一次抽样调查中,51% 的男性和 63% 的女性给予了肯定回答。

在波多黎各大学的一次抽样调查中,36% 的男生和 42% 的女生同意"大多数已婚男性拥有情人"这样的陈述方式。

我们想要指出的是，部分答案可能存在于另一个易于观察和核实的方向。

1. 首先，是墨西哥的文化。尽管这个国家正处于快速的工业化，但是它保留了比美国更多的传统文化。我们这里指的远不止天主教会的影响，因为在墨西哥也有非常强烈的反教权势力和非常强烈的传统社会文化信仰。我们真正的意思是，在抚养孩子方面，这里存在着一种共同的、公认的价值体系，这种体系仍然相当同质、统一和广泛。在墨西哥，所有的父亲（以及母亲和孩子们）都知道一个父亲"应该"如何对待他的孩子，而实际上，这种父亲对子女行为的相似程度远高于美国，尽管还存在来自阶级、种族，以及城市和乡村的差异。或者我们可以换一种方式来说，墨西哥的父亲（或母亲）"懂得"什么才是教养孩子的"正确"方法（在无意识和潜意识中，而不是完全理性的）。相比之下，美国父母则感到困惑、不确定、内疚和矛盾。对他们而言，传统已然丧失，又没有新的价值体系可供使用（没有一种习惯性的、毫无疑问的、自然反射似的确定体系）。他们必须尝试通过理智厘清头绪，研究问题，阅读"权威"的书籍（他并不是权威，但是在某种意义上，每一位墨西哥的父母都是"权威"）。每一位美国的父母都必须由自己重新解决这个问题，对他而言，这就好像是一个新出现的问题。现今，几乎没有一位美国的父亲可以行事坚定、果断、明确、体现着美德、没有内心冲突或内疚感，例如，像艾伦·惠勒（Alan Wheeler）在《寻求同一性》（*Quest for Identity*）中描述的父亲那样。

因此，墨西哥的孩子可以更肯定地"指望"父亲会做些什么。尽管事实往往是，这位父亲当时的心情决定了他的出席、缺席和对孩子施加惩罚的程度。墨西哥的父母，特别是父亲，为孩子所设定的限度要比美国的父母所设定的更明确、更无法改变、更始终如一，如果后者实际上设置了某些限度的话（在这样的限度之内，墨西哥的孩子当然会获得宠爱、纵容和允许的自由，特别是母亲更会如此）。墨西哥的父母，特别是父亲，会明确而迅速地对任何严重违反这些限度的行为给予惩罚，不会像美国父母那样迟疑不决、顾虑和感到内疚。在墨西哥，无论父母相隔多远，他们都会绝对认同和遵守这些限度的每一项。

在这两种文化中，父亲之间的差异比母亲之间的差异更大，更容易被发现。我们先假设母亲的主要任务，作为母亲的必要条件是给予孩子无条件的爱，让他

人性能达到的境界

们得到满足、健康、舒适和安宁；而作为父亲，其主要任务是支持和保护，在家庭与现实（世界）之间进行斡旋，通过规定纪律、磨炼意志、给予指导、奖励和惩罚、学习判断是非、分析评价、运用理智和逻辑思考（而不是无条件的爱），通过在必要的时候对孩子说"不"等方法让他的孩子做好在家庭之外的世界生活的准备。墨西哥的父亲似乎比美国的父亲能更容易胜任这一任务。例如，在我们的观察中，在美国比在墨西哥更为常见的是：父亲不但惧怕他妻子，而且惧怕他的孩子（并因此害怕惩罚孩子，害怕拒绝孩子，不让孩子受挫折）。①

父权制在美国早已销声匿迹，但在墨西哥的家庭中却依然盛行。它不仅受到男人的支持，也得到女人的维护。即使妻子受到丈夫的冷落，因丈夫周旋于其他女人之间而受到伤害，当他真的出现在面前时她也不会公开抱怨，而是默默忍受，继续侍奉他，照顾他，对待他如同到访的贵族，特别是会非常注意维护他在孩子们面前的权威。②

在此我们并不打算谈论更深层次的家庭动力问题，它已经被上面所描述的画面所掩盖，无论如何只要涉及孩子便都是如此，例如，墨西哥的妇女更有"气力"、更有责任感、更为可靠，而墨西哥的男性更为被动、不负责任和自卑感，等等。无论如何，这种表面"行为"上的父权制会延缓孩子对父亲不可避免的幻灭感，失去对父亲的神圣感和全知全能感，等等。这种情况在美国孩子的生活中肯定要比墨西哥孩子来得更早些。下面我们将说明男性与女性的明确二歧化的各种影响，这在墨西哥比在美国更加明显，性别角色对孩子来说往往变得很模糊。此外，我们还要强调的是，我们并不关心这种体制对成年人的影响，我们只关注它对儿童和青少年的影响。③

---

① 费尔南德斯－马瑞娜（Fernandez-Marina）等说，在波多黎各的学生中，63%的男生和67%的女生选择了这样的陈述："很多男孩惧怕他们的父亲。"69%的男生和76%的女生选择："很多女孩惧怕她们的父亲。"而选择对母亲进行同样陈述的百分率要小得多。
② 康弗斯－弗加拉（Convers-Vergara）认为，在她所做的针对25个低收入工人家庭的研究中，最令人吃惊的发现是母亲承认父亲的家庭角色有毋庸置疑的重要性，而她自己总是在做着无条件的自我牺牲。这与在美国我们通常见到的妻子的行为恰恰相反，在美国，妻子不尊重丈夫，向他发脾气，或是在公众场合对他大哭大闹，或是在子女面前戏弄他。
③ 迪亚兹·格雷罗（Diaz-Guerrero）曾探讨过这些对成年人的影响。

我们要强调的是，目前我们所要讨论的问题是关于墨西哥的孩子所面对的一套更稳固、得到广泛认同的教养孩子的成人价值观。孩子的生活受这种成人的价值观所支配，这种价值观是不容置疑的，不会留给孩子们丝毫可以质疑其"对"与"错"的余地。

2. 但是在墨西哥和美国的青少年之间，还有另一个显著有趣的差异：在墨西哥，传统上男性角色和女性角色是被明确区分开的。最强烈的文化力量维持着这种分化。无论是暗示还是作为一种公理，将两者区分开是有其目的的。墨西哥公共教育部部长（1943），在为公共教育法的一项变革进行辩护时，曾发表过以下言论：

> 教育的理想是使妇女更女性化，男子更男性化，或者换句话说，教育应该让男孩和女孩成为更为纯粹的男孩和女孩，使男孩和女孩能够改进或强调他们的性别特征，而不是模糊、否定或取代他们的性别特征。①

并且在他对墨西哥全国发布的讲话中又说：

> 这是一种寻求精神复兴的教育，将锻炼和深化男性气质和女性气质。②

费尔南德斯—马瑞娜等人从现有证据中得出结论，在几个拉丁美洲国家存在明确而持久的性别角色定义，并继续在波多黎各证明了这种定义的强势存在。无论墨西哥的作家、心理学家、人类学家等如何解释这种男性和女性角色的分离，他们都同意这种分离的存在。因此，我们看到这样一个例子，一位墨西哥的精神分析专家圣地亚哥·拉米雷斯（Santiago Ramirez）试图通过墨西哥被征服的历史事实，来解释这一男性角色和女性角色的极端分离。他说最初的男人——父亲——是西班牙人，女人——母亲——是印第安人。这在历史上是正确的。男性是强大

---

① 《新闻》（*Novedades*），1943年12月12日。
② 《公共教育机构》，公共教育秘书，墨西哥，1942年。（Ley Organica de la Education Publica, Secretaria de Educacion Publica, Mexico, 1942）

的、居统治地位的征服者，女性是被征服的、受屈辱的、顺从的。关于性别角色分化的原因，人们可能不同意拉米雷斯的观点，但可以接受的是，当今的性别角色是由四个世纪以来的历史状况很好地决定的。

我们无须引用证据。任何造访墨西哥的人都能看到男人和女人所表现出的不同行为。很容易看出来，女性的衣着、步态和行为举止好像不断地表明她们一生的主要目标就是进一步加强她的女性化和女性特质。男性的行为更为复杂，但有两点非常有趣。一方面，他会显示出极端夸张的男性模式（如果我们对男性模式的认识是一种性方面的积极态度，性的吹嘘，支配，支配的吹嘘，以及在抽象问题和智力问题上的最终发言权，就像是在家中的最终发言权一样）。另一方面，他会表现得毫无忧虑，而更有甚者是他会显示出热情，自然而然做出情感表达，握手、拥抱，以及和其他男性之间的其他类型的身体接触。

我们记得一件有趣的事情：一位年轻的墨西哥精神病学家和一些美国精神病学家一起参加培训，他感到相当痛苦，因为他根本无法理解那些美国人，每当他想伸手搂抱他们的时候（在墨西哥这完全是一种自然的姿势），他们都会躲闪，正如他所说，是"怕得要死"。最终，这位墨西哥精神病学家发现他们根本就不理解他的用意！

从摇篮到坟墓，在每一个发展阶段，对于男人和女人而言，都有明确规定的事务要完成。在城市是如此，在大多数乡村也是如此。

3. 墨西哥的孩子比美国的孩子更有可能在家庭的怀抱中长大成人。西班牙的传统是将家庭完全封闭在围墙和大门之内，几乎完全与外界隔绝（亲戚除外）。现在这种情况依然盛行。兄弟姐妹更可能仅限于在彼此之间玩耍，而不是和同街区的小伙伴或是和同龄的孩子成群结队，他们更倾向于在院墙内或家中、在成人的眼皮底下玩耍，这也是和美国孩子的不同之处。特别是在城市的环境中，一个8岁的美国男孩会和其他的8岁男孩结伴玩耍，而不是和他4岁的弟弟，更不可能是和他的姐妹玩耍。

附录

我们认为，这进一步支持了上述儿童按照成人价值观生活的观点。① 此外，我们可以通过对比来解读美国的情况，就是让美国的孩子回到孩子的价值观，而不是在成人的价值观中生活。

美国的成年人，特别是父亲们，可以被认为是已经放弃了他们为孩子构建世界的理想角色，不再为孩子提供一套清晰的价值观，或是"是""非"观念，因此在孩子愿意和能够这样做之前，就留给他们一项任务，即要他们自己来决定对错。我们认为这种做法不仅造成了孩子的不安和焦虑，而且让他们对父母（特别是父亲）产生了深深的"合理的"敌意、蔑视和怨恨，这样的父母让孩子陷入失

---

① 墨西哥的儿童和青少年生活在成人的价值观之下，这样的证据源自多个方面。阿伦·肖尔（Aaron Shore）博士曾用墨西哥式的主题统觉测验（T.A.T.）在一个墨西哥村庄对那儿的孩子做过研究。他的预期目的是研究权威和侵犯。这项研究在40个孩子中开展，他们既有男孩也有女孩，年龄跨度在6岁至15岁，但是大部分是6岁至12岁的孩子。他发现他不得不承认这样的事实，这些孩子的陈述中34%的内容都不涉及他所研究的权威或侵犯的标准。这些表达所涉及的是下列性质的思想和活动：要安慰他人，要勤奋，要与人为善，要享受工作，要听话，要做个好孩子，要当个好学生，要说自己是幸福的，要请求原谅，要请求宽恕，要宽恕他人，要赞美他人，要呵护他人，要拥抱孩子，要把孩子搂在怀里，要哄孩子睡觉，要给予他人水和食物，要表现出"良好的教养"（有礼貌），要感谢他人，要尊重他人，要表达爱和情感，要遵守纪律，要全神贯注，要懂得聆听，等等。他不得不建立一种新的类别，将这样的描述归类。他需要用某些方式来定义它，并最终将它命名为A-4，这提示它至少涉及两方面的因素：社会文化（价值）的内化和情感的自然流露。

但成人或人文评价的普遍存在，可以从下面的例子中看出。国家小学教科书委员会刚刚公布了一、二年级阅读书籍评选活动的公告。这一委员会由哲学家、作家、教育家等组成，由教育部部长托里斯·博德（Torres Bodet）任命。在公告中除了对书籍技术细节的要求，还重点声明这些书必须通过清晰的例证教导孩子（尤其是在配套的作业课本中）——例如在自然科学的范畴中——"当我锻炼身体时，当我帮助父亲或母亲做家务时，当我友好地对待每个人并不曾树敌时，当我和不清洁、无秩序对抗时，当我尽我所能帮助和改善我的家庭、学校和生活的环境时，当我帮助我的邻居和其他需要帮助的人的时候，我感觉非常快乐。"[见1959年5月25日《航空杂志》（Revista Tiempo）] 在关于算数和几何目标的声明中说："培养严谨、明确、精确、自我批评和尊重真理的习惯……"有关历史和公民的研究中说："要逐渐意识到理解、容忍、公正、尊重和相互帮助是良好人类关系的唯一基础。"在这之后，作为一个重要目标"家庭成员之间的尊重、服从和爱"。（同上）

J.希拉尔多·安吉尔曾引用玛格丽特·森德哈斯教授对于墨西哥青少年价值观的一项未发表的研究。她发现，在近乎刻板的方式中，青少年（无论男女）会这样补全下列不完整的句子："我最尊重的人的特点……比我年长。"

人性能达到的境界

败之中,让孩子去完成超出他力量限度的重大任务,而不给予任何参考答案,这样的父母实际上正在挫败孩子对于一个价值体系、世界观以及与这些价值相关的限制与控制体系的深切需求。当只能依靠自己的时候,我们看到孩子们是需要价值观的,他们会感觉到无价值状态的危险,因此他们只能转而去寻求唯一的外在价值来源,即其他孩子,特别是较大的孩子。

所有的这些,我们认为可以用提问的方式做最佳表述:"如果所有的人都会在二十岁左右死去,那么孩子们的安全和价值观将会发生什么呢?"很明显,在这样一个科幻世界中必然发生的事情,几乎正是在今天的美国少年文化(在中、上层阶级和在下层阶级中是一样的)中确实发生的事情,是我们可以在东部牛仔电影中看到的投射在我们眼前供我们研究的东西,是青少年价值体系的经典范例(或者用弗洛伊德的语言说,是阴茎阶段的价值体系)。

我们假设青少年的暴力、刻意破坏行为、残忍、藐视权威、和成年人对抗不仅是一种标准的弗洛伊德式的成长动力学问题(试图长大成人,对抗一个人的依赖需求,对软弱、幼稚、怯懦等的对抗机制),而且意味着对那些让孩子遭受失败的软弱的成年人的一种可以被人理解的,带有敌意和轻蔑的猛烈抨击。我们感觉这样的抨击主要是针对父亲而不是母亲的,男孩的反应要比女孩更强烈,并且由此可以推测最常见的人际攻击是男孩对男人(以及他们所代表的一切)的攻击。

现将我们的假设明确阐述如下。

1. 在这里暗示着,包括孩子在内的所有人类都"需要一个价值体系"(93),"一个理解体系"(95),"一个确定方向和奉献的框架"(35),"把握宇宙的概念及其对我们的意义的有序需求"(120)。

2. 没有这样一个体系,或是这样的体系遭到破坏,将引发某些病态心理。

3. 这会激发一种对这一体系的渴望,随之而来的就是对价值的追求。

4. 任何价值体系,无论好坏,都比没有体系(处于混乱状态)要好。

5. 如果没有成人的价值体系存在,那么某种儿童或青少年的价值体系将处于主导地位。

6.(所谓的)青少年犯罪是这种青少年价值体系的一个实例。

7. 通过增加对那些导致他们失败的成年人的敌意和蔑视,这将区别于其他青少年的价值体系,如牛仔的世界,或是大学兄弟会的世界。

8. 我们假设,只要价值体系涉及法律、秩序、正义、对错判断等原则,它主要是由父亲来传达的。

9. 在某种程度上,他——作为父亲,没有价值体系,或是对这种价值体系表现出不确定或软弱,那么就是在某种程度上将他的孩子抛回到过去,只能依靠孩子自己不充足的资源。

10. 一个心理脆弱(没有价值观,没有明确的男性角色)的父亲形象甚至会干扰弗洛伊德信徒所说的那种基本认同(理想自我)。结果是,孩子对他将来"要如何去做"感到茫然。他只能抓住牛仔的理想,以及和他一样困惑的同龄人的理想。

11. 这些资源还是不够充分。

附录四 类似本能的判断需求的标准

对于发掘人类最深层次渴望、冲动和需求，我曾经像弗洛伊德那样进行过研究，而不是像动物行为学家所做的那样。我曾通过心理病理的途径进行探索，从成年人的病症追溯到疾病的早期起源。我的问题是："什么原因导致人患上神经症？神经症从何而来？"最近，我又有了新的问题："性格障碍和价值扭曲又是从何而来？"此外，还有一个很有指导意义，对我们的研究很有帮助的问题："真正的人类，即心理健康的人是从何而来？"或者，我想更进一步发问："人类所能达到的最完满的顶峰在哪里？导致不能达到这个顶峰的阻碍因素又是什么？"

总的来说，我的结论是，神经症和其他心理疾病一样，主要是缺乏某些满足感（主观上和客观上可感知到需求或渴望）。我称这些需求为基本需求，也称其为类本能的需求，因为它们必须得到满足，否则将会导致疾病（或导致人性的萎缩，即那些人性的典型特征的消失）。这意味着，神经症比我们原来设想的更接近于缺失性疾病[①]。而且我们可以进一步假设，除非基本需求得到满足，否则是无法获得健康的，即基本需求的满足是一个必要条件，即使这并不是一个充分条件。

这种重建生物技术在生物学和医药科学中，有着非常令人尊敬的历史。例如，它曾被用于寻找隐秘的生物学需求，如营养学家发现我们对维生素和矿物质等的"类本能"的需求。在这里，研究也是从某种疾病开始的，如佝偻病或坏血病，导致这些疾病的原因可以追溯到某些物质的缺乏，于是我们可以称之为一种"需求"。一种"对维生素C的需求"意味着它是获得健康和避免疾病的一个必要条件。

---

① 但是基本需求得不到满足并不是导致心理疾病的唯一决定因素。

这是可以被进一步验证的,并得到其他对照实验的支持,例如,预防对照、替代对照等。这些检测方法也能够被应用到对基本心理需求的研究中。

这一附录是对我在1954年发表的论文"基本需求的类本能性"(见我1951年撰写的《动机与人格》第七章)的扩充与改进。概括来说,我在文中提出的主要观点是:

1. 人类有机体有其自身的特性,而且它比我们既往所认识到的更值得信任、更具有自我管理能力。

2. 我们有充分的理由假设,人都有一种追求自我实现的本能或内在生长趋势。

3. 大多数心理治疗专家都不得不承认存在某些类似本能的需求,这些需求的受挫会导致心理疾病。

4. 这些需求为他提供了一个现成的实现生物学目的、目标以及价值观的基础框架。

在那个章节中,我列出了旧有的本能理论的错误,并认真思考了是否可以避免这些错误的发生,并得出了相应的结论。

1. 用行为学的术语定义人类本能方法是注定要失败的。(人类的)行为可以是,而且往往是一种对冲动的防御。它不仅是对冲动的表达,而且是对多种冲动合成的行动,以及对这些冲动的控制的表达。应当说它更像是某种意动因素,在某种意义上和某种程度上这种强烈的渴望和需求似乎是与生俱来的。

2. 人类没有完整的动物本能。人类似乎只有部分残存的动物本能,例如,只有冲动,或是只有某种能力。

3. 人类必然具备只有他们才拥有的特定需要或者能力,事实上,有一些临床证据显示,人类确实具有一些人类所独有的动机(这可能是先天的)。

4. 人类的类本能冲动通常较为弱化,不会像动物的类本能冲动那么强烈。它们很容易在文化的影响、不断的学习和防御的过程中被克服和压抑。精神分析可以被看作揭示这些类本能需求的一个漫长而费力的过程,以及允许它们成长壮大到足以抵抗恐惧和习惯的抑制!也就是说,它们需要帮助才能够显现出来。

5. 在大多数关于人类的类本能需求的讨论中,有一种根深蒂固的观念,那就是我们体内动物本性是不好的,而且我们那些最原始的冲动只是贪婪、邪恶、自

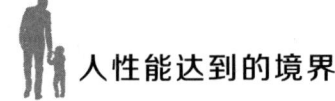

私、破坏性的。这种想法是不正确的。

6. 人类的类本能冲动会因为不再使用而完全消失。

7. 本能不应该和学习、理性分隔开来。理性本身也是意动的。并且在任何情况下，在优秀的人类范例中，冲动与理性往往是协同的，而不是对抗的。而且，更重要的是，类本能的冲动会很快转化为工具性行为和目标，也就是说，它们会变成"情绪"。

8. 我认为很多关于本能和遗传的混乱观点是来源于无意识的错误假设，这种假设认为遗传论者在政治上必然是保守的或是反动的，而环境论者必然是开明的或是进步的。虽然情况曾一贯如此，但并非一定如此。这是一种误解。

9. 有这样一种假设，认为人的深层次冲动能在疯狂的、神经质的、酗酒的、动物般的人身上，以及弱智和孩子的身上呈现出来。这种观点也是错误的。我们可能会在那些最健康、进化程度最高和最成熟的个体中，清晰地看到这种冲动；在这样的人身上，我们所看到的最深层次的冲动或需求可能"很高"，也可能"很低"，例如，对真理的需求，对美的需求，等等。

目前，我们提出了很多标准用以判断一种需求在本质上是否能归属于类本能需求。这些标准正是我现在想要进行讨论的，我还想对此再做一些改进。另外，我还希望能够比较一下这些标准的适用性，比如，对维生素的需求、对爱的需求、对好奇的需求以及对神经质的需求。以这几种需求为例，你将看到在对维生素的需求和爱的需求之间，各种标准的适合度是如此接近。否定一个，你几乎就必须否定另一个。好奇，或称为认知需求，就是我所说的一种成长性需求（或是超越性需求，或是存在价值），与缺失性需求相对。尽管它在本质上是类本能的，但与基本需求相比，它们之间还是有很大差别的。至于神经质的需求，很明显，它并不符合这些标准，因此不能被称为是类本能的。成瘾需求和习惯性需求也与此类似。

在以下情况下，我们可以说某种需求是类本能的。

1. 若满足物长期缺乏会导致疾病，特别是当这种缺乏发生在年幼的时候。（但是不容忽视的是，满足物短暂缺乏也可能产生令人满意的效果，例如，食欲、对挫折的忍耐、健康的拖延能力、自我控制，等等。）

维生素：+（+表示"正确"或"符合标准"）

爱：+

好奇：+

神经质需求：缺乏满足物会导致焦虑和其他症状，但不会引起性格上的病态改变。在相反的情况下，某种神经质需求的剥夺有可能会促进满足者的心理健康。

1a. 发生在某个关键期的剥夺，能够导致相关欲望和（或）需求完全、永久地消失，可能永远无法再重新学会或恢复；因此，这样的人会长久萎缩，并丧失人类的一项典型特征，他不再拥有完满的人性。

维生素：我们还没有足够的知识，现在无法下结论。对各种维生素的剥夺会引起不同的后果，对此我们还所知不多。

爱：+（以病态人格为例）

好奇：我们还是没有足够的资料来实证我们的观点，但是文化资料和临床数据可以清晰地显示，生活在严格制度下的孩子，好奇本身可能会丧失，并且会永久地丧失。举例来说，一个孩子早期的好奇心没有得到满足，他就可能变得迟钝、满足于无知、永久的愚蠢、蒙昧主义，并且显得蠢笨、迷信，等等。

神经质需求：这标准并不适用。

1b. 直接被剥夺的结果，例如，罗森茨维格（Rosenzweig）的描述。

维生素：维生素缺乏症等。

爱：渴望爱和爱的对象；利维所说的"接吻虫"反应。

好奇：不断增长的好奇心、强迫性的好奇、执拗的好奇、窥视色情癖，等等。

神经质需求：缺乏神经质的满足物会导致焦虑、冲突、敌对等，但也可以导致冲突的缓解、焦虑的缓解等。

1c. 基本需求的神经质化，例如，需求变得无法控制、无法满足、自我异化、僵硬、呆板、不加区别、选择错误的对象、伴随着焦虑等。对需求的态度变为有

人性能达到的境界

冲突的、惧怕的、矛盾的、拒绝的。这样的需求将是危险的。

维生素：不适用

爱：+

好奇：？（窥视色情癖）

神经质需求：–

1d. 性格、价值体系和世界观的畸形；为达到目的使用扭曲和病态的手段。有机体发展出一种应对系统来处理这种缺乏。

维生素：？

爱：+

好奇：+（愤世嫉俗、虚无主义、厌倦、怀疑、缺乏道德规范，等等）

神经质需求：–

1e. 人性的萎缩；丧失人性的典型特征；本质的丧失；退化；自我实现受阻。

维生素：+（有一种沿着基本需求的层次倒退的趋势，向着任何一种遭受挫折的优势需求倒退）

爱：+

好奇：+

神经质需求：–

1f. 各种不同的情绪反应，包括急性的还是慢性的，例如焦虑、威胁、愤怒、忧郁，等等。

维生素：+

爱：+

好奇：+

神经质需求：+（混合的、矛盾的、冲突的情绪）

2. 恢复缺失的满足物；如果不是太晚，那么满足物的失而复得就能在某种程度上恢复健康（或多或少）和治愈疾病（或多或少），只要疾病不是不可逆的，即可采用替代控制，依附性治疗。

  维生素：+

  爱：+

  好奇：+

  神经质需求：-

3.需求有其内在的（真正的）满足物；这种真正的满足物确实能让这样的需求得到满足，而且也只有它们能让这样的需求得到满足；采用引导式的学习，而不是联想或专制的学习方式。不存在完全令人满意的升华或替代。

  维生素：+

  爱：+

  好奇：+

  神经质需求：-

4.在一生中适当地利用"真正的"满足物，可以避免疾病，即预防性控制。

  维生素：+

  爱：+

  好奇：+

  神经质需求：-

4a.在一生中适当地利用"真正的"满足物，将会积极地帮助成长，有助于朝着自我实现、当代健康和善良人格方向的茁壮成长。满足对整个生物体和特定人格都能产生良好的效果。（参见我撰写的《动机与人格》第六章，"心理学理论中基本需求满足的作用"）

  维生素：+

  爱：+

  好奇：+

神经质需求：–

5.需求能够获得长期满足的人（健康的人）不会表现出渴望；他的需求处于理想水平；他能控制或延缓满足感，或是在一段时间内没有满足感也能照常生活；与其他人相比，他能更好地忍受长时间的没有满足感；他能公开地承认并享受他的需求，对这种需求不做任何防御。这样的需求是能够得到满足的，而神经质需求则不能。

维生素：+

爱：+

好奇：–（好奇心的满足经常会导致好奇心的增加而不是减弱）

神经质需求：–（神经质满足物对神经质需求的满足对渴求并没有影响，最多也是暂时的）

6."真正的"满足物是被优先选择的，是在一种完全自由选择的环境下由健康的机体做出的选择行为；个人越健康，这种优先选择性就越强，他也越有可能成为一名"优秀的选择者"。从另一方面来说，个人的心理健康和他针对需求做出的正确选择而非错误选择之间，存在很大的临床相关性。

维生素：–（但是有某些合成物质，如糖精，可以降解有机物）

爱：+

好奇：+

神经质需求：–

7."真正的"满足物会让人感觉良好，至少比错误的满足物更好，这在现象学上可以描述出来，例如，真正的满足物会留下一种获得满足、安心自在、快乐的感觉，甚至可能是高峰体验或神秘体验（即使是在没有感受到需求的时候也是如此，例如，在真正的满足物首次出现在某些人面前之前，告诉他说他曾多么渴望它，或是告诉他说它正是他一生都缺失的东西，等等）。

这也是很难对"需求"或"欲望"下定义的一个原因。比如，有时会有这样的情况，一个人并不知道他缺少的是什么，也不知道什么导致了他的不安，但是在他体验过这样的满足后，他就会非常清晰地知道这就是他想要的、渴望的或需求的。

维生素：+（但糖精、某些甜味盐等除外，它们会欺骗我们的生物体）

爱：+

好奇：+

神经质需求：- 或？（神经质需求的满足也能让人感觉很好，但是似乎并不常见，也不会持续很久，会混杂有其他感受，更容易引起懊悔，在回忆时会做出不同的判断，等等）

8. 在一个人生命的早期阶段（没有受到文化影响之前）往往会公开地表达他的需求。在文化发挥作用之前，或是在学习之前，对某种需求或某种欲望的任何形式的表达一般会更加肯定一个推论，就是认为这种需求是类本能的。

维生素：+

爱：+

好奇：+

神经质需求：-

9. 领悟疗法、揭示疗法（或一般情况下通过改善整体健康状况或社会中的"良好环境"）可以达到发现、接受和提高的目的，即通过解除防御、控制、畏惧实现强化。

维生素：+（可能）

爱：+

好奇：+

神经质需求：-

9a. 对真正的满足物的偏爱会随着身体、心理和社会健康方面的任何提升而增强。

人性能达到的境界

维生素：+（可能）

爱：+

好奇：+

神经质需求：−

10. 它是跨越文化、跨越阶级、跨越种族的。它越接近人类物种的普遍性，就越有可能是类本能的。（这并非是一个绝对的证据，因为所有的人类文化会对每一个婴儿呈现特定的体验，或者必须证明这种需求被永久扼杀或是被暂时压制了）

维生素：+

爱：+

好奇：+

神经质需求：−

11. 所有这些文化中，那些被认为安全、健康或协同的亚文化和工作环境都能更充分地让基本需求获得满足，而很少对基本需求产生威胁。所有不安全的、病态的或低能量的文化、亚文化或工作环境都无法满足某些基本需求，甚至会对它们造成威胁。为了满足它们则需要付出过于沉重的代价，使它们不与其他基本需求的满足发生冲突，等等。

维生素：+

爱：+

好奇：+

神经质需求：−

12. 跨物种需求的出现肯定会增加这种需求是类本能需求的可能性，但这并不是一个必要的或是充分的标准，因为包括人类在内的所有物种，都有存在其种属特异性的"本能"。

维生素：+

爱：+

好奇：+

神经质需求：-

13. 这种需求以弗洛伊德所描述的方式在整个生命中显示出动态的持续性（除非在生命早期就被扼杀）。

维生素：+

爱：+

好奇：？

神经质需求：

14. 我们发现神经症患者是以一种隐蔽的、畏惧的、妥协的、迂回的方式来寻求这种需求的满足。

维生素：？

爱：+

好奇：+

神经质需求：-

15. 适当的工具性行为更容易形成，适当的实际目标和目标状态也更容易确定，等等。这种需要本身在一开始必须被认为是潜在的，而不是实际的，因为它在实现之前必须被某个文化代表使用，演练实践和"引出"。这可能被认为是一种学习，但我认为这样的用法将会令人困惑。"学习"这个词已经包含了太多的含义。

维生素：+

爱：+

好奇：+

神经质需求：-

16. 这种需求最终会是自我协同的（这意味着如果它还不是这样的话，那么发现治疗能够让它达到自我协同）。

维生素：+

爱：+

好奇：+

神经质需求：−（这里的情况刚好相反，这种需求绝大多数时候是被人认为是自我异化的或矛盾的）

17. 如果每个人都能享受这种需求和它的满足感，那么它就更可能是基本的和类本能的需求。只有某些人才会享受神经质的、成瘾的、习惯性的需求。

维生素：+

爱：+

好奇：+

神经质需求：−

18. 最后，我可以提供一个极具尝试性的未来可能性，来思考使用迷幻剂和其他解除抑制药物的各种发现。例如，酒精。也许，像酒精那样抑制最高控制中心，可能会释放人格中更内在的生物和非文化方面。也就是更深层的核心自我。我从对迷幻剂的研究中发现了一些这样的可能性。（这不是弗洛伊德所说的超我，超我是强加于生物或内在有机体上的一套武断的社会控制，抑制了有机体的功能）

我没有提到两个已被他人使用的标准，因为我认为它们似乎不能成功地把生物学需求和神经质需求、习得需求或成瘾需求区分开来：(1) 为了需要或者某种满足而情愿面对痛苦或不适；(2) 由于挫折引发好斗和焦虑。

我把自己所讨论的限制在物种范围内的类本能特征，没有提及对心理治疗师和人格理论家非常重要的先天个性特质。虽然心理治疗的直接目的可能是人性、健康动物性的恢复，同时心理治疗还有一个基本的长期目标就是自我身份（个体的）、真实自我、真实性、个性化、自我实现等的恢复。

也就是说，这是一种努力，目的是发现一个人的自然倾向的、他的先天个性，他对生活问题的答案都巧妙地向他暗示着（不是有力地决定）他的体质、他的气质、他的神经系统、他的内分泌系统、他的身体及其首选的功能运作方式、他的"生物学命运"、他最大的和最容易获得的快乐的方向。在这里，我们不仅关注莫扎特的特殊才能，也关注更多普通人的特殊才能。例如，职业指导，最终在理论上（如果不是在实践中）涉及这个特定的人特有的内在能力。

也许有一天，由于缺乏更好的数据而让我过于依赖的临床直觉能够通过更可靠的方法得以验证并系统化。作为治疗师，我们试图发现对于某个人而言，什么是他最容易做到的，什么是最符合他的本性、让他感觉最舒服的（就像鞋子是否合脚），什么让他觉得是"对的"，什么能让他的紧张和压力降到最低，什么是他最适于从事的，什么与他的个性最匹配（这就是戈尔德斯坦所谓的"偏好行为"）。我们也可以像实验者那样提出同样的问题。我们已经学会了如何对不同品种的狗提出这样的问题，结果很有成效，就像在杰克逊实验室那样。也许有一天，对于人类我们也能这么做。

此外，为了集中精力论述我要探讨的重点问题，我还忽略所有更直接的生物学技术因素，包括人类遗传学家（对双胞胎的研究，对基因的直接微观研究，等等）、实验胚胎学家和神经生理学家（电极植入研究等）的技术，以及丰富的动物行为学、儿童和发展心理学观点。

这样的整合迫切需要将两大体系的数据结合在一起，但现今这两个体系彼此很少接触，即一方面是生物—行为—动物行为学的数据，另一方面是心理动力学的数据。我毫不怀疑这一任务是能够完成的。（据我所知，我们至少已经有了一项这样的成功案例，即考尔兰德[①]的精彩论著。）

我在这里介绍的大部分内容都是基于临床证据和经验。因此，不像受控实验的证据那么可靠。然而，它最容易被实验证实或证伪。

[①] Kortlandt.